Les compétences au cœur de l'entreprise

Éditions d'Organisation
1, rue Thénard
75240 Paris cedex 05
Connectez-vous sur notre site :
www.editions-organisation.com

Cécile DEJOUX

Les compétences au cœur de l'entreprise

Préface de Bruno GROB
Président d'OTIS France et
Vice-Président d'OTIS Europe du Nord

Éditions d'Organisation

Je tiens à remercier tous ceux qui m'ont permis directement ou indirectement d'écrire ce livre : personnalités d'entreprise, chercheurs, amis et famille.

Pr. Jean-François Amadieu, Pr. Christophe Bénavent, Jean Bernard Bénéjam, Marceau Bertero, Lysiane Buisson, Jean-Marie Boucher, Gilles Boyer, Pr. Pierre Candau, Didier Cazal, Annie Chanu-Guidoni, Pr. Alain Chiavelli, Pr. Danièle Colardyn, Véronique Cova, Colette Delanoye, Caroline Faure, Gilles Fort, Franck Deboss, Pr. Alain Desreumeaux, Anne Dietrich, Isabelle Dherment, Gilbert Dejoux, Michèle Dejoux, Denis Dumoulin, Georges Franchi, Hélène Gaden, Jean Galanos, Pr. Francis Guilbert, Pr. Guilhon, Martine Hardy, Patrick Ifergan, Sylvie Iafon, François Lacroux, Marc Guidoni, Martial Guignard, José Jacinto, Jean Marie Lasbleis, Gérard Lambert, Patrick Lebourlay, François Léone, Sylvie Locret, Jacques Martin, Pr. Maryse Martin, Pr. André Micallef, Patrick Monod, Pr. Pierre Romealer, Georges Rollando, Bruno Rosetto, François Roturier, Hélène Sallic, Pr. Robert Teller, Philippe Tisserand, Stéphanie Vanderplasshe, Michel Van der Yeught, Jean Ardouin de Vauclairs, Pr. Jean-Louis Vernet, Michèle Vernet.

Merci au Président Bruno Grob, pour la confiance qu'il m'a témoignée, merci au Professeur André Boyer, pour m'avoir fait découvrir un métier passionnant, merci aux Pr. Michel Kalika, Pr. José Allouche et Pr. Michel Weill, pour leurs conseils.

Merci à Pierre qui m'a donné envie d'écrire ce livre,
Merci à ma mère pour ses perpétuels encouragements,
À la mémoire de mon père,

À Marine et Alice.

L'ouvrage en une page

SOMMAIRE

Chapitre n° 1 - Le «Management de la Confiance», une réponse à la rapidité des évolutions technologiques, organisationnelles et commerciales 1

Chapitre n° 2 - Pour une approche globale et agrégée des compétences professionnelles, collectives et organisationnelles, pivot d'un «Management de la Confiance» 63

Chapitre n° 6 (Synthèse) - Approches méthodologiques 265

PREFACE

Ce livre est une œuvre, un travail professionnel et précis, la preuve d'un intérêt pour la Société en général, une approche originale et essentielle.

Diriger une entreprise a plusieurs objectifs ; cependant la durée de vie, la pérennité de l'entreprise sont fondamentales si les objectifs sont valables.

Comment survivre, comment être efficace à moyen terme et à long terme ?

La réponse de Cécile DEJOUX est dans son livre :

La CONFIANCE

L'entreprise doit bâtir une stratégie fondée sur la confiance pour les clients, les collaborateurs et les actionnaires.

En effet le monde change vite, l'économie se globalise, les nouvelles technologies se développent.

Il devient donc important de développer un management fondé sur la confiance pour créer des relations DURABLES avec les clients, les collaborateurs et les actionnaires.

Ces relations durables créent de la **VALEUR**.

Comment développer un management fondé sur la confiance ?

Dans son livre, Cécile DEJOUX nous le propose :

Une approche globale et agrégée des compétences :

- Individuelles : savoir, savoir-faire, savoir-être (émotionnelles)
- Collectives : compétences individuelles propres à l'entreprise constituées autour d'un projet (Valeurs)
- Organisationnelles : savoir-faire de l'entreprise (Process, Méthodes, Innovation)

Voilà ce qui constitue le capital immatériel de l'entreprise qui revêt une importance croissante pour les actionnaires.

Ce livre est un livre de réflexion, de synthèse et de méthode.

L'entreprise que je dirige, OTIS, leader de l'Ascenseur, s'inspire déjà de ce livre :

L'entreprise est globale, est orientée vers les clients, valorise le profit et développe les nouvelles technologies (e*Business).

OTIS fait partager ses valeurs, son capital **immatériel** au travers des 10 principes OTIS.

OTIS s'inscrit dans la démarche de développement de la Confiance pour ses clients, ses collaborateurs et ses actionnaires au travers de la mise-en-œuvre de son plan de communication sur la stratégie de l'entreprise :

+ PRO = Satisfaction des clients

+ LOIN = développement continu des performances

+ HEUREUX = reconnaissances individuelles et collectives

OTIS progressera encore en étudiant le livre de Cécile DEJOUX.

Merci Cécile

Bruno GROB
Président d'OTIS France et
Vice-Président d'OTIS Europe du Nord

AVANT-PROPOS

Cécile DEJOUX ne s'est pas trompée en choisissant pour thème la confiance comme étant l'un des nœuds du management. En effet nul n'ignore qu'une entreprise où la confiance a disparu n'a plus grand avenir. Nul n'ignore non plus que la confiance est une fleur délicate qui mérite des soins attentifs et quotidiens.

Il est vrai que la réflexion est banale, tant il est patent que les échanges sont par définition fondés sur la confiance. Il est tout aussi constant que le système économique tout entier repose sur la confiance, que les cycles économiques montent ou descendent en fonction de la confiance dans l'avenir, que la Bourse des Valeurs oscille selon la confiance que les investisseurs accordent aux attentes de profit, que la confiance hante les modèles explicatifs des comportements de l'homo économicus voire de l'homo politicus depuis des siècles.

C'est pourquoi l'auteur ne s'est point fourvoyé à convaincre le lecteur de cette évidence, pour se concentrer sur la mise en pratique du principe de confiance. Une pratique difficile qui justifie amplement la réflexion qu'elle nous propose en vue de l'action et qui constitue une base de réflexion pour d'autres avancées.

Les praticiens de l'entreprise savent bien les trésors d'écoute, de psychologie et de patience, mais aussi le courage, la persévérance voire la ténacité nécessaires pour faire émerger la confiance entre dirigeants et salariés, comme entre les actionnaires et leurs mandataires [1], ou entre l'entreprise, ses clients et ses fournisseurs. Ils connaissent aussi les imprudences des néophytes, des impatients ou des lourdauds qui piétinent la confiance comme s'il s'agissait d'une valeur négligeable. Le temps qu'ils en découvrent l'importance et l'entreprise est à terre.

1. Ou leurs agents comme l'écrivent les anglo-saxons qui ont fini par développer la puissante « théorie de l'agence ».

En ce début de XXIe siècle, les exemples abondent qui devraient attirer l'attention du manager sur la nécessité d'une construction systématique de la confiance comme colonne vertébrale de son action. Le plus simple de ces exemples concerne les consommateurs. Que ce soit l'extraordinaire succès de Perrier aux USA, miné par quelques résidus oubliés dans cette eau qui symbolisait la santé face aux boissons sucrées que l'on connaît ou la désaffection brutale pour la viande bovine provoquée par des discours outrageusement lénifiants, la démonstration est faite que l'industrialisation et la mondialisation des produits alimentaires nécessitent de gagner la confiance d'un consommateur qui n'a pas d'autre choix que de croire ou de fuir.

Les salariés pris dans la tourmente de la mondialisation qui voient leur entreprise rachetée, la production rationalisée, leur culture d'entreprise abandonnée au profit de celle qui les a dévorés, que ce soit amicalement ou de façon hostile, éprouvent une légitime difficulté à croire le discours managérial. Car il ne suffit plus de leur susurrer d'avoir confiance comme le serpent du Livre de la Jungle, tandis qu'ils n'ignorent plus désormais qu'une lettre de licenciement a peut-être déjà été adressée à leur domicile.

Les actionnaires savent que les rapports financiers ou les perspectives de profit sont élaborés sur les instructions des dirigeants qui ont besoin de leurs capitaux et de leur confiance, au point que désormais la moindre annonce de baisse de profit trimestriel provoque des ordres de ventes en rafale, ramenant la direction d'une entreprise à des perspectives d'hyper court terme, alors que le long terme seul autorise de construire des équipes qualifiées et efficientes, donc d'inspirer confiance.

Ces trois perspectives, que je viens d'ébaucher par ces quelques exemples, sont celles qu'a choisies l'auteur pour son ouvrage. C'est dire qu'elle a pris toutes ses responsabilités, pour nous inspirer confiance, certes, mais surtout pour nous guider dans un programme de travail qui saisit l'ensemble du thème de la confiance dans l'entreprise. Cette totalité nous est présentée dès son schéma introductif, qui répond aux questions que nous nous posons sur les attentes en matière de confiance des acteurs de l'entreprise, sur les moyens et les outils de la confiance ainsi que sur son résultat qui n'est autre que la valeur de l'entreprise, si prisée et si fragile.

Que se passe-t-il de nouveau qui justifie une attention accrue des managers à obtenir la confiance de ses partenaires ? Cécile DEJOUX à l'aide de schémas clairs et explicites nous rappelle que la mondialisation oblige l'entreprise à faire évoluer rapidement, parfois dramatiquement, ses ressources matérielles et humaines. Il en résulte des changements d'organisation hiérarchique et une obsession de la création de valeur exigée par le client comme par l'actionnaire. Lorsque le changement est pérenne, il devient cardinal de cerner et de protéger le cœur vital de l'entreprise.

Au cœur de l'entreprise réside un management qui reconnaît le changement comme principe, et la confiance comme moyen de le faire vivre. Une confiance qui sache prévenir les doutes des collaborateurs, qui fournisse tous les indicateurs nécessaires aux choix des actionnaires et qui sache garantir au client la valeur qu'il attend de l'offre.

La nécessité du changement fait obligation à l'entreprise d'y répondre par un faisceau de relations de confiance qui lui donne la force d'y faire face, voire de l'anticiper.

Une fois cette relation d'évidence entre le changement et la confiance reconnue, l'auteur s'est donné pour tâche de développer les moyens de faire émerger la confiance des partenaires de l'entreprise, à commencer par ses collaborateurs. Il s'agit pour cela de valoriser, selon des axes nouveaux mis en lumière par les spécialistes du domaine, les compétences collectives de l'entreprise. Ces dernières s'articulent avec les compétences individuelles de chacun : la confiance est fondée sur la reconnaissance de la compétence de l'entreprise adossée à celle de ses collaborateurs pris individuellement et collectivement.

Cécile DEJOUX révèle ici la connaissance approfondie qu'elle a acquise de ce sujet aussi bien au plan pratique que théorique. Elle propose de nombreux cas illustratifs et des schémas qui permettent d'organiser notre propre démarche pratique. À la réflexion, il est curieux que le chemin qu'elle trace depuis le changement jusqu'à la compétence en le reliant par le fil rouge de la confiance n'ait pas été plus largement exploré. On tentera une explication, en invoquant la grande difficulté qu'ont les hommes, et donc les entreprises, d'accepter la permanence du changement comme loi.

Mais les compétences individuelles et collectives doivent être soigneusement répertoriées avec l'aide des différentes disciplines qui s'y réfèrent, avant d'être projetées au niveau collectif. Il est dès lors possible de s'y appuyer pour élaborer une action stratégique, qui complète ou s'oppose, selon les orientations de l'entreprise, aux orientations stratégiques classiques.

L'auteur montre comment l'outil de la certification des compétences permet de lier l'objectif de performance des entreprises et le souci de reconnaissance des individus. Instrument d'appréciation de l'entreprise par les actionnaires comme par les clients, il reconnaît que celui qui génère une valeur pour son entreprise, possède lui-même de ce fait une valeur reconnue à l'intérieur comme à l'extérieur de son organisation.

Il ne me semble pas qu'il existe une autre voie que celle de la confiance pour répondre aux défis qui sont proposés à nos entreprises et à notre société. Si la compétence de chacun n'est ni reconnue, ni valorisée, ni organisée, quelle confiance les collaborateurs de l'entreprise peuvent-ils avoir dans l'entreprise ? Et quelle confiance peuvent accorder les clients et les actionnaires à une entreprise qui ne sait pas valoriser les qualités de ses collaborateurs ?

Cécile DEJOUX montre toute la pertinence et la richesse de ce lien entre confiance et compétence, propose des outils stratégiques et plaide pour la certification des compétences. Puisse cet ouvrage contribuer le plus rapidement possible au développement des démarches managériales qu'elle propose, et susciter des réflexions plus nombreuses sur ce champ d'analyse qui mérite amplement l'ouvrage de foi, de science et de technique qu'elle a eu le mérite d'initier.

André BOYER
Professeur en Sciences de Gestion
Université de Nice Sophia-Antipolis

Introduction

L'objectif reconnu de toute entreprise consiste à **créer de la valeur**. Or pour que celle-ci soit durable et reproductible dans les contextes de changements qui caractérisent les organisations, un certain nombre de conditions doivent être réunies. De plus en plus d'entreprises privilégient la recherche d'une stabilité interne autour de nouveaux repères tels que les valeurs de la firme, le respect d'un code d'éthique ou l'établissement de **relations de confiance entre l'entreprise ses salariés, ses actionnaires et ses clients**. En effet, la décision d'un investissement personnel ou financier est, dans la plupart des cas, proportionnel à la confiance qui est accordée à la firme.

Face à ces constats, un certain nombre de questions se posent : Comment développer la confiance des collaborateurs, des actionnaires et des clients ? Existe-t-il une méthodologie fondée sur un concept unique qui permette de satisfaire ces trois objectifs ? Existe-t-il des exemples de pratiques récentes et réussies en phase avec cet objectif qui de surcroît créent de la valeur ?

Ce livre propose d'explorer la déclinaison d'un « **Management de la Confiance** » à partir d'une **approche globale et agrégée des compétences** qui repère et met en relation **autour des processus de l'entreprise**, les différents niveaux d'analyse du concept de compétence, à savoir :

- Le **niveau individuel** décliné par la compétence d'une personne (compétence individuelle),

- Le **niveau collectif** représenté par les compétences issues d'un groupe (compétence collective),

- Le **niveau organisationnel** symbolisé par les compétences relatives à l'entreprise (compétence organisationnelle).

Ce type de management répond à des besoins actuels et spécifiques de la part des collaborateurs, des actionnaires et des clients. Chacune de ces trois cibles se caractérise par un besoin de confiance particulier. Les employés ont besoin de reconnaissance, les actionnaires de performance et les clients d'assistance. Le « Management de la Confiance » permet d'apporter des éléments de réponse dans trois directions :

• Le développement de l'employabilité des collaborateurs

«Le Management de la Confiance» permet au salarié de se « former tout au long de sa vie professionnelle », de gérer de façon autonome son employabilité et de situer ses compétences personnelles par rapport aux compétences organisationnelles stratégiques que l'entreprise souhaite privilégier.

Une pratique de développement de la confiance des employés sera présentée à travers la **certification des compétences**. Cette démarche permet au collaborateur accompagné par l'entreprise de faire reconnaître par un organisme indépendant ses compétences professionnelles. Exposée à partir de sa version anglaise (les NVQs [1]) et française (CCE [2]), cette pratique testée avec succès à DISNEYLAND PARIS ®, est ensuite analysée en fonction de ses enjeux humains et commerciaux. Connaissant un vif succès depuis dix ans dans les pays anglo-saxons, elle apparaît dans les entreprises françaises comme un levier pour créer de la valeur d'autant plus important à maîtriser que la loi sur « la modernisation sociale » applicable en automne 2001 prévoit la création d'un droit à la formation et la possibilité pour tout travailleur de se voir délivrer un diplôme professionnel pour une expérience d'au moins 3 ans.

1. National Vocational Qualification, système anglo-saxon de validation des compétences.

2. Certificat de Compétences en Entreprise.

• La volonté d'instaurer pour les actionnaires des indicateurs liés à la valorisation de composantes immatérielles de la firme

Vis-à-vis des actionnaires, le «Management de la Confiance» vise à établir une communication reposant sur un diagnostic des compétences stratégiques de l'entreprise élaboré à partir d'un éventail d'indicateurs économiques et immatériels. En effet, les actionnaires réclament des informations quantitatives et qualitatives sur l'ensemble des politiques marketing, financière, export et GRH menées par la firme. Les données actuelles qui leur sont communiquées à travers les rapports d'activité ne suffisent pas à garantir la performance de leur investissement. L'utilisation des compétences stratégiques en tant qu'outil d'analyse permet d'obtenir une coupe transversale mettant en évidence les principaux processus d'amélioration de la firme et permet, parallèlement, de constituer de façon progressive la mémoire de l'entreprise.

- **Le développement de la qualité des produits, des services et des prestations des collaborateurs pour que les clients aient une offre globale proche de l'excellence**

La nouvelle norme ISO 9000, version 2000 place le client au centre des préoccupations des entreprises et les incite à s'organiser transversalement. Elle se caractérise par l'évaluation de l'amélioration de la performance et la prise en compte du développement des compétences professionnelles et organisationnelles. Une entreprise qui décide d'élaborer dans une certification de ce type a généralement pour objectif de prouver à ses clients qu'elle met tout en œuvre pour que ses processus se déroulent conformément à des critères qui garantiront un certain niveau de qualité. Son engagement dans une démarche qualité a pour objectif de susciter un sentiment de confiance auprès de ses prospects, ce qui peut l'amener à se différencier avec des homologues du même secteur d'activité.

Ainsi, la gestion globale et agrégée des compétences répond aux besoins actuels des acteurs de l'entreprise en développant avec eux un nouveau type de relations de confiance. En effet, pour que les salariés, les actionnaires, les clients fassent confiance à l'entreprise, celle-ci doit leur prouver son engagement dans la valorisation du capital humain et organisationnel et sa volonté de rendre transparent ses principaux résultats et potentialités.

Cet ouvrage est destiné aux dirigeants, consultants, DRH et chercheurs qui souhaitent comprendre comment s'installe dans une entreprise, le « règne de la confiance » favorable à sa pérennité. Il contient différents niveaux d'approfondissement. Aussi, nous proposons ci-dessous un guide de lecture qui vise à orienter le lecteur efficacement en fonction de son temps et de ses objectifs.

Guide de lecture

Type de lecture Publics et Attentes	Lecture des idées principales	Lecture approfondie
DIRIGEANTS • Axes majeurs • Présentation des concepts • Bénéfices attendus	Préface Introduction Chapitre 6	Chapitre 1 : § 5 Chapitre 2 : § 2 et 3 Chapitre 3 : § 7 Chapitre 4 : § 1 Chapitre 5 : § 4
DRH - Managers • Situation du contexte RH • Positionnement méthodologique • Nouvelles perspectives RH	Préface Introduction Chapitre 1 : § 1 et 5 Chapitre 2 : § 1 Chapitre 3 : § 4 et 6 Chapitre 5 : § 2	Chapitre 1 : § 2 et 3 Chapitre 2 : § 2 Chapitre 3 Chapitre 5 : § 1 et 3
CONSULTANTS • Mise en contexte du sujet • Originalité de l'approche • Cas d'entreprise	Préface Introduction Chapitre 6 Chapitre 2	Chapitre 1 : § 4 Chapitre 3 : § 3, 4 et 6 Chapitre 4 : § 3 Chapitre 5 : § 2
ETUDIANTS UNIVERSITAIRES • Cadre de recherche (concepts, hypothèses, paradigmes) • Positionnement théorique du concept compétence en RH et en Stratégie • Certification des compétences	Avant-Propos Introduction Chapitre 1 Chapitre 2 : § 1 Chapitre 3 : § 1 et 3 Chapitre 4 : § 1, 2 et 3	Chapitre 3 : § 2 Chapitre 5 : § 1 Annexe 1 Annexe 2 Annexe 3

Schéma 1
Plan général du livre
Le « Management de la Confiance » par la gestion des compétences

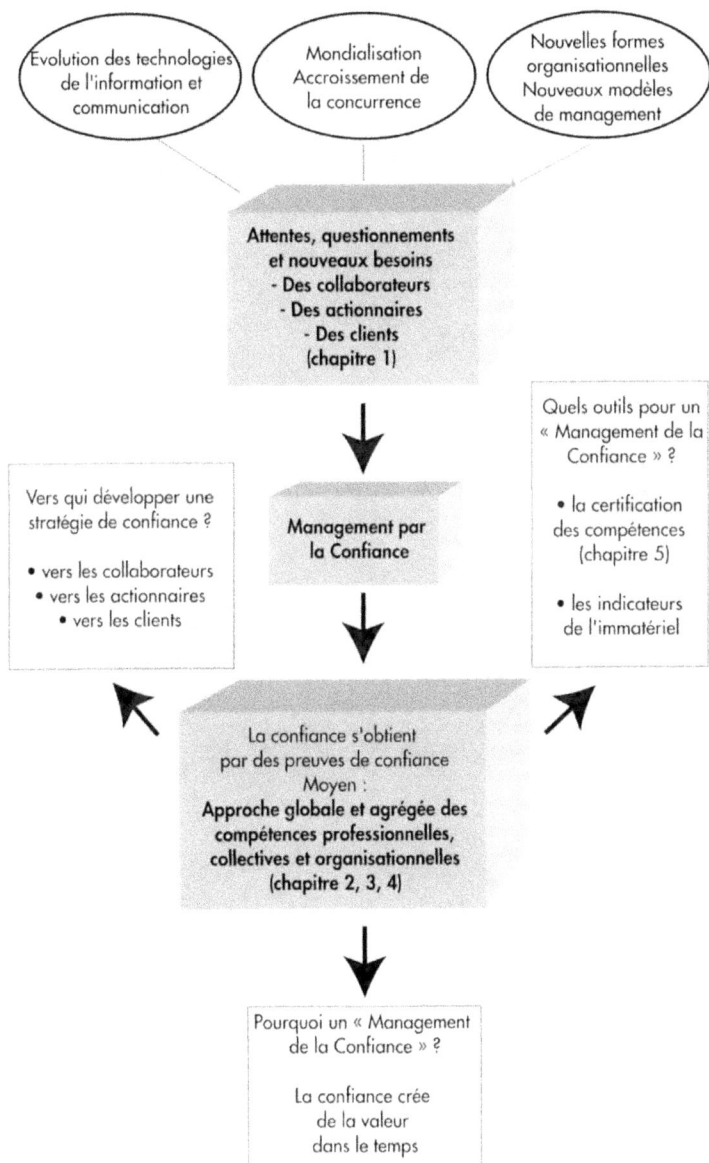

Évolution des technologies de l'information et communication

Mondialisation Accroissement de la concurrence

Nouvelles formes organisationnelles Nouveaux modèles de management

Attentes, questionnements et nouveaux besoins
- Des collaborateurs
- Des actionnaires
- Des clients
(chapitre 1)

Management par la Confiance

Vers qui développer une stratégie de confiance ?

• vers les collaborateurs
• vers les actionnaires
• vers les clients

Quels outils pour un « Management de la Confiance » ?

• la certification des compétences (chapitre 5)

• les indicateurs de l'immatériel

La confiance s'obtient par des preuves de confiance
Moyen :
Approche globale et agrégée des compétences professionnelles, collectives et organisationnelles (chapitre 2, 3, 4)

Pourquoi un « Management de la Confiance » ?

La confiance crée de la valeur dans le temps

Le « Management de la Confiance »
une réponse à la rapidité des évolutions technologiques, organisationnelles et commerciales

La problématique

L'évolution des organisations change le rapport de confiance des salariés, des actionnaires et des clients à l'entreprise.

Les organisations évoluent en prenant en compte :
- la mondialisation des ressources matérielles et humaines,
- l'introduction des nouvelles technologiques et le passage à l'économie du Net,
- l'évolution des modèles hiérarchiques symbolisés par des formes telles que l'entreprise réseau, l'entreprise virtuelle, l'entreprise par pôle de compétences ou la start-up,
- le développement des pratiques de management autour du cœur de métiers de l' entreprise et de ses compétences clés,
- la recherche de la performance globale et de la création de valeur perçue par le client.

Aussi, les changements de caps stratégiques, considérés plus comme des signes d'adaptation que d'incohérence, s'imposent aux sociétés en quête de flexibilité et de pérennité. Dans un tel contexte d'instabilité, l'entreprise doit pouvoir compter sur la confiance de ses collaborateurs, de ses actionnaires et de ses clients. **Mais la confiance se mérite. Elle n'est jamais acquise. Elle nécessite un management.**

Ce chapitre envisage les zones d'incertitude et les questionnements légitimes que se posent les collaborateurs, les actionnaires et les clients face aux facteurs de changement caractéristiques de ce début de siècle et tente de justifier l'importance de la mise en place d'un « Management de la Confiance ».

Tableau 1

Les questions que se posent les collaborateurs, les actionnaires et les clients face à la mondialisation, aux TIC [a] et au dogme de la création de valeur

	Impact sur les collaborateurs	Impact sur les actionnaires	Impact sur les clients
Mondialisation de l'économie	Suis-je dans les standards de compétences par rapport à mes homologues internationaux ?	Quels indicateurs me permettent de savoir si cette entreprise prend les bonnes décisions stratégiques ?	L'offre est-elle la plus compétitive en matière de qualité, de prix et de cahier des charges ?
Développement des TIC	Comment mon métier va-t-il évoluer sous l'influence des TIC ?	La firme a-t-elle mis en place une communication spécifique pour les actionnaires ?	Puis-je acheter à cette entreprise de façon sécurisée en toute confiance ?
Nouvelles structures Organisationnelles et hiérarchiques	Compte tenu de l'évolution de la firme, quelle formation puis-je anticiper et réaliser pour être sûr d'être « Top à la page » ?	Quel est l'impact de la structure sur la pérennité ? Est-ce en phase avec mes objectifs de valorisation financière ?	Ai-je un service qui m'assure des conditions d'assistance ? des relations commerciales personnalisées ?
Evolution du management	Comment faire évoluer mon style de management ?	Comment évaluer l'impact de ce nouveau management sur la performance ?	Ce management renforce-t-il le sérieux, la qualité de l'offre ?
Recherche de la performance globale et de la création de valeur	Cette entreprise me donne-t-elle les moyens de valoriser mon expérience professionnelle en interne et en externe ?	Vais-je continuer d'investir dans cette entreprise ?	Quelle est la plus-value de l'offre ?

a. Techniques d'Information et de Communication

© C. Dejoux
Éditions d'Organisation

Les idées-clé

En réponse aux zones d'incertitude et d'instabilité qui règnent sur les fronts commerciaux, stratégiques et opérationnels, l'entreprise peut choisir de **mettre en place un « Management de la Confiance »**. Reposant sur une méthodologie classique, il s'agit, sous l'angle de la confiance :
- d'anticiper les attentes, les risques et les leviers des collaborateurs, des actionnaires et des employés,
- de proposer une vision, des valeurs et une politique générale **fondée sur une approche globale et agrégée des compétences,**
- de mettre en place des plans d'actions en termes de gestion des compétences professionnelles, gestion des compétences collectives et gestion des compétences d'entreprise qui donneront confiance aux trois cibles pré-citées.
- d'organiser un système de pilotage autour d'indicateurs évaluant le niveau de confiance accordé à l'entreprise centré sur les compétences stratégiques.

Au niveau de la forme, ce chapitre intègre des notions générales sur l'évolution des organisations et du management.

Les mots-clé de recherche pour internet

Mondialisation, TIC, structures, performance globale, réseau, entreprise virtuelle, confiance, compétence professionnelle, compétence collective, compétence d'entreprise, capital immatériel, norme ISO 9000 version 2000, approche par processus.

Chapitre I

Le « Management de la Confiance »
une réponse à la rapidité des évolutions technologiques, organisationnelles et commerciales

> *« Le progrès consiste à créer des routines*
> *nouvelles et à les créer vite, pour que l'on*
> *puisse en changer souvent »*
> A. Detoeuf

De nombreux facteurs tels que la mondialisation des marchés et de la concurrence, le recours à des stratégies de fusion et d'acquisition, l'introduction des Nouvelles Technologies de l'Information et de la Communication dans les entreprises, la financiarisation de l'économie, la pression des actionnaires sur les choix stratégiques de la firme, les nouvelles attentes et comportements des consommateurs et la recherche de la création de valeur ont radicalement transformé les rapports de l'homme au travail et plus généralement ceux de l'entreprise avec ses partenaires internes ou externes. Ces bouleversements suscitent des questionnements chez les employés, tout niveau hiérarchique confondu, chez les actionnaires et chez les consommateurs.

En effet, compte tenu de l'importance accordée aux décisions boursières, les salariés peuvent avoir le sentiment que leur sort se joue ailleurs que dans l'entreprise et que leur rétribution ne dépend plus seulement de leurs réalisations mais de leur capacité à progresser. Or, il est admis que la motivation du personnel constitue une donnée stratégique dans l'évolution de la firme. Aussi, nous avons décidé d'exposer les craintes des collaborateurs face à l'évolution des organisations afin que les dirigeants et les managers puissent les anticiper et apporter des solutions qui permettront de rétablir ou de consolider un climat de confiance propice à la réussite de tous.

Parallèlement les attentes des actionnaires évoluent. Les indicateurs économiques ne suffisent plus pour appréhender la rentabilité. Les actionnaires sont en quête de signaux permettant de prévoir une performance globale intégrant la gestion des ressources humaines, le développement de la qualité ou la gestion des risques écologiques. L'évaluation des actifs immatériels constitue également une de leurs priorités. Aussi, face à ces nouveaux besoins, l'entreprise doit se positionner en termes de communication si elle souhaite conserver la confiance de ses actionnaires.

Enfin, les consommateurs semblent toujours plus volatiles et exigeants. Ils réclament de l'information sur des domaines périphériques à l'offre tels que l'assistance on line, l'origine des matières premières, la position écologique de la firme. Les clients sont sensibles aux messages qui leur permettent d'avoir confiance dans l'entreprise et qui anticipent les questions qu'ils peuvent se poser. Les démarches fondées sur des approches qualité constituent des réponses appropriées et évolutives [1].

1. cf. la nouvelle norme ISO 9000, version 2000.

Compte tenu de l'évolution des attentes des collaborateurs, des actionnaires et des clients, l'entreprise peut être amenée à se poser un certain nombre de questions :

- au niveau de ses collaborateurs

Comment maintenir la mobilisation des collaborateurs alors que des changements continus affectent leurs conditions de travail ? Comment activer un consensus autour de la culture de l'entreprise alors que la mondialisation impose des fusions et acquisitions avec des organisations aux cultures radicalement opposées ? Existe-t-il un risque réel de perte de loyauté des employés si leurs questionnements ne sont pas détectés et ne donnent pas lieu à des réponses ?

- au niveau des actionnaires

Quels sont les réseaux traditionnels, parallèles et émergents de l'information financière ? Quelles sont les attentes des actionnaires en termes d'information sur la firme ? Quels sont les supports qu'ils privilégient? Comment les actionnaires évaluent-ils le capital immatériel de l'entreprise?

- au niveau des clients

Quelles sont les tendances majeures de l'évolution des consommateurs? Dans quelle mesure les consommateurs sont-ils sensibles aux démarches qualité ou aux certification affichées par l'entreprise? Qelles preuves de confiance attend le consomateur? En quoi la nouvelle norme ISO 9000 permet-elle aux consommateurs d'avoir des produits de meilleure qualité?

Ce chapitre met en avant les différentes caractéristiques de l'évolution des organisations qui suscitent de nouvelles attentes de la part des collaborateurs, actionnaires et consommateurs. Pour mettre en place de nouvelles stratégies, de nouveaux outils opérationnels, il semble indispensable d'identifier ces facteurs de méfiance. Une fois cette étape accomplie, l'entreprise peut souhaiter s'engager dans un réel « Management de la Confiance » pour donner de la force à sa stratégie générale et développer des relations de confiance avec ses différents partenaires.

1. LA MONDIALISATION
LES TECHNIQUES D'INFORMATION
et les nouvelles configurations organisationnelles
changent les rapports de l'entreprise
et de ses collaborateurs

Face à la rapidité des changements externes (juridiques, économiques, technologiques), les organisations s'adaptent. Elles possèdent différents angles d'approche non exhaustifs. Elles peuvent, en effet, modifier, leurs stratégies, leurs processus de fonctionnement, leurs outils de gestion, leur style de management, leurs configurations et leurs systèmes hiérarchiques, le contenu des métiers, les niveaux de connaissances et les conditions de travail.

Les firmes en système concurrentiel ainsi que tous leurs paramètres sont concernés par le changement. Deux démarches peuvent être choisies pour y faire face : une adaptation en continu ou une adaptation réalisée à la suite de ruptures internes ou externes.

Pour mettre en place un processus d'adaptation continu, les entreprises ont recours à un processus de qualité totale et/ou de veille stratégique (intelligence stratégique), ce qui leur permet d'identifier les facteurs de changement externes et les domaines dans lesquels elles doivent engager une réaction. Qu'elle soit marketing, technologique, concurrentielle ou sociétale, la veille permet de récolter, traiter et transmettre la bonne information à la bonne personne afin d'engager une action. Généralement, les micro-changements ne nécessitent que quelques adaptations au quotidien mais elles requièrent de la part des salariés un état d'esprit favorable au changement car ceux-ci sont tous concernés par la mise en application du changement. S'ils sont sceptiques, les collaborateurs ont le pouvoir au niveau individuel et/ou collectif de freiner l'introduction du changement dans l'entreprise.

Quand l'évolution est imposée par un événement interne ou externe à la firme, elle est généralement acceptée par les collaborateurs compte tenu du fait qu'il n'y a pas de solution alternative. Ces changements structurels ont deux aspects : le recours à un spécialiste du domaine, formé en interne ou choisi parmi un panel de consultants et l'externalisation ou la sous-traitance du domaine à moderniser. Dans les deux cas, après une période de transition qui peut être violente, les employés devront accepter le changement et leur résistance aura moins d'effets que dans le cas précédent à savoir l'adaptation en continu de l'entreprise.

Nous pensons que, plus l'entreprise s'adapte à son environnement pour mieux satisfaire ses clients, plus elle doit accorder de l'attention à ses actionnaires et à ses collaborateurs. Une adaptation externe exige une adaptation interne. Les salariés ont besoin d'être initiés aux changements en en comprenant les enjeux et les opportunités. Imposer des solutions dans le cas d'un changement inévitable doit s'accompagner d'une stratégie d'écoute et de communication envers les collaborateurs. En effet, le succès d'un changement est corrélé à son appropriation par les salariés. Or un acte d'appropriation ne peut être imposé.

Aussi, dans le contexte actuel où tout bouge et où l'on voit apparaître « une nouvelle économie », les collaborateurs ont de nombreux doutes. Les dirigeants doivent être à l'écoute de ces freins aux changements.

1.1 Le rapport du salarié au travail évolue compte tenu de la mondialisation, de l'introduction des TIC et du dogme de la création de valeur

Nous proposons de résumer les idées qui sont développées dans ce paragraphe dans un tableau de synthèse.

Tableau 2

Les questions que se posent les collaborateurs face aux évolutions qui affectent la firme

Tendances de fond de l'évolution des organisations	Conséquences sur le travail	Questionnements des salariés
Mondialisation de l'économie	Concurrence mondiale des offreurs de compétences	Suis-je dans les standards de compétences par rapport à mes homologues internationaux ?
	Ouverture d'un marché mondial de la formation en ligne	Comment puis-je me former en temps réel, sur mon temps et mon budget personnel pour rester compétitif et obtenir une validation ou une reconnaissance par mon entreprise ?
Mondialisation de l'économie	Rotation rapide des concurrents, clients, fournisseurs, partenaires, compte tenu de l'offre mondiale	Comment puis-je trouver rapidement les informations stratégiques qui me permettront d'être en phase avec mes correspondants ? Comment bâtir un système de veille correspondant à mes besoins ?
Introduction des TIC	Avec l'introduction des TIC, re-création de la plupart des métiers	Ai-je besoin d'une formation de mise à jour de mes connaissances en TIC ?
		Comment mon métier va-t-il évoluer ? Quelles sont les nouvelles tâches que je vais devoir accomplir et celles que je n'aurais plus à faire ?

Tableau 2
Les questions que se posent les collaborateurs
face aux évolutions qui affectent la firme

Tendances de fond de l'évolution des organisations	Conséquences sur le travail	Questionnements des salariés
Introduction des TIC	Gestion du capital connaissance de l'entreprise (Knowledge Management)	Comment traiter les nouvelles informations qui vont me parvenir ? Comment ajouter de la valeur aux informations que je vais transférer ? Les TIC ne vont-elles pas standardiser mes connaissances sans que je puisse innover ?
	Risque d'introduire des informations de mauvaises qualité	Comment mesurer la pertinence des informations que je détiens par le NET ? L'entreprise doit-elle les vérifier ?
Performance globale et création de valeur	La rentabilité d'un individu ne s'évalue plus seulement en fonction d'objectifs quantitatifs ou qualitatifs atteints mais aussi en fonction de sa faculté à créer de la valeur pour ses collaborateurs et sa hiérarchie	Quelque soit la tâche que j'effectue, comment apporter une valeur ajoutée ? en donnant des informations utiles ? en proposant une méthodologie ?

© C. Dejoux
Éditions d'Organisation

La mondialisation de l'économie impose au collaborateur une mobilité fonctionnelle, géographique et/ou intellectuelle

Tous les paramètres de l'entreprise, qu'ils soient externes (clients, fournisseurs, contexte légal, intensité concurrentielle, actionnaires, etc…) ou internes (ressources humaines, matières premières, mode de hiérarchie, forme organisationnelle, etc…), évoluent dans un contexte de mondialisation, ce qui les amène à être remis en cause dans leur essence ou dans leur forme au grès des évolutions provenant des concurrents ou du benchmarking.

Les clients, les capitaux, les fournisseurs ne possèdent plus de frontière. Les collaborateurs, les produits, les services comme les méthodes de management et les outils de gestion doivent pouvoir être transposables et opérationnels dans toutes les filiales d'une multinationale ou entre les différents partenaires d'un projet commercial organisé en réseaux d'entreprises interculturelles. Leur standardisation doit permettre de transcender la culture dans laquelle ils seront mis en œuvre.

Ainsi, la mondialisation a eu des conséquences positives pour l'entreprise, elle a permis d'accéder à de nouveaux champs d'investigation, à de nouveaux métiers. De nombreux exemples peuvent être cités :
- la conquête géographique de nouveaux marchés,
- le développement des investissements financiers étrangers,
- l'élargissement du champ de recherche des fournisseurs,
- la réduction des coûts liés au marketing, à la commercialisation, à la publicité et à la distribution,
- la mobilité des experts au sein de l'organisation,
- la mise en place de centres de formation ou d'évaluation trans-nationaux (par exemple avec les assessment-center),
- l'uniformisation des outils de gestion en vue d'une meilleure consolidation,
- l'élévation du niveau de performance demandé aux salariés. Ceux-ci doivent vivre au quotidien en compétition avec leurs homologues étrangers tout en étant en phase en termes d'évolution de connaissances.
- etc.

La mondialisation a également eu des conséquences plus difficiles à accepter au niveau du ressenti des collaborateurs dont voici quelques exemples significatifs :
- le lancement et la commercialisation mondiale d'un produit ou d'un service ne correspond pas toujours aux attentes du marché local, aussi les collaborateurs doivent faire preuve d'initiative pour réaliser les adaptations nécessaires aux argumentaires commerciaux par exemple, sans qu'ils aient nécessairement de connaissance hiérarchique,
- le fait d'appartenir à une holding financière peut poser des problèmes d'identification des actionnaires pour les salariés, ce qui ne favorise pas le développement d'un sentiment d'appartenance à l'entreprise,
- le circuit des fournisseurs peut, dans certains cas, être vécu comme une décision imposée.

- le revirement soudain des objectifs stratégiques sans en comprendre les fondements et les opportunités au niveau local peut s'avérer déstabilisant,
- les efforts de créativité au niveau des outils de gestion sont bien souvent mort-nés.

Par exemple, chez **IBM**, en 1994, l'unité de la GAUDE (Sophia Antipolis) avait mis en place un système très performant de gestion des compétences professionnelles. Celui-ci a disparu quelques années plus tard bien qu'il fut reconnu rentable et efficient, au profit d'un système de gestion des compétences issu du siège mondial et mis en œuvre dans toutes les filiales.

La mondialisation a depuis des années transformé les conditions de travail des collaborateurs. Elle a substitué des méthodes de travail confortées par des habitudes locales à un processus de travail mobile, perméable qui s'articule autour d'outils et de méthodes de management standardisés. Dans ce contexte, la stratégie personnelle du collaborateur consiste à vouloir, pouvoir et savoir évoluer dans un système de travail où les points de repères sont peu nombreux, où l'incertitude est liée à l'alternance rapide des décisions, où la compétition existe au niveau mondial. La capacité d'adaptation du salarié constitue une compétence professionnelle stratégique.

L'introduction des TIC dans les fonctions de l'entreprise a insufflé un nouvel état d'esprit

Dans les années 90 la mondialisation a fait naître des besoins de transversalité, de vitesse d'obtention de données, ce qui a favorisé l'introduction des TIC dans les entreprises. Les TIC correspondent à l'introduction d'internet, à l'échange de bases de données (EDI), à la mise en place de logiciels de gestion (ex: SAP). Ces outils ont apporté l'interactivité (c'est-à-dire la possibilité d'avoir des échanges informatiques en temps réels), la diminution de nombreux coûts de transaction, un meilleur traitement et une meilleure diffusion de l'information. La rapidité de leur introduction a engendré des bouleversements qui suscitent quelques réflexions.

Les utilisations de ces outils révolutionnaires n'en sont qu'à leur début dans les entreprises. Ils permettent d'échanger, aussi bien en interne qu'en externe, en temps réel, des données. La plupart des grandes fonctions de l'entreprise sont concernées mais à différents degrés.

Des logiciels performants de transfert de données ont permis à la fonction achat d'intégrer très vite les TIC et de mettre en place, avec des partenaires extérieurs à l'entreprise, des plateformes d'achat.

Selon une étude de F. Laval, 2000, la fonction GRH intègre les TIC principalement dans les domaines de l'information sociale, de la formation et du recrutement, ce qui à terme amène les entreprises à se poser la question de l'externalisation de ces fonctions.

L'introduction des Nouvelles Technologies dans l'entreprise a des impacts au niveau de l'organisation hiérarchique, au niveau des produits et des services dispensés, au niveau des collaborateurs et de leurs conditions de travail.

L'impact des TIC au niveau de l'organisation hiérarchique

Les TIC favorisent la multiplicité des informations et remettent en cause les systèmes de pouvoir fondés sur la hiérarchie. Dans les organisations où se développent la gestion de projet, la mise en réseau d'activités, le partage d'informations avec des partenaires et la commercialisation des services sur internet, le pouvoir appartient à ceux qui ont une gestion sélective et non exhaustive des informations. Ceux qui possèdent un système de veille interne et externe performant ainsi qu'un réseau communicationnel puissant.

Les TIC rendent le pouvoir alternatif et démocratique. « *Les TIC permettent de décentraliser la prise de décision en conférant aux différents niveaux opérationnels les moyens d'assurer leur autonomie et de travailler en interaction et en synergie... La clé maîtresse de la cohérence du système entreprise n'est alors plus la centralisation, la prise de décision mais la coordination de la communication et la circulation de l'information* » S. Chably et al, 1999 [1].

1. B. Chably ; J. Chapelet, J. Deglaine, S. Dimitriadis, « L'impact du commerce électronique sur les emplois et les compétences en PME : Une méthodologie de l'étude », *Gestion 2000*, 1999, sep-oct, pp. 35-57.

L'impact des TIC sur la façon de consommer les produits et les services

Au delà de l'aspect cannibalisation qui existe dès la mise en place d'un site de commerce électronique, les TIC ont permis de créer de nouveaux modes de consommation.

> Dans le domaine de la musique, le consommateur de MP3 n'empruntera pas les circuits de distribution classiques à savoir, la chaîne avec un CD mais plutôt le casque ou son ordinateur pour consommer un titre ou créer un morceau original à partir du mixage de 2 titres.

Ces nouveaux modes de consommation, en pleine émergence, entraînent de nouveaux modes de contrôle dans l'entreprise et suscitent de nombreuses questions: Quelle est la frontière entre le service gratuit et payant? Comment encourager ces nouveaux modes de consommation tout en les rentabilisant?

L'impact des TIC sur les conditions de travail des collaborateurs

Le premier impact des TIC sur les métiers a consisté à en créer certains et à en faire disparaître d'autres.

> Pour les informaticiens: chef de projet utilisateur par exemple;
> Pour les non-informaticiens: webmaster, graphiste, chargé de veille; responsable de l'actualisation et de la gestion des bases de connaissances, etc.

Selon S. Chably et al, 1999, les premiers postes à subir l'influence du commerce électronique sont les postes de commerciaux et de marketing, puis les postes en amont (administration des ventes, logistique, achats, ordonnancement...). Ces auteurs font remarquer que les TIC ont accéléré les phénomènes d'externalisation de certaines fonctions (secrétariat administratif, études de marchés, formation, etc...). Ils citent l'exemple des commerciaux qui devront avoir « *une fonction à plus forte valeur*

*ajoutée, beaucoup plus orientée vers le conseil au client et sur-
tout vers l'écoute de leurs besoins, afin de permettre à l'entreprise d'orienter sa stratégie... Ils devront sans doute être plus
qualifiés qu'aujourd'hui et apporter le nécessaire contact
humain, facteur d'innovation, complémentaire d'internet ».*

De toute façon, tous les métiers doivent être repensés et redéfinis
en intégrant les TIC et plus particulièrement internet. Les modes
de travail sont renforcés, le travail collaboratif est privilégié, les
équipes multi-fonctionnelles et transversales se déploient. Savoir
évoluer dans un environnement flou devient un impératif.

Le Président de **GÉNERAL ELECTRIC**, J. Welch, a laissé, en 1999, 200
jours à chacun de ses employés pour définir son poste et sa façon de
travailler en optimisant les TIC. La méthodologie choisie repose sur
l'embauche de jeunes recrues expertes dans la technicité du Web.
Celles-ci ont travaillé en binôme avec les plus anciens. De la mise en
pratique de ces double-compétences a émergé de nouvelles définitions
de postes et de nouvelles modalités de travail.

Paradoxalement, plus les TIC sont développées dans une organisation, plus celle-ci devra donner de l'importance à la politique
de ressources humaines. Il faut imaginer un continuum avec d'un
côté l'homme et de l'autre l'ordinateur. Pour développer une
atmosphère de confiance, il faut rechercher l'équilibre entre les
TIC et la GRH.

Déjà différents scénarios optimistes et pessimistes de
l'homme dans une économie totalement numérisée
ont pu être dressés par quelques auteurs dont
N. Negroponte [1], J. de Rosnay [2], D. Tapscott [3]. Ils
font par exemple état des risques d'une fracture
sociale entre ceux qui ont une bonne maîtrise des
aspects informatiques et virtuels (les « have » ou les
« nantis ») et ceux qui sont exclus de ce monde de la
connaissance informatique (les « have not » ou les
« déshérités »).

1. N. Negroponte, *L'homme
numérique*, Lafont, 1995.

2. J. de Rosnay ; *L'homme
symbiotique : regard sur le 3^e
millénaire*, Seuil, 2000.

3. D. Tapscott, *The Digital
Economy : Promise and Peril in
the Intelligence*, Mc GrawHill,
1997.

Les TIC sont incontournables et possèdent des conséquences substantielles sur le comportement des collaborateurs. Dans la liste suivante, nous en repérons quelques-unes qui nous semblent fondamentales :

1 « Avoir l'esprit de chasse »

Tout salarié doit être en perpétuelle veille (tel un chasseur d'information) par rapport à son domaine d'activité, ses clients, ses fournisseurs. Il doit se doter d'informations en continu sur l'évolution de ses concurrents directs et indirects, sur ses partenaires internes et externes. Cultiver son réseau et ses circuits de connaissances grâce aux TIC, constitue un réflexe.

2 « Cibler la bonne info »

Grâce à un système personnel ou proposé par l'entreprise si celle-ci développe une activité de Knowledge Management (gestion des connaissances fondée sur les TIC), chaque collaborateur doit pouvoir en un temps minimum trouver l'information nécessaire dans la base de connaissances qu'il utilise ou qu'il a construite.

3 « Créer de la valeur ajoutée »

Le collaborateur ne doit pas être un simple vecteur d'information, mais une interface. Il a pour mission de créer de la valeur ajoutée en apportant un complément d'information, une méthodologie, un exemple justifiant une opportunité lorsqu'il véhicule une information.

4 « Développer une dimension net »

Avec l'introduction des TIC, le collaborateur ne doit plus penser seulement en fonction des besoins des clients et des actionnaires, il doit se positionner aussi en fonction des opportunités que fourniront à terme le Net. Cette dimension, « la dimension Net » devient inhérente à tout système d'offre. Aussi doit-elle être agrégée par tous, quelque soit le niveau hiérarchique, dès la phase de lancement d'une idée.

5 « Se former tout au long de la vie »

Les connaissances liées aux TIC se développent si rapidement qu'il devient nécessaire d'opter pour des processus de formation continue alliés à des systèmes de reconnaissance fondés sur l'expérience professionnelle et non plus seulement sur les diplômes.

6 « Partager les connaissances »

Sur le Net comme dans de plus en plus de domaines, il n'est plus possible de tout savoir sur un sujet. Dans les secteurs caractérisés par une gestion des connaissances complexes, la réussite passe par la compétence collective. Partager une connaissance ou une information n'enlève rien à celui qui la donne, mais enrichit celui qui la reçoit. La génération qui associait le pouvoir à la détention de l'information doit être rééduquée dans l'esprit de « donner avant de recevoir beaucoup plus ».

7 « Ecouter le cyberclient »

Le système du commerce électronique a permis au client d'imposer encore plus sa griffe. Le cyberclient a le don d'ubiquité. Le Net abolit l'espace-temps. Il permet au client à la fois de consommer un produit standardisé, commercialisé dans le cadre d'une politique de mondialisation et en même temps de commander sur le réseau du sur-mesure. Dans ce cas précis, le consommateur a une influence sur les orientations stratégiques de l'entreprise. Aussi, « être à l'écoute du client » devient une nécessité d'une part parce que les systèmes de commercialisation sont récents et d'autre part parce que sur le Net, il y a un effet d'individualisation, une sorte de retour d'un nouveau « commerce de proximité ».

La REDOUTE. com s'engage à répondre de manière nominative à tous ses clients dans un délai de 48 heures.

OTIS s'engage à répondre dans les 4 heures. L'entreprise, leader mondial dans la construction et la distribution d'ascenseurs a lancé en décembre 2000 la première commercialisation par internet d'ascenseurs.

La recherche de la performance globale amène l'individu à créer de la valeur dans chacun de ses actes de travail

En théorie, les entreprises ne recherchent plus seulement le profit à court terme, elles sont dans une logique où la performance est évaluée en fonction de la contribution à la création de valeur ajoutée.

THEORIE

Dans son ouvrage *La migration de la valeur*, A. Slywotzky, 1998, Vice Président du cabinet Mercer, met en évidence l'importance de la création de valeur pour les entreprises. Selon son analyse, pour amener la valeur à perdurer dans le temps, la quadrature du cercle consiste à optimiser trois champs d'action (les tribulations du jeu concurrentiel, la vitesse de progression des innovations technologiques, les changements aléatoires des priorités des clients).

En théorie, cela semble réalisable mais un chef d'entreprise prudent peut se demander pourquoi changer ce qui marche au risque de mal ajuster la nouvelle reconfiguration de l'entreprise (ou son business model). En effet, pour répondre aux nouvelles réalités de la clientèle, il faut sans cesse remettre en cause et faire évoluer les techniques de gestion, les lignes hiérarchiques, ou les métiers avant qu'ils ne montrent quelques défaillances. Changer ce qui fonctionne pour suivre la migration de valeur est un enjeu risqué au premier abord. Aussi, des cadres, tels que la qualité totale avec l'EFQM ou la nouvelle norme ISO 9000 version 2000 permettent de maximiser les changements en les précédant de questions qui identifient les points névralgiques qui représentent des risques importants si des adaptations locales ne sont pas entreprises.

EXEMPLE

Les Echos du 31/10/00 rapportaient l'exemple du plan de professionnalisation des 5000 salariés de la chaîne d'**Ibis** en Europe, marque du groupe **ACCOR**, qui s'inscrit dans le cadre d'une approche globale du client et de la performance salarié-actionnaire. D. Gris, Directeur Général du pôle hôtellerie économique du groupe **Accor** explique : « *Au sortir de la crise des années 90, nous avons donc voulu impulser une démarche qui ne soit plus seulement focalisée sur les résultats financiers mais sur la notion de performance globale* ». Le projet s'articule autour de quatre axes : la qualité de service par le professionnalisme, la satisfaction des clients grâce à la multicompétence, la progression des salariés par l'autoformation, la motivation des collaborateurs par la reconnaissance de leurs compétences. L'outil utilisé se nomme le « Guide des compétences ».

Le même raisonnement peut être fait au niveau individuel. Quand une entreprise demande à ses collaborateurs d'être un facteur de communication, elle attend que ceux-ci portent, transmettent l'information mais surtout l'enrichissent. Le salarié pourra fournir des solutions-outils à la personne à qui il transmettra l'information, il pourra actualiser l'info ou faire des analogies.

THÉORIE

Cette création de valeur, au niveau individuel, est une attitude naturelle pour le « travailleur du savoir », concept introduit par P. Drucker dans « *l'avenir du management* », 2000. Celui-ci propose une méthodologie selon laquelle tout salarié qui souhaite prendre en main le développement de son employabilité doit commencer par analyser son activité, identifier ses points forts et sa contribution à la création de valeur de l'entreprise. L'outil incontournable est représenté par un *feedback régulier* (analyse des résultats par rapport aux attentes) et des *conclusions pour l'action*. Selon l'auteur, l'individu doit s'appliquer une gestion des compétences professionnelles stratégiques en consacrant le moins d'efforts possible à s'améliorer dans les domaines où sa compétence est faible et à se concentrer sur les domaines où il dispose d'une forte compétence et d'un solide talent. Cette attitude de prise en main par le salarié de la gestion de ses ressources propres (« gestion de soi-même ») découle de deux réalités : à savoir que les travailleurs vivront plus longtemps que leur entreprise, et que les travailleurs du savoir bénéficient de la mobilité.

Dans les nouveaux modèles de gestion du personnel qui apparaissent, le savoir constitue une pierre angulaire. Pour faire face aux changements permanents, l'entreprise demande à ses employés d'être coresponsables de leur avenir professionnel. Il existe une tendance de fond en GRH qui consiste à responsabiliser chaque collaborateur quant au développement de sa formation. Bien que les entreprises continuent à réaliser de la formation interne, elles sollicitent fortement les employés à réfléchir à leur trajectoire personnelle en s'auto-formant par leurs propres moyens. Sans contrôle ou valorisation spécifique de cette auto-formation, le salarié peut se considérer comme « un électron libre » à qui l'on a fait confiance pour se former mais sans que cet investissement soit nécessairement valorisé.

Alors qu'il y a quelques années, l'organisation gérait totalement la carrière professionnelle du collaborateur et lui proposait un plan de carrière en fonction de grilles et d'indices de rémunération, aujourd'hui elle lui délègue l'élaboration et l'entretien de sa trajectoire professionnelle en l'invitant fortement à réfléchir en termes de compétences professionnelles. L'entreprise adopte une logique d'accompagnement de l'employabilité du salarié et non plus d'encadrement de sa formation. Le salarié a ainsi parallèlement plusieurs challenges en termes de gestion de sa propre ressource humaine dans un cadre de réduction du temps de travail :

- il doit *atteindre les résultats fixés par la hiérarchie* en valorisant ses compétences professionnelles,
- il doit *savoir faire reconnaître ses compétences* professionnelles distinctives (qui le distinguent des autres) et justifier dans quelle mesure elles permettent de créer de la valeur pour l'entreprise,
- il doit *afficher des compétences professionnelles potentiellement transférables* au sein d'une équipe ou d'un projet,
- il doit *annoncer les compétences professionnelles sur lesquelles il s'auto-forme* en proposant, si possible, un mode de validation par l'entreprise (par exemple : la certification d'une compétence, la VAP, etc...).

THEORIE

Comme le dit P. Drucker, « l'employé devient le principal responsable de son avenir »[1].

C'est à lui de proposer et gérer ses besoins en terme de formation et de développement des compétences. Ce qui hier était une des missions de la DRH, tend à passer sous le contrôle et la responsabilité de chaque collaborateur.

1. P. Drucker, *L'avenir du Management*, Village Mondial, 2000.

Or celui-ci est, au quotidien, face à un paradoxe énoncé par J.-L. Descharreau et P. Suzet, 2000 : il vit sous une pression permanente, générant stress et manque de temps dans son milieu professionnel, tout en ayant plus de temps de loisirs, compte tenu de la réduction du temps de travail, dans lequel il doit s'auto-former.

Cette situation s'explique par la rationalisation des effectifs qui a pour conséquence la mise en flux tendu de la GRH. Les salariés sont « sur-bookés » dans leur milieu professionnel. La réduction du temps de travail qui est imposée aujourd'hui en France n'a pas diminué les objectifs à atteindre (au contraire les objectifs progressent et il faut les atteindre en moins de temps). A l'extérieur de la firme, le temps de loisirs est inversement proportionnel aux responsabilités endossées (les cadres dirigeants ne sont pas concernés par la RTT). Pourtant tout stress professionnel requiert un temps de récupération minimum. Le salarié est responsable de son auto-formation (d'autant plus avec le développement du e-learning), il doit adopter une logique de « gestion de soi ». Ce paradoxe explique la méfiance que certains peuvent avoir quant aux entreprises qui ont tendance à déléguer à leurs collaborateurs le développement de leur employabilité.

1.2 L'accélération des reconfigurations organisationnelles valorise les salariés initiateurs de transversalité dans leur travail

Les mutations économiques évoquées précédemment ont inévitablement eu un impact retentissant sur la structure et le management des organisations. Les salariés doivent aussi s'adapter aux reconfigurations organisationnelles. Face à ce défi, ils se posent un certain nombre de questions. Quelques-unes d'entre elles sont synthétisées dans le tableau suivant :

Tableau 3
**Les questions que se posent les salariés
face à l'évolution des structures de la firme**

Evolutions des structures organisationnelles	Conséquences sur le travail	Questionnements des salariés
L'entreprise réseau	Externalisation de fonctions	Dans quel cas une partie des tâches que je réalise vont-elles être externalisées ?
	Équilibre entre savoir-faire et faire-savoir	Est-ce que je communique suffisamment sur la valeur ajoutée que j'apporte ?

Tableau 3
**Les questions que se posent les salariés
face à l'évolution des structures de la firme**

Evolutions des structures organisationnelles	Conséquences sur le travail	Questionnements des salariés
L'entreprise virtuelle	Refonte des frontières de l'entreprise autour d'un projet collectif	Quel est le mode de reconnaissance qu'attribue l'entreprise à mon développement de compétences relatives aux projets auxquels je participe ?
L'entreprise en pôles de compétences	Définition de l'organisation et de la stratégie en fonction du diagnostic des compétences clés de l'entreprise	Dans quelle mesure mes compétences personnelles sont-elles en phase avec les compétences stratégiques actuelles et futures de l'entreprise ?
La start-up	Relations fondées sur la confiance Partage des connaissances Esprit « fomation tout au long de la vie »	Quel est le retour sur investissement du partage de mes compétences ? Dans quelle mesure l'entreprise me permet-elle d'être dans une logique d'apprentissage, indispensable à ma valorisation interne et externe ?

© C. Dejoux
Éditions d'Organisation

Les changements structurels, le développement rapide de diverses formes de coopérations ont abouti à de nouvelles formes d'organisations telles que les organisations en réseaux et les entreprises virtuelles. La reconfiguration des frontières de l'entreprise pose la question de l'identité de l'entreprise et celle de son degré de virtualité. La montée en puissance des services et le recours à des collaborateurs-experts a participé à l'émergence d'une nouvelle catégorie d'entreprise : « les entreprises organisées en pôles de compétences ». Parallèlement, l'avènement de la nouvelle économie a fait éclore des entreprises agissant dans le domaine des TIC et possédant des particularités structurelles et managériales : « les start-up ».

L'entreprise réseau

La littérature sur les entreprises réseaux et vaste et inachevée, de nombreuses typologies en témoignent. Distinguons tout de suite 2 types de réseaux :

- Des réseaux communicationnels

Il s'agit des différents contacts que tisse une personne avec des individus internes ou externes à l'entreprise. C'est à partir de différents réseaux communicationnels imbriqués que peuvent s'élaborer des réseaux organisationnels.

Ce type de communication représente désormais dans les organisations une forme de travail.

THÉORIE

Comme le précisent M. Kalika et al, 2000 [1], dans un article sur les nouvelles formes organisationnelles, c'est avec l'explosion des frontières organisationnelles que *« les fonctions traditionnelles verticales chères à Fayol sont remises en cause par la multiplication des groupes de projets, des structures matricielles, des travaux de groupes électroniques. Les cloisonnement verticaux éclatent sous la pression des groupwares et des intranets qui conduisent les membres de l'entreprise à travailler ensemble indépendamment des localisations organisationnelles, hiérarchiques et géographiques ».*

1. M. Kalika; F. Blanchot; H. Isaac, E. Josserand, B. de Montmorillon, P. Romelaer; « Décloisonnée et transversale, l'organisation change », l'*Expansion Management Review*, n° 98, sept 2000, pp. 68-80.

Les auteurs soulignent que ces transformations posent des problèmes essentiellement liés au facteur humain. Si en théorie, la logique réticulaire semble tout à fait adaptée aux mutations économiques et concurrentielles, dans la pratiques la transition structurelle s'avère difficile. L'individu perd ses repères. Le pouvoir hiérarchique est bouleversé. Le passage du rôle de chef à celui de coordinateur pose un problème de reconnaissance de la légitimité. Comment valoriser a priori l'engagement nécessaire de chacun sans être capable d'expliquer le retour sur investissement autrement qu'avec des chiffres à atteindre ? Ces facteurs justifient l'importance à accorder aux réseaux communicationnels, sous-jacents des réseaux organisationnels.

- Des réseaux organisationnels

THEORIE

Pour caractériser les formes en réseaux, nous empruntons la typologie de F. Fulkonis, 1999 [1]. Selon lui, un réseau d'entreprises ou une entreprise en réseau se définit par trois dimensions :

Une dimension partenariale

« La dimension mutuelle des structures en réseau correspond au caractère des relations entre partenaires. Ces relations impliquent, entre eux, l'existence de rapports de réciprocité d'intérêts et d'échange d'actes, voire l'existence d'un système de valeurs. Cette dimension est caractérisée par un besoin de cohésion, cad une force qui unit les partenaires tout au long d'un processus de production ».

Une dimension stratégique

Les structures en réseau résultent du choix et de la mise en œuvre de stratégies coopératives telles que : l'externalisation, le recentrage, la spécialisation, la différenciation, la recherche de partenaires externes. L'objectif consiste à *« accroître la capacité de l'entreprise à produire la valeur reconnue par le client ».*

Une dimension intra-organisationnelle

Cette dimension se définit par l'indépendance juridique et financière de l'entreprise, ainsi que l'autonomie des sociétés en réseaux. Ces systèmes fonctionnent évidemment plus facilement avec un management transversal plutôt que vertical par fonction.

« L'entreprise post-taylorienne pourrait s'appeler celle du « tout reseau »: réseaux d'entreprises, réseaux d'unités opérationnelles et réseaux inter-individuelles jusqu'aux réseaux les plus bas d'une hiérarchie aplatie... Dans tous les cas la logique du réseau, qui se retrouve à différents niveaux dans l'entreprise, repose sur une responsabilisation de l'individu (empowerment « associé à une forme de transversalité. »[2]

1. F. Fulkonis; « Logistique et administration générale des structures en réseaux », *Gestion 2000*, juillet-août 1999, pp. 109-127.

2. Kalika et al, 2000.

Air Liquide constitue un exemple d'une réorganisaiton en réseau. Il existe des formes de structures en réseau très hétérogènes. Elles dépendent des caractéristiques des situations diverses et complexes de chaque membre et de la forme globale aboutie du réseau qui peut revêtir différents aspects (réseau centré, réseau non-centré).

La littérature sur les entreprises en réseaux met un accent particulier sur le rôle de la confiance.

THEORIE

C. Mothe, 1999 [1], remarque que les auteurs s'attachent de plus en plus à l'analyse du réseau et de son évolution, et en particulier pour savoir quelles caractéristiques du réseau favorisent la confiance.

La structure ? Le mode de prise de décision ? le mode de régulation ? Le mode de contrôle ? le type d'existence ou de non-existence de relations hiérarchiques ?

1. C. Mothe; « La confiance : une revue de littérature anglo-saxonne », VIIIᵉ colloque de l'AIMS, Ecole Centrale de paris, 1999.

L'entreprise virtuelle

« L'entreprise virtuelle »[2] représente la forme extrême des modèles de coopération et d'externalisation. Elle sert notre propos car le principe de base d'une telle organisation est de se concentrer sur ses compétences organisationnelles distinctives [3] et d'organiser des collaborations avec d'autres organisations pour réaliser les autres activités de sa chaîne de la valeur.

2. http://www.cs.tcd.ie/virtuel/oecd 98.

3. ou compétences clés.

THEORIE

Ce terme est apparu dans les années 90 avec W. H Davidow et M. Malone [4] qui justifient ce type d'organisation par les exigences de flexibilité et d'agilité requises par les marchés globaux. Des entreprises telles que BENETTON [5], NIKE, INTEL, REEBOOK, KODAK sont considérées comme des références en termes d'organisations virtuelles. Au niveau collectif, dans de nombreuses entreprises se mettent en place des équipes de travail virtuelles.

4. W.H. Davidow ; M. Malone, The virtual corporation, New York : Edward Burlingame Books/Harper Business, Harper Collis Publishers, 1995.

5. À ce sujet lire le livre de F. Fréry, Benetton ou l'entreprise virtuelle, Vuibert, 1999.

EXEMPLE

Selon un article de De Smet dans le journal canadien les Affaires du 9 octobre 1999 aux Etats-Unis, 13 millions de professionnels auraient été amenés à travailler au sein d'équipes virtuelles en 1998 alors qu'ils n'étaient que 8.4 millions en 1996 soit 50 % de plus en deux ans.

THEORIE

Nous retiendrons une présentation de l'organisation virtuelle à partir des travaux canadiens de B. Nizar et S. Zhu, 2000 [1]. Ces auteurs expliquent que le modèle virtuel des organisations est apparu à la suite des développements qu'ont connu les TIC durant les dernières années. Les TIC sont à la fois l'essence et le catalyseur de ce type de configuration. Elles permettent l'externalisation, la délocalisation géographique, la coordination et le contrôle des différentes fonctions principales et de soutien de l'entreprise si l'on s'en réfèrre à la chaîne de la valeur de M. Porter, 1985.

1. B. Nizar, « Pour une meilleure compréhension de l'organisation virtuelle », IXe conférence de l'AIMS, Montréal, 2000.

Ils proposent une typologie distinguant 5 types d'organisations virtuelles :

– « l'entreprise technologique »

Ce modèle correspond au premier stade de l'organisation virtuelle, celle qui construit sa virtualité sur l'intégration des TIC. Il s'agit d'une entreprise qui possède un niveau de développement technologique virtuel suffisant pour rendre virtuelles plusieurs étapes de la chaîne de la valeur. En effet, les TIC peuvent avoir des applications aussi bien dans les activités principales (logistique interne, production, logistique externe, commercialisation et vente, service) que dans les activités de soutien (approvisionnement, développement technologique, gestion des ressources humaines et services administratifs) qui constituent la chaîne de la valeur de M. Porter, 1986[2].

2. M. Porter ; L'avantage concurrentiel : comment devancer ses concurrents et maintenir son avance, Interéditions, 1986.

– « l'entreprise dispersée »

Il s'agit d'un courant théorique (M. K Ahuja et K. M Carley, 1993, 1998 ; J. Magretta, 1998 ; H. C Lucas et J. Baroudi, 1994) qui étudie des entreprises dont la virtualité est relative à la dispersion géographique.

THEORIE

- « l'entreprise externalisée »

Cette dénomination symbolise la recherche d' auteurs qui spécifient le degré de virtualité d'une entreprise en fonction du nombre de fonctions externalisées (c'est à dire confiées à des firmes spécialisées). Bien qu'en général, les fonctions clés, celles directement rattachées à l'avantage compétitif de la firme, sont souvent gardées au sein de l'organisation, il existe un modèle de firme totalement virtuelle dans lequel la finalité de l'entreprise est réduite à une coordination des différentes étapes de la chaîne de la valeur (R. Kraut et al, 1998).

- « la cyber entreprise »

Selon J. Lipnack et J. Stamps, 1997[1], une cyber-entreprise est imaginée comme une interconnexion de personnes ou de groupes indépendants. La mission de ce type d'organisation consiste à gérer les commandes, coordonner, gérer les activités d'acheminement du produit au client grâce à l'utilisation de l'ordinateur, symbolisant le cyberespace. Pour ces auteurs, « *ce mode de fonctionnement a complètement transformé et révolutionné les règles de la concurrence à l'échelle mondiale. Là où le marketing favorise les grandes entreprises, le marketing via internet profite à toutes les firmes quelle que soit leur taille* ».

1. J. Lipnack, J. Stamps, *Virtual teams: reaching across space, time and organizations with technology*, New York, John Wiley Sons, 1997.

- « le réseau temporaire »

Cette appellation est attribuée à W. H Davidow et M. Malone, 1996[2], qui définissent « *l'entreprise virtuelle comme une molécule qui se fait et se défait à mesure que des atomes différents s'y greffent. Elle consiste en un groupe d'entreprises formé autour d'un projet commun et qui, une fois le projet terminé, sera dissout, permettant ainsi à chaque membre de participer à d'autres projets* ».

2. W. Davidow; M. Malone; *L'entreprise à l'âge virtuel*, Maxima, 1996.

L'organisation par pôles de compétences

Compte tenu de l'importance du développement des politiques de gestion des compétences individuelles, collectives ou organisationnelles, il est prévu, dans dix ans au plus tard des organisations centrées autour de pôles de compétences (M. Kalika et al,

2000). Cette prédiction, avec laquelle nous sommes tout à fait d'accord, s'appuie sur des applications de configurations organisationnelles autour des compétences organisationnelles stratégiques réussies :

1. E. Crener ; P.X. Meschi, « Relating the corporate competences building to the objectives emerging from the process of strategy », *Etudes et documents*, IAE Aix, 1995.

2. E Metais, « Intention stratégiques et transformation de l'environnement concurrentiel », *Thèse*, IAE Aix, 1997

3. L. Edvinson ; M. Malone ; *Le capital immatériel de l'entreprise*, Maxima, 1999.

THÉORIE

- M. Crener et P.X. Meschi[1], 1997, rendent compte de l'expérience de MERLIN-GUÉRIN qui a identifié des compétences organisationnelles stratégiques pour 5 à 7 ans grâce à l'intervention d'experts et les a véhiculées par le support écrit auprès de chaque collaborateur.

- E. Métais[2], 1997, fait état de l'expérience d'AIR LIQUIDE, qui a identifié 5 groupes de compétences organisationnelles stratégiques.

- L. Edvinson et M. Malone, 1999[3], exposent le fonctionnement d'AFS SKANDIA, un gestionnaire de fonds qui est très engagé dans une conception de l'organisation par pôles de compétences et par gestion du capital immatériel. Cette entreprise considérée comme une entreprise réseau a décliné ses compétences organisationnelles stratégiques en outils de gestion.

Ce type de configuration répond à des besoins organisationnels actuels tel que :
- développer les compétences professionnelles des collaborateurs en fonction des compétences organisationnelles stratégiques actuelles et/ou potentielles de l'entreprise,
- rassembler les compétences individuelles utiles autour des processus stratégiques de l'entreprise,
- s'adapter en temps réels aux clients, avoir une stratégie mondiale unique homogène et cohérente de gestion des compétences.

La start-up

Pour définir une start-up, nous proposons la définition d'un observateur du terrain, Monsieur Lambert, Responsable des TIC à la CCI de Lille, ville qui a été reconnue en l'an 2000, comme pôle européen des nouvelles technologies et qui développe une stratégie pilote d'accompagnement des entreprises dans leurs mutations par rapport au net :

« une start-up est une entreprise dont l'activité concerne l'une ou plusieurs des trois applications suivantes :
- la couche applicative (le commerce électronique)
- la couche reliée aux logiciels
- la couche concernant le matériel informatique ».

Selon cet expert auprès de start-up, plus l'entreprise possède des activités dans les couches inférieures, plus son profit est durable.

Dans ce type de firme, les équipes évoluent dans des environnements flous avec un esprit de pionnier. Compte tenu de la nouveauté des métiers et des tâches à accomplir, les modes de coordination et de contrôle s'articulent autour d'essais et d'erreurs. Un certain nombre de critères semblent néanmoins récurrents :

- La transversalité des tâches

Ces équipes sont formées principalement de spécialistes qui évoluent dans un esprit de partage de connaissances et d'apprentissage permanent dans des domaines ou des activités connexes.

- Le mode de travail organisé en gestion par projets

L'organisation du travail est typiquement de nature processuelle avec un responsable de projet qui dans le même temps fera partie d'autres projets.

- Des relations entre collaborateurs reposant sur la confiance

L'esprit qui semble fédérer ces groupes repose sur la confiance, la réactivité opérationnelle et le travail.

- Un esprit client-fournisseur en interne fondé sur le diagnostic des compétences de l'entreprise.

Depuis 1998, **IBM**, a mis en place en interne un modèle de réseau de professionnels organisé en marché de compétences d'entreprises et de services. Cette logique a permis d'instaurer une concurrence positive entre les prestataires internes et externes

- **Un mixage entre des compétences professionnelles liées à une connaissance approfondie de la gestion et une nécessaire maîtrise de l'informatique**

Les jeunes porteurs de projet de start-up s'entourent de compétences de spécialistes de management et de gestion plutôt quinquagénaires (cf.: dossier *l'Expansion* du 26 au 9 novembre 2000, « le choc des générations » B. Préel, Directeur adjoint du BIPE, 2000).

- **Un style hiérarchique participatif**

Le manager est tourné vers la déclinaison opérationnelle de sa stratégie.

Pour M. JM. Boucher, directeur de la **REDOUTE.com** « *une start-up, c'est cinq minutes de stratégie et cinquante minutes de terrain, c'est pourquoi, les personnes recrutées sont donc nécessairement des gens tournés vers l'action* ».

- **Un discours GRH totalement axé sur la gestion des compétences.**

Selon M. Lambert, Responsable NTIC de La **CCI de Lille**: « *les jeunes dans les start-up se sentent compétents et remettent naturellement en cause les diplômes. Ils sont proches d'un état d'esprit de validation voir de certification des compétences. L'auto-formation tout au long de la vie professionnelle leur semble naturelle et évidente* ».

Qu'elle représente une entreprise à part entière ou une entité dans une entreprise de la vieille économie, la start-up possède des particularités quant aux conditions de travail et à l'esprit d'équipe qui l'anime. Elle est totalement concernée par notre propos sur les relations étroites entre le Management, la Confiance et l'approche globale et agrégée des compétences.

1.3 L'évolution du management amène les dirigeants à s'intéresser à la gestion de la confiance et la gestion des compétences

Les organisations se caractérisent également par l'évolution de leur vision stratégique et de leurs valeurs.

Les tendances observées sur l'évolution de la vision stratégique des firmes se caractérisent par les notions de partage, de confiance et de compétence

THEORIE

Dès 1995, N. Venkatraman [1] (tableau n° 4) a synthétisé l'évolution de la vision stratégique en montrant que l'entreprise est passée de la gestion de portefeuille produits, à la gestion d'alliances internes et externes à l'organisation. Nous prolongeons son travail en positionnant les notions de Ressources matérielles et immatérielles, de transversalité, de confiance et de compétence.

1. N. Venkatraman, 1995, « Les fondements stratégiques de l'entreprise-réseau », l'*Expansion Management Review*, décembre 1995.

Tableau 4
Prolongement de l'évolution de la vision stratégique de N. Venkatraman, 1995

L'entreprise est appréhendée comme un :	Portefeuille de produits	Portefeuille d'activités	Portefeuille de compétences individuelles	Portefeuille d'alliances	Portefeuille de Ressources essentiellement immatérielles
	(Trente glorieuses)	(années 1980)	(début 1990)	(fin 1990)	(XXIᵉ siècle)
Objectifs	Production de masse	Diversification	Optimisation des Process	Optimisation des alliances	Valorisation financière
Analyse stratégique	Rentabilité des lignes de production	Gestion du portefeuille d'activités	Chaînage de compétences[a]	Recherche des compétences internes et externes	Management de La confiance des collaborateurs, actionnaires et clients

Tableau 4
Prolongement de l'évolution de la vision stratégique de N. Venkatraman, 1995

L'entreprise est appréhendée comme un :	Portefeuille de produits	Portefeuille d'activités	Portefeuille de compétences individuelles	Portefeuille d'alliances	Portefeuille de Ressources essentiellement immatérielles
	(Trente glorieuses)	(années 1980)	(début 1990)	(fin 1990)	(XXIe siècle)
Profil hommes clés	Production et marketing	Allocation du capital	Cadres « biface » (opérationnels-fonctionnels) [b]	Cadres interfaces de réseaux[c]	Mixte entre spécialisation, transversalité et proactivité
Organisation	En fonctions	En division	En équipes transversales	En frontières floues	En projets virtuels
Mesure de la performance	Croissance et part de marché	Retour sur investissement	Retour sur actif EVA[d]	Système d'« option pricing »	Tableau de bord par unités (indicateurs qualitatifs plutôt que quantitatifs)

a   Il s'agit de l'émergence dans les organisations d'une appréhension de l'entreprise en tant que portefeuille de compétences organisationnelles (cf. : chapitre IV)

b   Cette transversalité des métiers rejoint la Gestion Prévisionnelle des Emplois et des Compétences (GPEC) qui gère les compétences professionnelles individuelles et collectives des collaborateurs

c   Avec ce type de profil, nous sommes dans une problématique d'externalisation partielle de compétences professionnelles qui peut se faire dans le cadre de convention en temps partagé

d   EVA = « Valeur Ajoutée Économique » : méthode comptable développée par J. Stern et B. Steward. Voir le classement des entreprises françaises selon l'EVA présenté dans les 1 000 entreprises qui ont les plus gros chiffres d'affaires en France, de l'Expansion (n° 152)

THÉORIE

1. P. Perrot, La dynamique Coûts-Stratégies : illustrations dans l'industrie laitière, Thèse, IAE Nantes, 1996.

Parallèlement, P. Perrot[1], 1996, lance l'idée que trois modèles se sont succédés dans le temps :

- Le *modèle de la standardisation* où l'entreprise est définie comme un portefeuille de produits.

- Le *modèle de variété* dans lequel l'entreprise est assimilée à un portefeuille d'activités.

- Le *modèle de flexibilité* qui conçoit l'entreprise comme un portefeuille de compétences. Dans ce modèle, l'entreprise s'adapte à la demande du client ou du marché. Elle reconçoit en permanence des activités afin d'adapter son offre. Il s'agit d'une vision organique de l'organisation.

La structure s'apparente à une formalisation matricielle dont les ressources sont déployées en processus transversaux recomposés en fonction des besoins ou des projets.

« La notion de produit disparaît au profit d'une relation plus contractuelle avec le client. Les coûts deviennent par nature intraçables au produit. Les critères de compétitivité, l'évaluation des compétences, les décisions stratégiques requièrent des séries d'indicateurs plus qualitatifs que les seuls indicateurs de coûts »[1] d'où le besoin de tableaux de bords qualitatifs et prospectifs.

1. P. Perrot, 1996, p 183.

Ces deux approches symbolisent une tendance de fond bien ancrée dans les entreprises des années 2000 : le recours à la notion de métier et de compétence. Ces deux concepts possèdent différents niveaux d'analyse et sont en étroite relation.

Le niveau individuel : définition des métiers des employés et de leurs compétences professionnelles

Le niveau collectif : groupes de métiers par secteurs d'activité et compétences collectives d'un groupe de projet par exemple

Le niveau organisationnel : le métier de l'entreprise, les compétences de l'entreprise que nous nommerons indifféremment compétences organisationnelles

La stratégie s'oriente vers une approche de l'entreprise en termes de métier et de compétences

Si l'on reprend les termes de A. Bouayad, 2000[2], le métier peut être compris comme *« l'agrégation de toutes les compétences de l'entreprise »* au sens large il faudrait retenir comme définition du métier de l'entreprise *« la maîtrise des compétences de toute nature »*.

2. A. Bouayad ; « Au delà du savoir-faire, le métier », *l'Expansion Management Review*, n° 98, sept 2000, pp. 99-105.

La définition de l'entreprise en termes de métiers déclinés en compétences représente une des caractéristiques dominantes des organisations

THEORIE

d'aujourd'hui. Elle permet d'expliciter la finalité de l'entreprise et le sens de sa vision stratégique.

« Le métier est l'ensemble cohérent des activités, actuelles et à venir, dans lesquelles une entreprise alloue prioritairement ses ressources humaines et financières.

Fondement du consensus nécessaire à toute organisation, le métier donne le ton à l'ensemble du corps social que constitue toute entreprise. Il est donc la matérialisation d'une vision commune et partagée, d'une mission, d'une vocation, d'une finalité. Plongeant ses racines dans le passé et le présent, tout autant que dans l'avenir, le métier contribue à forger et à constituer l'identité de l'entreprise.

« Le métier est fondé sur les savoir-faire techniques, mais aussi sur les autres compétences: étude de marché, veille; connaissance et approche des clients et des autres acteurs du marché; immer-sion dans telle ou telle clientèle; savoir-faire dans la vente; la distribution; la communication; »[1]

1. A. Bouayad, *Stratégie et métier de l'entreprise*, Dunod, 2000.

En se définissant en termes de métiers et de compétences, l'entreprise extrait de son activité des invariants compréhensibles en interne par les collaborateurs et les actionnaires, et en externe par l'état et les partenaires proches ou éloignés.

L'association de ces deux termes (métier et compétence) symbolise deux tendances:

- **une transversalité interne au niveau des fonctions de l'entreprise**

Les termes « métier » et « compétence » concernent tous les niveaux d'analyse (individu, groupe, organisation) et peuvent avoir une signification et une opérationnalité dans toutes les fonctions (GRH, Marketing, finance, qualité, Achat etc…).

- une transversalité externe qui facilite le partage de savoirs

En se définissant en termes de métiers et de compétences, l'entreprise peut partager des hommes ou des techniques avec des partenaires qui ne font pas partie de son secteur d'activité. Cette transferrabilité est stratégique.

THÉORIE

Plusieurs courants illustrent l'utilisation des compétences organisationnelles pour élaborer la stratégie de l'entreprise :

- B. Wernerferlt, 1984, 1989 [1] ; J. B. Barney, 1986, 1991 [2] et la théorie des Ressources.

- G. Hamel et CK Prahalad, 1990 [3] et le concept des « compétences centrales » (ie. Compétences stratégiques).

« Celles-ci sont à la fois spécifiques à l'entreprise (donc originales par rapport aux concurrents), créatrices de valeur, transversales dans l'organisation, applicables à une large gamme de produits et de services sur des marchés très divers, et souvent tacites. SONY par exemple, sait assembler des technologies de micro-électronique. La gestion consiste à développer et à appliquer des compétences en jouant sur les économies d'envergure fournies par la démultiplication des compétences centrales sur des marchés divers ».

- D.J. Teece, G. Pisano, A. Shuen, 1990 [4] et la théorie des capacités dynamiques.

- R.R. Nelson et S.G. Winter, 1982 [5] et l'école évolutioniste.

Alors que certaines entreprises vont prendre appui sur les compétences organisationnelles pour repenser leur structure hiérarchique, d'autres vont l'utiliser pour s'engager dans un renouveau stratégique (ce thème sera abordé dans le chapitre IV).

1. B. Wernerfelt; « A resource-Based View of the firm », *Strategic Manangement Journal*, Vol 5, 1984, pp. 171-121. B. Wernerfelt; « From Critical Resources to Corporate Strategy », *Journal of General Management*, Vol 14, n° 3, 1989, pp. 4-12.

2. J.-B. Barney; « Strategic factor markets : Expectations, luck, and business strategy », *Management Science*, Vol 32, n° 10, 1986, pp. 1231-1241. JB. Barney; « Firm Resources and Sustained Competitive Advantage », *Journal of Management*, Vol 17, n° 1, 1991, pp. 99-120.

3. G. Hamel; CK. Prahalad; *La conquête du futur*, Interéditions, 1995.

4. DJ. Teece; G. Pisano; A. Schuen; « Firm Capabilities, Resources, and the Concept of Strategy », Paper presented at the Academy of Management Meetings, San Francisco, Ballinger Press, 1990.

5. R.R. Nelson ; S.G. Winter; An *Evolutionary Theory of Economic Change*, Harvard University Press, Cambridge MA, 1982.

1.4 La gestion des compétences repose également sur les valeurs de partage, de valorisation des savoirs et de confiance

La gestion des compétences individuelles, collectives ou organisationnelle repose sur les principes de partage, de gestion des connaissances et des savoirs et sur des relations de confiance.

La gestion des compétences est intrinsèquement liée à la notion de « Partage »

Le partage constitue un point commun entre la gestion des compétences et l'esprit de l'internaute. En effet, la compétence d'une personne existe dans l'action si elle est reconnue par les autres. Un des objectifs à moyen terme de la gestion des compétences consiste à transférer une compétence individuelle à un groupe, à échanger des compétences individuelles entre collaborateurs. Parallèlement, force est de constater qu'à l'origine, l'esprit du web repose sur la gratuité dans l'échange des informations. Il n'est pas rare d'être surpris de la qualité des réponses à une question posée dans le cadre d'un newsgroup par un internaute inconnu. Ce type de comportement d'échange, totalement nouveau et symbolisé par l'attitude de l'internaute qui prend le temps de partager des informations avec des personnes qu'il ne connaît pas, s'oppose au modèle traditionnel dans lequel tout travail mérite salaire. Sommes-nous à l'avènement d'un nouveau modèle tel que le décrit J. de Rosnay, 2000 [1], *« ce que tu sais, tu le donnes, ce que tu ne sais pas tu le demandes »* ?

J. de Rosnay, *L'homme symbiotique : regard sur le 3e millénaire*, Seuil, 2000.

La gestion des compétences prend naissance dans la valorisation des « Connaissances et des Savoirs »

Il est admis que dans les sociétés qui génèrent des services et/ou du savoir, les outils de pilotage classiques doivent être complétés par une gestion des connaissances (Knowledge Management) et plus généralement la prise en compte du capital immatériel de l'organisation.

Qu'est-ce que le capital immatériel ?
Il est constitué des connaissances au sens des « savoirs de l'entreprise », des « savoir-faire de l'entreprise » au sens de « compétences d'entreprise » et des connaissances humaines des collaborateurs au sens de « compétences professionnelles individuelles et collectives ». L'intérêt que l'entreprise accorde à la gestion de ce capital immatériel est corrélé à ses performances en termes de création de valeur. Aussi, les organisations doivent-elles appréhender l'importance de ces actifs, les identifier et concevoir des outils de gestion qui leur permettront entre autre de communiquer avec les actionnaires sur les axes de développement de la firme.

La gestion des compétences constitue une voie d'accès efficace au « Management de la Confiance »

Face à l'instabilité qui caractérise la réalité économique, la confiance est considérée comme une valeur stratégique.
Dans leur ouvrage « Le modèle client-savoir », J.-L Descharreaux et P. Suzet-Charbonnel, 2000[1], expliquent qu'aux Etats-Unis, un courant économique optimiste symbolisé par Stephen R. Covey prône l'idée qu'en s'appuyant *« sur la confiance, sur des relations gagnant/gagnant, sur la « qualité totale » des personnes, bref en instituant un nouveau paradigme basé sur l'individu et non sur l'organisation, la croissance sera au rendez-vous »*.

1. J.-L Descharreaux ; P. Suzet-Charbonnel, *Le modèle client-savoir*, Dunod, 2000.

Ces auteurs proposent un modèle transversal autour des pôles « clients » et « connaissances » articulés autour de trois facteurs :
- l'*information* tant explicite que tacite,
- la *motivation* symbolisée par l'existence d'une certaine autonomie et par l'appropriation du concept de leadership,
- la *confiance*.

Avec l'avènement des processus dans les entreprises, la confiance est devenue une valeur dominante. Les auteurs justifient cette idée en montrant que *« le facteur confiance est indispensable pour éliminer toutes les tâches de type « contrôle » amont/aval héritées du monde hiérarchique pyramidal »*.

D'autre part, les technologies de l'information permettent également de susciter la confiance par :
- une *meilleure efficacité* dûe à l'utilisation de logiciels d'aide à la décision,
- une *centralisation des données*,
- le *développement d'un sentiment de solidarité* chez les managers éloignés du centre de l'entreprise.

Le règne de la confiance semble s'imposer aux entreprise en quête de performance dans le temps. Mais dans la pratique, comment le mettre en place ? Un des objectifs des chapitres qui suivent consiste à montrer que l'approche globale et intégrée des compétences constitue une des réponses possibles à cette question.

---

2. LA MONTÉE EN PUISSANCE DU CAPITAL IMMATÉRIEL
dans les firmes engendre de nouveaux besoins chez les actionnaires

Depuis une dizaine d'année, la financiarisation de l'économie et le pouvoir croissant des actionnaires constituent des évolutions incontournables auxquelles les entreprises doivent s'adapter. La désintermédiation bancaire au profit des marchés financiers, fait de l'actionnaire une cible tout aussi importante que le client. L'actionnaire ne symbolise plus celui à qui l'on rend des comptes une fois par an lors de la clôture des états financiers par l'intermédiaire d'un rapport d'activité réglementé. Il est pensé comme un segment spécifique.

De plus en plus d'entreprises s'engagent dans un repérage des différents profils qui composent leur actionnariat (institutionnels, clients, fournisseurs, petits porteurs, etc…).

> La société **THOMSON FINANCIAL**, leader mondial des études de marché sur les attentes et les profils des actionnaires, peut intervenir à la suite d'une chute de l'action ou en amont dans le cadre de l'élaboration d'une communication spécialisée (face à face « road show » ou communication institutionnelle).

En réalisant une segmentation des détenteurs de leur capital, les firmes s'inscrivent dans une logique de mise en place « d'un marketing vis à vis de l'actionnariat ». Cette démarche qui peut sembler surprenante à première vue est imposée par l'évolution du financement indirect et répond à la demande des actionnaires qui manifestent des besoins précis en phase avec l'évolution des environnements concurrentiels.

En effet, les besoins d'information des actionnaires se décuplent au fil des ans. Il est possible d'en citer quelques-uns :
- le souhait d'obtenir de façon continue des informations sur les décisions stratégiques de la firme et non de façon échelonnée 2 ou 3 fois par an,
- le besoin d'intégrer des indicateurs à la fois quantitatifs et qualitatifs sur différents domaines et non uniquement sur des domaines financiers,
- la volonté d'être informé des décisions RH afin d'en évaluer la portée,
- la nécessité de prendre en compte la montée en puissance du capital immatériel de l'entreprise,
- le constat de la limite des indicateurs de performance classique,
- le nécessaire renouveau des outils d'évaluation dans une logique de performance globale.

Les besoins évolutifs des actionnaires justifient la mise en place par l'entreprise d'une stratégie fondée sur la confiance.

La firme a tout intérêt à établir une réelle stratégie de communication déclinée en fonction des segments d'actionnaires. Elle peut par exemple prévoir des lettres d'information avec des rubriques telles que les principales décisions stratégiques, les indicateurs de tendance, les résultats escomptés ou animer des forums ou des « chat » entre actionnaires pour échanger des idées ou des informations.

En interne, l'entreprise doit repenser ses indicateurs de suivi de la performance pour répondre au besoin de suivi des composants du capital immatériel (cf. dossier de la *Revue Française de Gestion* sur l'immatériel, sept-oct 2000; Dossier de l'*Expansion Management Review*, n° 92, 2000). Ceci nécessite:

- une prise de conscience de la nécessaire mise en place d'une gestion du capital immatériel dans l'entreprise qui débute par un repérage des facteurs immatériels stratégiques,
- la volonté de bâtir des indicateurs qui rendent compte de l'existence d'une gestion de l'immatériel,
- l'idée de faire évoluer les outils comptables classiques vers des modèles de « balance scoring » qui reflètent plus justement les actifs immatériels, la logique de la performance globale et la création de valeur.

2.1 Les actionnaires recherchent les moyens d'identifier le capital immatériel

L'intérêt apporté par les entreprises à la gestion du capital immatériel reflète une tendance croissante. Ce qui s'explique par différents phénomènes:

- le développement des activités de services depuis 20 ans,
- la dématérialisation des activités industrielles,
- la montée des services informationnels,
- l'émergence de la nouvelle économie (Knowledge Management based economy),
- l'importance de l'investissement immatériel dans l'économie du savoir,
- les records de la bourse dans les années 90, alors que l'activité économique était faible ont mis en avant des écarts significatifs entre la valeur comptable et les évaluations faites par les investisseurs sur certaines valeurs (à cette période, aux USA, la valeur du marché représentait 2 à 9 fois la valeur comptable),

A cette époque, il est apparu que pour de nombreuses entreprises cotées en bourse, la valeur de marché n'apparaissait pas à son bilan. Ce phénomène concerne encore plus spécifiquement les entreprises faisant appel à d'importantes ressources de connaissances.

THÉORIE

Aussi, il a semblé indispensable d'élaborer des outils permettant de repérer et d'évaluer la potentialité des composants du capital immatériel compte tenu de l'impossibilité des modèles traditionnels de comptabilité à s'adapter à ces bouleversements (Teller, 1999 [1]). Des pistes existent avec l'élaboration de tableaux de bord intégrant des indicateurs « signaux » et des indicateurs « alarme »

1. R. Teller, *Le contrôle de gestion*, Eds Management, coll les essentiels de gestion, 1999.

2.2 Des expériences novatrices ont été menées dans la gestion de l'immatériel

Notons quelques démarches précurseurs et réussies dans la gestion du capital immatériel.

EXEMPLE

Dès 1991, une grande entreprise de services financiers et d'assurance scandinave, **SKANDIA** [1], crée un groupe de travail pour repérer les gisements immatériels de création de valeur afin d'en dégager des indicateurs. Elle publie en 1994, le premier rapport annuel sur le capital immatériel en complément de son traditionnel rapport financier. Celui-ci constitue une référence dans l'histoire de la comptabilité de l'immatériel. Dans une seconde étape, l'entreprise élabore un modèle holistique et dynamique qui se décline en un outil de gestion, nommé « le navigateur ». Cet outil permet à l'organisation de suivre l'évolution de son capital immatériel en considérant 5 domaines (les finances, les clients, les process, le renouvellement et le développement de l'humain). Chacun de ces 5 domaines est décliné en indicateurs quantitatifs et qualitatifs. L'objectif poursuivi consiste à transformer le capital immatériel en capital financier.

1. S. Edvinson et W.S. Malone ; *Le capital immatériel*, 1999, Maxima.
http://www.skandia-afs.com/purpose/intellectual/intellcap.shtm

EDF-GDF en 1996 a mis en place un projet de gestion des connaissances au service matériel électrique (J.-F. Ballay, 1997 [2]).

DOW CHEMICAL en 1997 crée un groupe de travail sur le repérage des données immatérielles de l'entreprise.

2. J.-F. Ballay ; *Capitaliser et transmettre les savoir-faire de l'entreprise*, Eyrolles, 1997.

2.3 La gestion de l'immatériel est au cœur de la problématique du « Management de la Confiance »

La question de confiance s'impose encore plus dans les entreprises qui gèrent du capital immatériel.

L'entreprise **POCLAIN HYDRAULICS** fabrique des transmissions hydrauliques c'est à dire des moteurs lents à haut débit. Son actionnariat est majoritairement familial. Elle comprend actuellement 1 000 personnes et son CA est évalué à 125 millions d'euros (80 % à l'exportation dont 30 % aux USA).

Cette entreprise au rayonnement international, qui n'est pas cotée en bourse, doit son développement principalement à deux actifs immatériels : « le fait d'être copié » et « sa capacité d'innovation ».

En effet, la firme devait disparaître dans les années 80 comme le préconisaient différents cabinets de conseil à la société mère CASE-POCLAIN. Ces Cabinets n'ont pas su évaluer l'importance du capital immatériel de la filiale, à savoir sa capacité à concevoir un moteur lent (à un prix compétitif) concurrent redoutable des moteurs rapides présents sur le marchés.

L'entreprise doit sa survie à 4 facteurs :
- des « cadres rebelles » (et plus particulièrement le Directeur Général de l'époque G. Dejoux) qui se sont opposés aux conclusions des experts et qui ont parié sur le développement du créneau occupé,
- le savoir-faire des employés,
- l'innovation dans les moteurs lents,
- le fait de susciter la copie tout en conservant des résultats technologiques supérieurs.

Plusieurs conclusions peuvent être tirées de ce cas :

- l'importance des compétences professionnelles des salariés,
- l'identification par la firme d'une de ses compétences organisationnelles stratégiques : le « fait d'être copié »,
- la confiance des dirigeants « rebelles » dans les compétences professionnelles des salariés et dans la compétence organisationnelle stratégique de l'entreprise a été déterminante pour l'avenir de la compagnie.

Relations de confiance et approche globale et agrégée des compétences sont intimement liés dans cet exemple.

2.4 Les compétences constituent une composante essentielle du capital immatériel

Compte tenu de l'importance accordée par les actionnaires au capital immatériel, il nous a semblé intéressant d'envisager les relations entre le capital immatériel et les compétences.

D'innombrables définitions du capital immatériel existent, aussi, nous en sélectionnerons quelques-unes :

Tableau 5
Définitions du capital immatériel (CI)

J. Tobin	CI = valeur de marché - valeur comptable
K. H. Davidow et M. Malone, 1999	CI = capital humain[a] (dont compétences individuelles et collectives) + capital structurel[b] (dont compétences organisationnelles)
A. Bounfour, 2000	CI comporte deux dimensions : l'information et l'innovation qui permettent l'accumulation et la valorisation des savoirs
OCDE, 1992[c]	CI = toutes les dépenses de long terme, autres que l'achat d'actifs fixes

a. capital humain = combinaison de Connaissances du personnel, de son talent, de son esprit d'innovation et des capacités de chacun à accomplir sa tâche, des valeurs de la société, de sa culture, de sa philosophie. Aucune entreprise ne peut être propriétaire de ce capital humain.

b. Capital structurel = les technologies de l'information, les relations clientèle, les ordinateurs, les logiciels, les bases de données, la structure organisationnelle. A l'inverse du capital humain, le capital structurel peut être détenu et donc acheté ou vendu.

c. Rapport TEP, « la croissance et la gestion de l'investissement immatériel », p.124

À partir des différentes recherches qui ont pu être réalisées dans le domaine de la gestion du capital immatériel, nous retiendrons les idées suivantes :

- Il semble indispensable pour une entreprise de repérer et de tenter d'évaluer ses ressources immatérielles car elles constituent le fondement de la gestion de ses connaissances au sens large (Knowledge Management Management).
- La gestion des compétences est une composante essentielle du capital immatériel.
- La gestion du capital immatériel impose une prise en compte de tous les niveaux d'analyse (individuel, collectif et organisationnel) du concept de compétence.

La mise en place d'une gestion du capital immatériel justifie une approche globale et agrégée des compétences de l'entreprise.

1. L. Edvinsson et W. S Malone, Le capital immatériel de l'entreprise, Maxima, 1999.

THÉORIE

La définition de L. Edvinson et W. S. Malone, 1999[1], a l'avantage de discerner clairement les compétences individuelles, collectives et les compétences organisationnelles nommées capital organisationnel et définies comme une des 4 composantes du capital structurel (capital organisationnel + capital d'innovation + capital de process + capital client). A partir des travaux des auteurs, nous proposons une définition du capital immatériel qui intègre les trois niveaux de compétences.

Schéma 2
Visualisation du capital immatériel à partir des travaux, de L. Edvinson et M. Malone, Maxima, 1999

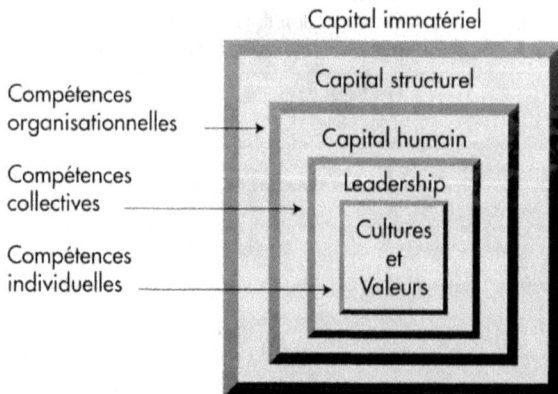

Un des objectifs de la gestion globale et agrégée des compétences consiste à repérer les compétences individuelles, collectives ou organisationnelles réutilisables afin de les stocker et de constituer une mémoire opérationnelle d'entreprise. Cet objectif n'est pas rempli par un bilan comptable qui ne donne aucun indice sur la mémoire d'une société, sur son historique ou sa culture.

Les entreprises et les chercheurs qui vont imaginer les outils de repérage et d'évaluation du capital immatériel seront à un moment donné confrontés au repérage et à l'évaluation des différents niveaux de compétences existant dans l'organisation.

Aussi, la méthode proposée tout au long de ce livre pour mettre en place une approche globale et agrégée des compétences peut être menée parallèlement à la mise en œuvre d'une politique de gestion du capital immatériel.

Elle répond à la demande des actionnaires qui :
- valorisent sur les marché financiers le capital immatériel
- souhaitent des indicateurs leur permettant de repérer l'évolution des composants du capital immatériel

3. LA QUALITÉ DE SERVICE ET LES PRIX COMPÉTITIFS
sont devenus les exigences
croisées des consommateurs

Il n'est pas de notre propos de réaliser une étude détaillée de l'évolution des comportements des consommateurs, nous proposons seulement quelques idées qui nous semblent justifier une tendance de fond : la recherche de relations de confiance entre l'entreprise et les consommateurs.

3.1 Les consommateurs en quête du service parfait: du sur-mesure, des prix compétitifs et des preuves de qualité

Les consommateurs s'avèrent de plus en plus exigeants. Ils veulent tout: du sur-mesure, des prix compétitifs et des prestations de qualité. Aussi, la stratégie commerciale de la firme ne réside plus comme à l'époque de M. Porter, 1985, à faire un choix entre la différenciation ou la domination par les prix. Elle se définit comme une combinaison de ces deux positionnements. Comme, il le sera explicité dans le chapitre IV, il existe depuis une dizaine d'année une nouvelle voie dans le diagnostic stratégique. Il s'agit de l'approche par les Ressources et les compétences organisationnelles stratégiques.

THEORIE

1. M. Weill, *L'audit stratégique*, Afnor, 1999.

2. M. Weill, *Le management de la qualité*, Repères, La découverte, 2001.

Les clients ont été habitués à des déclinaisons diverses et variées de preuves de qualité. On assiste à un phénomène de surenchère de preuves de qualité. Les firmes ont commencé par faire la preuve de la qualité de leurs produits avec les labels et la certification ISO 9002, 9003, puis les entreprises ont voulu donner la preuve de leur respect de procédures internes, elles se sont certifiées ISO 9001 ou ont participé à des démarches de qualité totale (M. Weill, 1999[1], 2001[2]). Enfin, la tendance émergente est de prouver la qualité de son personnel avec la certification des personnes.

Il est intéressant de remarquer que l'évolution de la nouvelle norme ISO 9000, version 2000, est marquée par la volonté d'aller encore plus loin dans les preuves de confiance données aux clients.

3.2 Le client est au centre des préoccupations de la norme ISO 9000, version 2000

L'International Standard Organization (ISO) a publié en novembre 2000 les grandes lignes de la norme de qualité ISO 9000. Désormais, il n'y a plus qu'une seule norme certifiable, l'ISO 9001, et une norme d'aide au management par la qualité totale, l'ISO 9004 qui doit être envisagée comme un outil de construction du système qualité. Cette nouvelle norme s'inscrit dans une volonté de parvenir à terme à un système de qualité totale. La certification est considérée comme une étape pour atteindre cet objectif.

Il existe une échelle de maturité de niveau 1 à 5 qui permet à l'entreprise de mesurer l'efficacité de son système qualité et de le rendre profitable :
- niveau 1 : Fonctionnement de base
- niveau 2 : Défini, planifié et suivi (ISO 9001/2 de 1994)
- niveau 3 : Maîtrisé (ISO 9001 version 2000)
- niveau 4 : Optimisé (ISO 9004)
- niveau 5 : En amélioration permanent. Efficience élevée (EFQM).

Schéma 3
Le rôle du futur couple ISO 9001/ISO 9004
Adapté de H. Mignot, Responsable de la délégation française
au Technical Commitee 176

▲ Management total de la qualité TQM

Niveau	**Management de la qualité ISO 9004** Procurer des avantages à l'ensemble des parties prenantes par l'amélioration continue et la satisfaction durable du client.	Excellence
de Maturité		
du Système		
de	**Assurance qualité ISO 9001** Apporter la confiance par la démonstration de la conformité du «produit» aux exigences préétablies	- personnel - actionnaires - société - fournisseurs - clients
Management		

Exigences externes   *Recommandations internes*

1. Document Systèmes de management de l'an 2000. Les nouvelles normes ISO 9000, Rencontre LRQA et CCI Lille, janvier 2000.

THEORIE

La présentation ci-dessous est réalisée à partir d'une synthèse de H. Mignot, Responsable de la délégation française au Technical Commitee 176 [1].

La nouvelle mouture ISO 9000 s'articule autour de **8 principes de management** :
- l'écoute client
- le leadership
- **l'implication du personnel**
- **l'approche processus**
- le management par approche système
- l'amélioration continue (dans une optique d'adaptation permanente de l'entreprise à son environnement)
- l'approche factuelle pour la prise de décision
- les relations mutuellement bénéfiques avec les fournisseurs

5 points clés permettent de comprendre son architecture :

• **la documentation**
- distinction entre processus et procédure
- un processus doit être identifiable
- une procédure est une manière spécifiée de mener une activité : elle est documentée ou non (explicite ou implicite)
- seulement 6 procédures documentées obligatoires

• **la responsabilité de la direction**
- renforcée
- exigence d'implication

• **le management des ressources**
- *efficacité de la formation* (l'entreprise doit prouver que la formation a été efficace)
- *développement des compétences des individus* (dans un souci d'amélioration permanente, ces compétences doivent être développées)

• **la réalisation du produit**
- le service est un produit
- ajustement : exclusions permises (§7, exigences n'affectant pas la conformité, justification dans le MQ)

- **la mesure et l'amélioration**
  - nécessité d'une adaptation permanente aux évolutions de l'environnement économique
  - gestion du risque : actions préventives et correctives (par exemple mesurer la satisfaction des clients car souvent un client non satisfait ne se manifeste pas)

Que pouvons-nous retenir de la norme ISO 9000, version an 2000 ?

- l'objectif de la norme consiste à apporter des preuves de confiance aux clients,
- l'intérêt apporté aux Ressources Humaines est devenu réel,
- l'implication des individus et leurs engagements dans la prise en main de leur formation sont clairement énoncés,
- l'utilisation du concept de compétence en tant que référent et indicateur est explicitement exprimé,
- la démarche par les processus est au centre du système de qualité,
- l'intérêt apporté à l'amélioration des critères de qualité a remplacé le seul respect des procédures qualité qui avaient pour conséquences qu'une entreprise pouvait certifier un produit ou un service et faire de la non-qualité.

Ainsi, l'approche globale et agrégée des compétences est en phase avec la norme ISO 9000, version an 2000 car :
- elle poursuit le même objectif que la norme, à savoir : tisser des relations de confiance avec ses clients,
- elle est construite à partir des processus mis en évidence par la norme,
- elle s'appuie sur les mêmes valeurs que celles développées par la norme : amélioration de La formation des collaborateurs et développement de leurs compétences,
- la méthodologie proposée permettra de mettre en phase les compétences organisationnelles stratégique et les processus créateurs de valeur.

4. DANS CES ENVIRONNEMENTS COMPLEXES ET MOBILES,
les relations de confiance
sont source de stabilité et de pérennité pour la firme

Pour mieux appréhender la portée et les enjeux du « Management de la Confiance », le concept de confiance est présenté dans sa globalité à partir de travaux scientifiques. Un détour théorique s'avère indispensable pour situer les fondements et les perspectives de la notion de Confiance.

4.1 La portée stratégique du concept de confiance

THEORIE

1. F. Bidault; « Comprendre la confiance: La nécessité d'une nouvelle problématique », *Economie et Sociétés, Sciences de gestion*, 8-9, 1998, pp. 33-46.

L'adoption d'une définition consensuelle pose un problème car la confiance est par nature évolutioniste, selon F. Bidault, 1998 [1]. Néanmoins, nous retiendrons la définition qu'il propose selon laquelle avoir confiance signifie avoir « *une présomption qu'en situation d'incertitude, l'autre partie va, y compris face à des situations imprévues, agir en fonction de règles de comportement que nous trouvons acceptables* ».

- Reynaud, 1998, distingue 3 formes de confiance qui peuvent se combiner entre elles:
- *la confiance tacite*: reposant sur des normes ou des conventions sociales,
- *la confiance organisationnelle*: reposant sur des règles et des engagements,
- *la confiance contractuelle*: reposant sur un contrat.

Existence de différents niveaux d'analyse du concept de confiance

Les recherches académiques montrent qu'il existe deux niveaux d'analyse de la confiance:

- la confiance « inter-personnelle »
- la confiance « inter-organisationnelle » et « intra-organisationnelle ».

La première question fondamentale qui se pose est de savoir si la confiance entre organisations existe par elle-même ou si elle n'existe qu'entre individus et dans ce cas ne correspond qu'à une agrégation de confiances individuelles?

THÉORIE

A. Zaheer et al, 1998 [1], ont publié le premier article établissant clairement la distinction entre la confiance inter-personnelle et la confiance inter-organisationnelle. **En ce qui concerne la confiance intra-organisationnelle**, ce n'est que dans le milieu des années 80 qu'elle devint un objet des sciences de gestion.

Comme le souligne C. Mothe et M. Ingham, 2000 [2], Sako, 1991 [3] définit 3 types de confiance individualisées ou inter-personnelles dont les deux derniers impliquent l'absence de comportement opportuniste :

- La *« confiance contractuelle »* : c'est la confiance mutuelle qui se manifeste lorsque chacun adhère à des accords spécifiques écrits ou oraux et sur laquelle repose l'exécution avec succès de toute transaction.
- La *« confiance de compétence »* qui se développe lorsque le partenaire s'attend à ce que son homologue assure son rôle de la manière compétente (aussi bien d'un point de vue technique que managérial).
- La *« confiance bon-vouloir »* ou « de bonne volonté » qui concerne les situations dans lesquelles il n'y a pas de promesses explicites comme dans le cas de la confiance contractuelle, ni de standards à atteindre, comme dans le cas de la confiance compétence. Les partenaires s'engagent à exploiter de nouvelles opportunités qui dépassent ce qui a été explicitement promis.

1. A. Zaheer ; B. McEvily ; V. Perrone ; « Does Trust Matter? Exploring The Effects of Interorganizational and Interpersonal Trust on Performance, *Organization Science*, sept/2, 1998, pp. 141-159.

2. C. Mothe ; M. Ingham ; « La confiance au sein de coopération interfirmes : une étude de cas », IXe *Colloque AIMS*, Université de Montpellier, 2000.

3. M. Sako, « The role of trust in Japanese Buyer-supplier Relationships », *Ricerche Economiche*, XLV, 2-3, 1991, pp. 375-399.

THÉORIE

1. C. Mothe, « La confiance : une revue de la littérature anglo-saxonne », VIIIᵉ Colloque AIMS, Ecole Centrale, Paris, 1999.

Ainsi, pour intégrer la notion de confiance dans une perspective stratégique de GRH, il nous semble important de prendre en considération les principales dimensions liées à ce concept. C. Mothe, 1999 [1], propose une liste de caractéristiques qui positionne *la confiance interpersonnelle* comme :

- « *Un élément important de la relation interpersonnelle et du développement des carrières managériales ;*
- *la confiance dans une personne est plus pertinente en termes de prévisibilité des résultats qu'une attitude générale de confiance envers les autres ;*
- *la confiance correspond à une attente positive d'un individu ;*
- *la confiance apparaît dans des conditions de vulnérabilité et de dépendance ;*
- *la confiance est généralement associée à la volonté de coopérer et à l'attente de bénéfice tiré de cette coopération ;*
- *la confiance est difficile à faire respecter ;*
- *la confiance est généralement accompagnée de la reconnaissance du devoir de protéger les droits et intérêts des autres* ».

Dans les années 90 la confiance inter-organisationnelle a été explorée dans un but d'opérationalisation par des analyses tant qualitatives que quantitatives, utilisant la confiance comme variable indépendante. Dans ces recherches, A. Mendez, 2000 [2], montre que les différentes réflexions et courants liés à la thématique de la confiance sont pour la plupart d'entre eux, situés par référence à la théorie économique (et plus précisément par opposition à la position de O.E. Williamson sur l'opportunisme des acteurs et leurs rationalités limitées). Actuellement, deux grandes tendances se précisent : la définition calculatoire de la confiance, et une vision plus large faisant référence à sa construction et au temps.

2. A. Mendez ; « Comment naît la confiance dans un contexte organisationnel : une illustration à partir d'une banque mutualiste », IXᵉ Colloque AIMS, Université de Montpellier, 2000.

3. Cités par C. Mothe, 1999.

Il est également intéressant de souligner d'autres types de travaux, tels que ceux de M. Sako, 1991 [3], qui conceptualise la confiance de manière multi-

THEORIE

ple. Il la considère comme une ressource rare iné-puisable, un actif intangible pouvant générer une quasi rente pour laquelle il n'y a pas de marché. Pour cet auteur, *« ce qui caractérise la confiance, par rapport à d'autres actifs, est qu'elle ne peut être acquise que très lentement, mais détruite très rapidement »*.

Diversité des modes de production du concept de confiance

THEORIE

C. Mothe, 1999, cite également les travaux de L.G. Zucker, 1986, selon lequel, il existe 3 modes principaux de production de la confiance :

- « **les processus**, où la confiance est liée aux opérations passées, aux échanges antérieurs ou prévus comme la réputation où l'échange de cadeaux ;
- **les caractéristiques des personnes**, où la confiance est liée aux similarités entre individus, aux caractéristiques comme la culture, la formation, etc...
- **les institutions**, où la confiance est liée aux structures sociales formelles, qui dépendent d'attributs spécifiques à un individu ou à une firme (le professionnalisme) ou de mécanismes intermédiaires (la caution d'une tierce partie) ».

Eléments récurrents qui permettent de caractériser le concept de confiance

THÉORIE

C. Mothe, 1999, 2000, montre qu'il y a 4 points communs entre les articles théoriques qui définissent la confiance : On y retrouve toujours :

- *les parties impliquées* : interactions bilatérales ou multiples,
- *le niveau d'analyse* : individu, groupe, firme, institution, avec une approche inter ou intra-organisationnelle,
- *le type d'échange* : économique, enraciné, enfoui dans une structure sociale, conditionné par le contexte socio-culturel,
- *le type de vulnérabilité en présence*,
- *les attentes concernant les comportements des acteurs*.

Deux caractéristiques récurrentes dans les définitions issues de la littérature ressortent au travers des formes multiples de la confiance : **la confiance n'est ni un comportement, ni un choix mais un état relatif à ses deux éléments.**

4.2 La confiance a des implications positives sur le management

Nous allons ouvrir un certain nombre de pistes de réflexion à partir d'une revue de littérature scientifique réalisée par C. Mothe, 1999, qui synthétise les principaux articles anglo-saxons relatifs au concept de la confiance.

1. S.P. Shapiro ; « The social control of impersonal Trust », *American Journal of Sociology*, n° 93, 1987, pp. 623-658.

2. L. G. Zucker, « Production of trust : Institutional sources of Economic structure », in B.M. Staw & Cummings, *Research in Organizational Behavior*, Staw & L.L. Cummings, 1986.

La confiance facilite les activités de coordination du manager et l'activité de contrôle est mieux vécue

Des chercheurs ont reconnu l'influence de la confiance sur la coordination et le contrôle à la fois sur le plan institutionnel (S. P. Shapiro, 1987 [1] ; L.G. Zucker, 1986 [2]) et sur le plan interpersonnel et organisationnel (M. Granovetter, 1985 [1]).

La confiance permet d'avoir une action positive sur la performance

THEORIE

Pour D.J. McAllister, 1995[2], la confiance inter-personnelle a un effet positif sur l'efficacité organisationnelle. M. Sako, 1998 [3], cherche, d'une part, à savoir si la confiance améliore la performance et d'autre part, si la confiance peut être créée là où il n'y en a pas.

La confiance s'oppose à l'opportunisme des acteurs

THEORIE

O.E. Williamson, 1993 [4], pense que le recours à la confiance se fait dans des relations d'échanges qui font appel à des protections contractuelles ou légales. Il ramène la confiance à un calcul, ce qui a pour conséquences, selon lui, des comportements opportunistes des acteurs qui réagissent par rapport à leurs uniques intérêts personnels. Cet auteur conclue en 1993 que dès que le calcul est possible, la référence à la confiance est inutile.

D.J. McAllister, 1995 [5], propose une analyse en psychosociologie de la confiance entre deux individus :
- « *la confiance cognitive*, fondée sur les informations individuelles sur la fiabilité et la dépendance à l'égard de l'autre.
- *la confiance affective* fondée sur l'attention, sur les émotions inter-personnelles entre individus ».

Parallèlement, l'auteur montre le caractère positif de la confiance sur la performance en évoquant que

1. M. Granovetter, « Economic action and social structure : The problem of Embeddedness », *American Journal of sociology*, 3, 1985, pp. 481-510.

2. D.J. McAllister, « Affect-and Cognition-based Trust as Foundations for interpersonal Cooperation in Organizations », *Academy on Management Journal*, 38, 1995, pp. 24-59.

3. M. Sako ; « Does Trust Improve Business performance ? » in C. Lanes & R. Bachmann ; *Trust Within and Between Organizations*, Oxford University Press, 1998.

4. O.E. Williamson, « Calculativeness, Trust and Economic Organization », *Journal of law Economics*, n°36, 1999, pp. 453-483.

5. DJ. McAllister, « Affect-and Cognition-based Trust as Foundations for interpersonal Cooperation in Organizations », *Academy on Management Journal*, 38, 1995, pp. 24-59.

THEORIE

1. J.-B. Barney;
M.H. Hansen,
« Trustworthiness as a
Source of Competitive
Advantage », *Strategic
Management Journal*, 15,
1994, pp. 175-190.

les ressources économisées dans la coordination grâce à la confiance peuvent être affectées à d'autres tâches plus productives.

J.-B. Barney et M.H. Hansen, 1994 [1], soulignent qu' en règle générale, la confiance est courante dans les affaires. Elle est à l'opposé de l'opportunisme. En effet « *une action est opportuniste dans la mesure où elle tire profit de la faiblesse de l'autre* ».

L'entreprise a besoin de la confiance de ses salariés dès qu'elle s'inscrit dans une demande de flexibiltié intellectuelle, fonctionnelle ou géographique. La flexibilité et l'adaptabilité de l'entreprise passent par la gestion de projets dans lesquels les individus optent pour un partage de connaissances et tissent des relations de confiance.

La prise en charge de son employabilité par le salarié, la délégation de la responsabilisation concrétisée par un fort degré d'autonomie amène le salarié à développer des relations interpersonnelles de confiance avec des collaborateurs internes et externes à la société.

La gestion par les compétences qu'elles soient individuelles, collectives ou organisationnelles, lorsqu'elle est mise en place dans l'entreprise, est étroitement liée aux types de relations de confiance entre les différents acteurs.

La confiance en tant qu'actif intangible constitue une dimension de la gestion des connaissances.

Dans une organisation, **la confiance n'est jamais acquise, elle a besoin d'être entretenue par des actions individuelles, collectives et stratégiques. Pour qu'il y ait confiance, il faut qu'il y ait des preuves de confiance.** L'engagement de l'entreprise dans un « Management de la Confiance » consiste à prendre en compte ces éléments.

THÉORIE

La confiance s'apprend

Des travaux ont été réalisés sur la confiance et l'apprentissage. Par exemple N. Lazaric et E. Lorenz, 1998 [1], s'interrogent sur la façon dont les individus apprennent à faire confiance soit à d'autres agents, soit à d'autres institutions.

La confiance se bâtit sur une réputation positive

P. Dasgupta, 1988 [2], rappelle l'étroite relation entre la réputation et confiance. La réputation possède une valeur économique, concept plus facilement opérationalisable que celui de confiance. La réputation précède un individu ou une firme. DM. Kreps, 1990 [3], pense qu'il y a trois façons d'établir des relations de confiance : le contrat, le serment et la réputation. Dès 1982, DM. Kreps et R. Wilson [4], avançaient l'idée de « l'effet de réputation » en tant que catalyseur d'une situation fondée sur la confiance.

1. N. Lazaric ; E. Lorez ; *Trust and Economic Learning*, Edwar Elgar, USA, 1998.

2. P. Dasgupta ; « Trust as a commodity », in D. Gambetta, Trust : *Making and Breakinf Cooperative Relations*, Eds Basil Blakwell, london, 1998, pp. 49-72.

3. DM. Kreps, « Corporate Culture and Economic Theory », in JE. Alt ; KA. Shepsle, *Perspectives on Positive Political Economy*, Cambridge University Press, 1990.

4. DM. Kreps ; R. Wilson, « Reputation and Imperfect Information », *Journal of Economic Theory*, n° 27, 1982, pp. 253-279.

La rumeur et le doute tuent la confiance

La rumeur est le pire ennemi de la confiance. A l'origine du doute, elle remet en question une relation de confiance fondée sur un sentiment subjectif a priori. C'est pourquoi, la gestion de confiance est indissociable d'une communication multi-niveaux, d'une communication en termes de preuves de confiance et d'une volonté stratégique de mettre en place une « gestion de la confiance » qui s'appuie sur des outils. C'est pourquoi, il est important, à tous les niveaux d'analyse, de proposer « des outils de la confiance ».

La confiance agit sur le comportement

Entretenir des relations de confiance signifie adopter des comportements de tolérance, d'ouverture, de communication directe. Ce type de relations sociales est significatif des groupes de projets dans lesquels les collaborateurs auront la volonté de faire progresser le projet en s'engageant dans des domaines connexes qui ne font pas forcément partie du cœur de projet. Le management participatif s'appuie sur de fortes relations de confiance.

L'évolution des organisations a parfois remis en question le concept de confiance

Dès qu'une entreprise s'intéresse à la gestion de ses connaissances, au développement de coopérations, à la gestion des compétences des collaborateurs, à la gestion de projet ou à une forme organisationnelle en réseaux, la question de la confiance s'impose. Tout changement de stratégie, de conditions de travail provoque pour une partie du groupe un sentiment de méfiance qu'il faudra anticiper afin qu'il ne se répande pas.

Interdépendance des thématiques liées à la confiance et aux compétences

Ces deux thématiques sont fortement reliées ente elles. C'est la confiance à priori dans les compétences qui est, dans bien des cas, la cause ou l'origine d'une relation fondée sur la confiance. Réciproquement, des désillusions en termes de compétences peuvent ternir voire détruire une relation de confiance.

---

5. Le « Management de la Confiance » s'inscrit
dans une démarche de gestion continue du changement et s'appuie sur la valorisation de toutes les compétences (individuelles, collectives et organisationnelles) qui existent dans l'entreprise

Le « Management de la Confiance » s'articule autour de deux principes: « les preuves de confiance » et l'application « d'une gestion des compétences globale et agrégée ».

L'idée de départ consiste à élaborer un système de management qui accepte le changement, c'est-à-dire qui intègre les aspects aléatoires des décisions et des paramètres stratégiques, en développant des outils qui permettent de fédérer la confiance des partenaires internes et externes à l'entreprise.

Si elle a obtenu la confiance de ses collaborateurs, actionnaires et clients, l'entreprise peut sans problème changer les paramètres de sa politique. Ils seront appliqués et bien perçus. Mais si cette confiance n'existe pas, les freins au changement que peuvent développer aussi bien les collaborateurs, les actionnaires ou les clients risquent d'être néfastes à son développement.

Donner confiance aux collaborateurs signifie anticiper leurs doutes, leurs questionnements, leur apporter des réponses opérationnelles par l'intermédiaire de formations, d'explications, de communication. De nombreuses solutions existent mais le facteur récurrent est la valorisation des compétences que les salariés ont acquises au sein de leur activité, leur reconnaissance et leur développement. Dans un climat de confiance, le collaborateur ne cherchera pas forcément à profiter de la reprise du marché de l'emploi alors que sans atmosphère de confiance, il n'hésitera pas à tester sa valeur auprès d'entreprises concurrentes.

Donner confiance aux actionnaires revient à élaborer et à leur communiquer, par l'intermédiaire de nouveaux outils (cf. : le rapport d'activité des actifs immatériels de l'entreprise SKANDIA [1]), des indicateurs qui leur permettront d'envisager les effets de la stratégie, ses déclinaisons dans les différentes fonctions de l'entreprise afin d'anticiper le niveau de la performance globale de la société. Traditionnellement, les actionnaires focalisaient leur attention sur des indicateurs de performance économique à court terme. Ils réclament aujourd'hui des indicateurs évaluant les ressources immatérielles. En effet, il s'avère que les sociétés qui ont accusé ces dernières années les plus fortes valorisations boursières sont celles qui génèrent de la valeur à partir principalement de leur capital immatériel. Or celui-ci intègre les compétences professionnelles des collaborateurs, les compétences collectives des équipes de projets et les compétences clé de l'entreprise.

1. L. Edvinson ; M. Malone, *Le capital immatériel de l'entreprise*, Maxima, 1999.

Donner confiance aux clients revient à gérer la valeur perçue de l'offre. Le client s'avère de plus en plus difficile et volatile. Le constat actuel montre que les parts de marché se gagnent en prospectant de nouveaux clients mais aussi de plus en plus en les fidélisant soit en consolidant des barrières à la sortie soit en développant une stratégie fondée sur la confiance. Un client ne demande qu'a avoir confiance dans la qualité du personnel, la qualité du service, la qualité de l'après-vente et la qualité de l'information connexe qui lui sera apportée en fonction de ses besoins. C'est pourquoi, les stratégies de label ou de qualité telle que la certification constituent des réponses en phase avec l'évolution des besoins des consommateurs.

> **Ainsi, ce livre tente de répondre à la question suivante: Comment développer la confiance des collaborateurs, des actionnaires et des salariés?**

La méthodologie préconisée qui sera largement développée dans le chapitre 2 reprend les étapes classiques de la démarche stratégique classique mais sous l'angle de la confiance et de façon segmentée en fonction des trois cibles distinctes, les collaborateurs, les actionnaires, les clients [1].

Elle est élaborée autour de deux idées centrales:
- la confiance existe par les **preuves de confiance** [2],
- **une approche globale et agrégée des compéten-ces** permet d'apporter des preuves de confiance pour chacune des trois cibles (collaborateurs, actionnaires, clients).

1. cf.: Tableau n° 7

2. cf.: Tableau n° 6

Tableau 6
Exemple de preuves de compétences

	Pour les colla-borateurs	Pour les actionnai-res	Pour les clients
Exemples de preuves de con-fiance	La validation et la certification des compétences pro-fessionnelles (cf. chapitre V)	L'identification et la com-munication d'indicateurs immatériels fondés sur les compétences profes-sionnelles et organisa-tionnelles (cf. chapitre VI)	La certification ISO 9000 version 2000 dont la nouveauté est l'intégra-tion et l'évaluation du développement des com-pétences professionnelles
Niveau d'analyse du concept de compé-tence	Individuel	Individuel et organisationnel	Individuel

© C. Dejoux
Eds Organisation

Tableau 7

Proposition d'une approche méthodologique du « Management de la Confiance »

	Au niveau des collaborateurs	Au niveau des actionnaires	Au niveau des clients
Etape 1 **Diagnostic** **stratégique** ↓ **Diagnostic** **des éléments** **de confiance** **existant**	Pourquoi les colla-borateurs ont-ils confiance dans l'entreprise ? Quels sont leurs doutes sur son évolution ?	Quels sont les réseaux et les supports utilisés par les actionnaires pour accorder leur confiance à la firme ?	Quels sont les facteurs qui justifient la con-fiance accordée par les clients ? Que faudrait-il pour que d'autres clients fassent confiance à l'entreprise ?
Etape 2: **Orientations** **stratégiques** ↓ **Conception** **des preuves** **de confiance**	La gestion des compétences pro-fessionnelles a-t-elle été mise en place ? est-elle efficace ? Quels sont les impacts de la ges-tion des compéten-ces professionnelles sur la stratégie de la firme ?	Communique-t-on des indicateurs économiques et immatériels valorisant la performance globale de l'entreprise (en ter-mes de GRH, qualité, gestion des risques…) aux actionnaires ?	Que fait l'entreprise pour développer la con-fiance de ses clients et ses prospects ? Quelles sont les preu-ves de confiance qu'attendent les clients et les prospects ?
Etape 3: **Mise en** **œuvre straté-** **gique** ↓	Comment évaluer la performance de la gestion des com-pétences professionnelles ? Quels indicateurs mettre en place ?	Faut-il communiquer aux actionnaires un livre blanc ou un tableau de bord sur les indicateurs de compétence les plus spécifiques ?	Quelles actions déve-lopper pour que de nou-veaux prospects fassent confiance à l'entreprise ?
Etape 4: **Mise en** **œuvre opéra-** **tionnelle** ↓ **Mise en place** **et contrôle** **des preuves** **de confiance**	Quelles sont les actions opération-nelles (formation, certification de per-sonne, rémunéra-tion…) qui découlent de la gestion des compé-tences professionnelles ?	Quelles actions de com-munication sont-elles pré-vues pour valoriser la gestion globale et agré-gée des compétences ?	Comment évaluer si les actions mises en œuvre ont un impact sur l'accroissement de la confiance des clients ?

© C. Dejoux
Eds Organisation

Conclusion

Ce chapitre avait pour objectif d'identifier les principaux éléments qui pouvaient entraîner une rupture de confiance de la part des collaborateurs, des actionnaires ou des clients. En effet, compte tenu de l'évolution des technologies, des environnements concurrentiels et des reconfigurations organisationnelles, ces trois cibles font état de comportements volatiles qu'il est important de prévoir afin d'anticiper des réactions non désirées.

- La mise en place d'un « **Management de la Confiance** » peut être considérée comme une réponse aux évolutions des environnements et des organisations. Celui-ci s'appuie sur deux idées essentielles:
- La mise en place de « **preuves de confiance** ». En effet, la confiance en tant qu'actif intangible s'acquiert grâce à des preuves tangibles telles que la certification des personnes pour les collaborateurs, la communication d'indicateurs immatériels pour les actionnaires ou la certification ISO 9000 pour les consommateurs.
- La mise en place d'**une gestion globale et agrégée des compétences** qui sera développée au prochain chapitre. Une méthodologie générale a été présentée et sera enrichie tout au long des chapitres qui suivent.

Pour une approche globale
et agrégée des compétences professionnelles, collectives et organisationnelles, pivot du « Management de la Confiance »

La problématique

Le « Management de la Confiance » présenté au chapitre 1 s'articule autour d'une approche globale et agrégée des compétences professionnelles, collectives et organisationnelles ce qui engendre un certain nombre de questions :

- Sur quelles valeurs, quels fondements méthodologiques repose une telle approche ? En quoi est-elle déclinable au niveau opérationnel ?
- En quoi le concept de compétence peut-il être utilisé à la fois en GRH, en stratégie, en qualité, en contrôle de gestion, en management par projet ?
- Sur quels principes et quelles bases mettre en place une gestion des compétences professionnelles, collectives et organisationnelles ?
- Quelles sont les inter-relations entre les compétences individuelles et les compétences de l'entreprise ?
- Quelles sont les conditions de réussite d'une gestion des compétences globale et agrégée ?
- En quoi la gestion des compétences permet-elle de créer de la valeur ?

Les idées-clé

Il existe des **inter-relations entre les différents niveaux** d'analyse du concept de **compétence**.

Une **gestion globale et agrégée des compétences** professionnelles, collectives et organisationnelles repose sur l'identification des compétences organisationnelles stratégiques et des compétences professionnelles stratégiques qui ont un impact sur les **processus stratégiques de l'entreprise**.

Au niveau de la forme ce chapitre a une visée opérationnelle à partir du § 2. Il s'adresse plus particulièrement aux managers intéressés par des méthodologies et des outils directement applicables au quotidien.

Les mots-clé de recherche pour internet

Compétence professionnelle, compétence organisationnelle, compétence-réseau, compétence virtuelle, compétence collective, la formation tout au long de la vie, la théorie des Ressources, Knowledge Management.

Chapitre II

Pour une approche globale et agrégée des compétences professionnelles,
collectives et organisationnelles, pivot d'un "Management de la Confiance"

> « *Nous sommes les aveugles, et l'élaboration de la stratégie est l'éléphant auquel nous avons affaire. Personne n'a jamais vu l'animal dans son entier, mais quiconque en a touché une partie y va de son interprétation. Or, ce n'est pas en additionnant les différentes parties de la bête que l'on obtient un éléphant. Un éléphant est plus que cela. Et pourtant, pour comprendre le tout, il faut aussi en comprendre les parties.* »
>
> H. Mintzberg ; B. Ahlstrand ; J. Lampel

Pour développer la confiance des collaborateurs et des actionnaires, il faut une compréhension de la stratégie générale de l'entreprise par les partenaires, ce qui favorise le déclenchement d'un processus d'appropriation.

En effet, une stratégie générale s'appuyant sur un concept transversal déclinable et opérationalisable dans différentes stratégies périphériques (la stratégie marketing, la stratégie GRH, la stratégie financière, la stratégie qualité, etc…) permet d'avoir un fil conducteur en termes de communication.

La compréhension de la politique générale par les collaborateurs est facilitée si elle est expliquée à partir d'un concept qui a une concrétisation, une répercussion, une signification dans le quotidien de l'individu (ceci est le cas du concept de compétence professionnelle).

Les actionnaires, quant à eux, recherchent une vision stratégique claire accompagnée de stratégies cohérentes entre elles. Ils se focalisent sur des indicateurs quantitatifs et qualitatifs leur permettant d'évaluer la création de valeur dans le temps.

Ce chapitre présente les conditions d'émergence et les différents niveaux d'analyse du concept de compétence. Il préconise une approche globale, pyramidale et agrégée des compétences. Ce choix est justifié par les résultats de recherches qui montrent une interdépendance entre les compétences professionnelles des collaborateurs, les compétences collectives relatives à un groupe, les compétences de l'entreprise, les compétences mises en commun au sein d'un réseau d'entreprise ou d'une entreprise virtuelle.

1. LA PERFORMANCE DE LA GESTION DES COMPÉTENCES
repose sur une approche globale et agrégée de toutes les compétences existant dans l'entreprise

Initier la confiance :
- c'est avoir une stratégie claire qui favorise tous les acteurs de l'organisation (les salariés, les actionnaires, les partenaires etc…) et qui met en relation, de façon agrégée, les différentes fonctions de la firme sans prédominance d'aucune d'entre elles,
- c'est communiquer cette stratégie autour d'une valeur pivot reconnue par tous (le concept de compétence) et autour d'indicateurs financiers et immatériels.

Le concept de compétence a beaucoup évolué en dix ans. Il est utilisé aussi bien à l'extérieur qu'à l'intérieur de l'entreprise. Une définition des différentes facettes de ce concept et de ses champs d'application est proposée.

1.1 Le concept de compétence doit être appréhendé à partir de ses différents niveaux d'analyse (compétence individuelle, collective et organisationnelle)

Au delà de son aspect purement juridique, la compétence se définit comme « *la connaissance, l'expérience qu'une personne a acquise dans tel ou tel domaine et qui lui donne qualité pour en bien juger* »[1]. Pour l'AFNOR, elle représente « *la mise en œuvre de capacités en situation professionnelle qui permettent d'exercer convenablement une fonction ou une activité* ». Peu de concept peuvent se prévaloir d'une telle transversalité [2].

Les disciplines juridiques ont recours à cette notion depuis bien longtemps. Mais, cela ne fait qu'une dizaine d'années que les politiques éducatives et les entreprises des pays industrialisés intègrent dans leurs discours et leurs pratiques différentes déclinaisons de la compétence. En référençant les utilisations de la compétence au sein des entreprises et de leurs environnements politico-économiques, il apparaît une réelle diversité des champs d'application de ce concept.

1. *Dictionnaire de langue française encyclopédique et noms propres*, Hachette, 1980.

2. Les concepts d'apprentissage individuel et organisationnel possèdent cette transversalité mais leurs champs d'action restent plus restreints : l'apprentissage n'est pas intégré dans les approches qualité ou les politiques de certification par exemple. La notion d'apprentissage reste néanmoins indissociable du concept de compétence et bien qu'elle n'ait pas ouvert une nouvelle perspective stratégique elle a participé à l'émergence de la théorie des ressources.

Tableau 8
Les différents champs d'application du concept de compétence

	Définition	Champs d'application	Déclinaisons
Compétence d'un individu	La connaissance et l'expérience d'un domaine dans lequel il a obtenu une reconnaissance collective	Sciences de l'éducation et de la formation	Politique de formation et de l'emploi, taxinomies
		Linguistique	Construction d'une grammaire
		Droit	Compétence d'un individu ou d'une institution

Tableau 8
Les différents champs d'application du concept de compétence

	Définition	Champs d'application	Déclinaisons
Compétence professionnelle	La compétence de l'individu dans le monde du travail	GRH Approche qualité et certification Sociologie du travail Ergonomie Economie industrielle	GPEC Certificat de compétences professionnelles, NVQs Approche behavioriste, approche cognitive
Compétence collective professionnelle	Agrégat entre les compétences que possèdent les individus augmentées « d'un effet groupe » provenant de la dynamique collective des acteurs	Management	Encadrement, pilotage de projet, transfert et capitalisation
Compétence organisationnelle ou Compétence de l'entreprise	« représente ce que l'entreprise sait faire par opposition à ce qu'elle possède »[a]	Stratégie Gestion de l'immatériel et économie du savoir	Approche par les ressources internes, compétences clés, Compétences réseaux et compétences virtuelles Changements organisationnels, apprentissage

a I. Bugaert et al, 1994, p. 61

Ce tableau permet de souligner la prédominance du concept de compétence au sein des entreprises. Aujourd'hui, deux conceptions complémentaires se dégagent. La première direction prône une vision systémique « des gestions des compétences ». Son objectif tend à formaliser et à maximiser les relations entre les différents aspects de la gestion des compétences. La deuxième direction consiste en une approche additive des différentes formes de gestion des compétences et plus spécifiquement celles qui concernent la GRH et la stratégie.

La renommée du concept de compétence rassemble à la fois les chefs d'entreprises, les consultants et les chercheurs en gestion. Rares sont les concepts aussi riches en opérationnalité, en transversalité et en axes de développement potentiels. La cartographie du schéma n° 4, est proposée comme point de départ d'étude de cette notion. Cette représentation a pour but de visualiser les différents niveaux d'analyse du concept compétence en les rattachant aux domaines disciplinaires qui les étudient.

Schéma 4
Cartographie des différents niveaux d'analyse
du concept de compétence et des champs disciplinaires concernés [1]

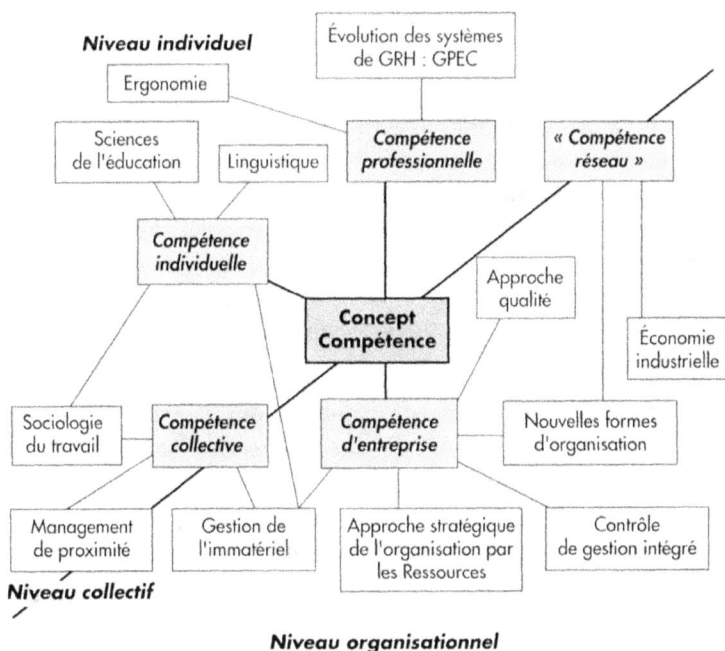

1 C. Dejoux, "Pour une approche transversale de la gestion des compétences", *Gestion 2000*, n° 6/2000

© C. Dejoux
Éditions d'Organisation

Il est intéressant de constater que les premiers domaines qui ont fait référence à la compétence (sciences de l'éducation, linguistique, ergonomie) n'appartiennent pas aux Sciences de Gestion. En revanche de nouveaux axes de recherche en Sciences de Gestion (le management de la connaissance et de l'immatériel, la gestion de la qualité) intègrent depuis peu la compétence au cœur de leurs analyses.

Cette cartographie consiste à mettre en relation chaque niveau de compétence avec les champs disciplinaires dans lesquels il est intégré. Elle a l'avantage de mettre en avant la diversité des formes de compétences qui sont apparues depuis le début des années quatre vingt-dix et la multidisciplinarité qui caractérise cette notion riche en contenu.

Il apparaît que dans une même entreprise coexistent différentes facettes de la compétence (la compétence des salariés, la compétence d'un groupe ou la compétence de l'entreprise). La plupart du temps, celles-ci apparaissent en fonction des besoins de services fonctionnels tels que la DRH (compétence des salariés), le département stratégie (compétence de l'entreprise), le département Qualité (compétence collective) ou initié par le management opérationnel (compétence collective).

Le « **niveau individuel** » est composé de « la compétence individuelle » rattachée à une personne quel que soit l'endroit où elle est mise en action (activités extra-professionnelles par exemple) et « la compétence professionnelle » exercée dans une situation de travail. Ce niveau d'analyse est au centre des préoccupations de la Gestion des Ressources Humaines dans le cadre des évaluation annuelles, des plans sociaux, des grilles de rémunération.

Le « **niveau collectif** » s'articule autour de la notion de « compétences collectives ». Il s'agit des compétences attribuées à un groupe. Celles-ci sont éphémères et totalement dépendantes des compétences individuelles exercées dans l'activité du groupe. Elles apparaissent dans le cadre de la gestion de projet, des cercles qualité ou de façon informelle lorsque des groupes émergent autour d'un objectif professionnel.

Le « **niveau organisationnel** » fait référence aux « compétences de l'entreprise » nommées également « compétences d'entreprise ». Certaines d'entre elles sont considérées comme stratégiques et sont appelées « compétences clés ». En petit nombre, elles représentent l'avantage concurrentiel de la firme selon la théorie des Ressources [1] et initient des stratégies de développement (transfert sur des créneaux porteurs ou capitalisation par spécialisation).

1. cf. chapitre 4

La Compétence individuelle s'inscrit dans le courant de la « formation tout au long de la vie »

Au départ, le concept de compétence a largement été étudié par des domaines qui ne concernaient pas spécifiquement les sciences de gestion et l'entreprise. La linguistique, l'ergonomie sont à l'origine des principales caractéristiques de la compétence individuelle[1]. Peu à peu, celle-ci a été introduite dans l'analyse d'activités professionnelles. Elle a ainsi été remplacée par une terminologie plus précise, spécifique à un contexte de travail : les compétences professionnelles.

La notion de compétence individuelle offre la possibilité de mettre en correspondance des domaines périphériques à l'entreprise tel que celui des politiques de formation. En effet, les nations industrialisées européennes réforment leurs systèmes éducatifs autour « d'une logique compétence » qui a pour objectif de développer la portabilité[2] entre le système scolaire et le monde du travail. Ainsi, tout être humain doit avoir la possibilité de développer ses compétences individuelles et professionnelles tout au long de sa vie.

THÉORIE

Symbolisée par le livre Blanc *« Enseigner et apprendre: vers la société cognitive »*, les différents rapports de l'OCDE, 1996[3], 1997[3] et le livre de D. Colardyn, 1996[4], cette volonté éducative a été largement reprise par M. Crozier lors du colloque du MEDEF en octobre 1998 à Deauville. Cet auteur rappelle, qu'en France, les missions de l'éducation, de la formation initiale et continue s'articulent clairement autour du concept de compétence car seul, celui-ci, permet d'envisager un continuum évolutif entre l'édifice scolaire centré autour du diplôme[5] et les réalités économiques des entreprises qui cherchent des collaborateurs aux compétences professionnelles performantes en phase avec l'évolution du marché.

1. La compétence est une mise en situation (principe d'action), elle est contingente, contextualisée à une finalité (principe téléologique), elle est une construction dans le temps (principe de dynamique), elle est un attribut de l'homme, elle doit être reconnue par les autres pour acquérir une crédibilité (principe normatif du regard d'autrui), elle est transférable dans le cadre d'un processus d'apprentissage individuel et/ou organisationnel, elle a un caractère permanent si elle est mise en œuvre (principe de régularité).

2. Cela signifie une reconnaissance par les entreprises des diplômes issus de la formation initiale.

3. Consultables sur http://www.ocde.org

4. D. Colardyn, *La gestion des compétences. Perspectives internationales*, PUF, 1999.

5. À terme, l'objectif affiché des gouvernements semble être de découper les diplômes en unités de compétences capitalisables afin d'accueillir un public beaucoup plus large.

La gestion des compétences constitue une problématique incontournables dans les politiques de formation des pays industrialisés. En effet, ceux-ci, dans un soucis d'harmonisation (favorisé par la constitution d'une politique éducative européenne), réforment leurs systèmes éducatifs autour d'une « logique compétence » qui tend à se substituer à une logique fondée sur le diplôme.

Cette tendance en cours d'élaboration dans les politiques éducatives est motivée par les arguments économiques suivants :
- Les économies ont besoin d'une population active toujours plus performante et adaptable.
- Les états souhaitent impliquer les entreprises toujours plus dans la formation initiale afin que celle-ci soit en phase avec les besoins du marché du travail.
- Les états souhaitent favoriser une continuité entre la formation initiale et continue.

THÉORIE

La certification des compétences s'affirme comme une orientation générale aussi bien dans les entreprises qu'à l'échelle des pays. Les nations industrialisées tentent d'établir des ponts entre le domaine de l'éducation et celui de l'entreprise en s'appuyant sur la notion de compétence qui se substitue indéniablement à celle de qualification (P. Gilbert; G. Schmidt, 1999[1]). Dans la plupart des pays industrialisés, les individus commencent à être évalués en termes de compétences dès leur formation initiale. Il semble que l'Etat français souhaite que les formations initiales s'articulent autour du concept de compétences ce qui facilite leur reconnaissance dans le monde de l'entreprise se référant aux compétences professionnelles. La loi de la modernisation sociale votée en janvier 2001 et applicable en novembre 2001 va dans ce sens[2].

1. P. Gilbert; G. Schmidt; *Evaluation des compétences en situation de gestion*, Economica, coll Recherche en Gestion, 1999.

2. cf. *Le monde* du 15 janvier 2001.

En 1996, un Livre Blanc « *Enseigner et apprendre — Vers la société cognitive* » a été édité par la Commission Européenne, puis un rapport à été publié pour rendre compte des débats menés lors de la réunion des Ministres de l'Education des pays de l'OCDE. Cet ouvrage, « *Apprendre tout au long de la vie* » (OCDE, 1996), montre l'importance du concept de compétence et l'urgence de sa mise en œuvre dans les pays.

Comme le souligne, M. Crozier [1], l'idée dominante aujourd'hui est de passer d'une société du diplôme à une société de la compétence. Parallèlement, une réelle réflexion autour de la thématique de « la formation tout au long de la vie » conduit à repenser les missions de l'éducation, de la formation et des apprentissages tout au long de la vie. Il s'agirait de dispenser des formations initiales ou continues en termes de compétences et non plus seulement en terme de savoirs. Ces formations pourraient donner lieu à des certificats de compétences qui viendraient compléter les diplômes.

1. Actes du colloque « Compétences », Deauville, 1998, MEDEF, p. 24, tome XII.

Schéma 5

Tendance de l'évolution des politiques éducatives des pays industrialisés

« La formation par le titre puis l'expérience »	« La formation tout au long de la vie »
Logique « d'acquisition des connaissances » ⟶	Logique « de reconnaissance des compétences »
SAVOIRS ⟶	COMPÉTENCES
DIPLÔMES ⟶	CERTIFICATS
Séparation formation initiale et continue ⟶	Continuité dans la formation La formation est vécue comme un *continuum*

© C. Depaix
Éditions d'Organisation

Ce schéma symbolise l'évolution des modes de formation que la France est en train de connaître. La compétence est le pivot du dispositif.

THEORIE

Ainsi, comme le souligne, D. Colardyn, 1996 [1], la formation tout au long de la vie confronte la société à plusieurs questions fondamentales concernant le partage des responsabilités en matière :
- D'éducation et d'enseignement fondamental ;
- De formation professionnelle initiale pour les jeunes ;
- De formation professionnelle continue pour les salariés et les demandeurs d'emploi ;
- D'éducation continue du citoyen ;
- De reconnaissance des compétences développées par chacun dans sa vie professionnelle, sociale et culturelle.

Ce partage des responsabilités a des niveaux de réalité plus ou moins élevés suivant les pays. Les pouvoirs publics souhaitent une redéfinition des rôles sur le marché de la formation initiale et continue. Ils tendent à responsabiliser les partenaires (entreprises, syndicats professionnels, etc.) et les acteurs de la formation afin que ceux-ci s'engagent dans le contrôle de certaines filières dans lesquelles seraient redéfinis les modes de financement et les modes de certification.

L'auteur souligne également qu'une politique de « formation tout au long de la vie » entraine un certain nombre de conséquences telles que :
- La diversification des modalités d'accès aux diplômes comme par exemple par la Validation des Acquis Professionnels (VAP) développée par le Ministère de l'Education Nationale ou d'autres formes de validations.
- L' assouplissement de l'organisation des formations continues en particulier par la modularisation de celles-ci pour permettre les entrées et sorties avec des validations.

Dans un souci de rentabilité, les états privilégient l'idée d'une modularisation des formations en unités de compétences afin que les auditeurs puissent acquérir une reconnaissance sur le marché du travail même si la formation n'a pas été suivie jusqu'à la fin.

1. D. Colardyn, *La gestion des compétences. Perspectives internationales*, PUF, 1996.

THEORIE

La certification des compétences acquises dans la vie professionnelle et sociale repose sur la reconnaissance qu'obtiendront les certificats. *« Ces certificats, par leur qualité, doivent acquérir une valeur sociale et professionnelle en tant que telle. Ils peuvent également permettre de mieux ajuster des parcours de formation et d'alléger des procédures de reconnaissances d'acquis professionnels pour ceux qui souhaitent s'inscrire dans un parcours diplômant »* [1].

1. Document interne de l'ACCP, pp. 4-5.

Ainsi, la position de D. Colardyn, 1996, consiste à dire que pour les individus et les entreprises, la reconnaissance des compétences doit se traduire par une certification qui a valeur professionnelle et sociale.

Les systèmes anglais, allemands et français valorisent différemment les compétences individuelles

THEORIE

D. Colardyn, étudie également, les positionnements des systèmes éducatifs des pays du G7 et de l'Australie en termes de méthode d'évaluation des compétences individuelles acquises, d'identification de partenaires et de conditions de transférabilité des compétences. Elle montre l'importance d'améliorer les systèmes éducatifs pour renforcer la portabilité des compétences sur le marché du travail. Elle propose une exploration des similitudes et des différences de l'utilisation de la compétence dans des pays tels que l'Angleterre, l'Allemagne et la France.

A partir des données fournies par D. Colardyn, 1996, l'ACFCI, le MEDEF, l'IIPE, nous proposons de mettre en avant les systèmes de formation anglais, allemands et français afin de mieux comprendre les niveaux d'intégration du concept de compétence dans chacun d'eux. En effet, de l'école à l'emploi, la compétence semble être au cœur des dispositifs de formation initiale et continue mais elle revêt de nombreuses formes que nous tenterons de comparer [2].

2. cf. Schéma n° 6.

Schéma 6
**De la formation initiale à l'emploi,
la compétence comme valeur de référence**

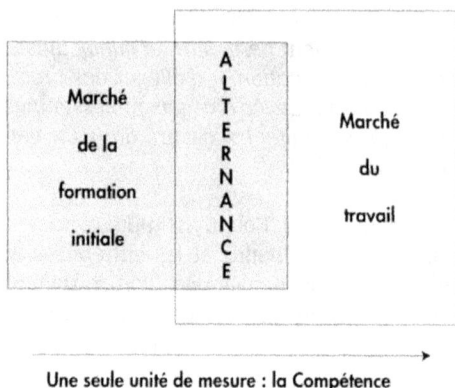

Marché de la formation initiale	A L T E R N A N C E	Marché du travail

Une seule unité de mesure : la Compétence

© C. Dejoux
Éditions d'Organisation

Le concept de compétence permet de garder une cohérence et d'observer une continuité entre les systèmes de formation et le marché du travail. Il offre l'avantage d'être un dénominateur commun entre le marché de la formation initiale et le marché professionnel. Il favorise en quelque sorte la portabilité entre ces deux mondes. A terme, l'objectif recherché ressemble à la construction d'un continuum de l'acquisition des compétences qui partirait des savoirs scolaires acquis en formation initiale, pour s'enrichir des compétences pratiques validées obtenues par des formations continues afin de terminer par des compétences professionnelles validées tout au long de la vie grâce à des processus de certification qui complèteraient l'acquisition de diplômes en formation continue.

Par la suite, le schéma n° 6 est repris et détaillé pour expliciter les modèles anglais, allemand et français.

Schéma 7

Le modèle anglais de la formation initiale, continue et du marché du travail

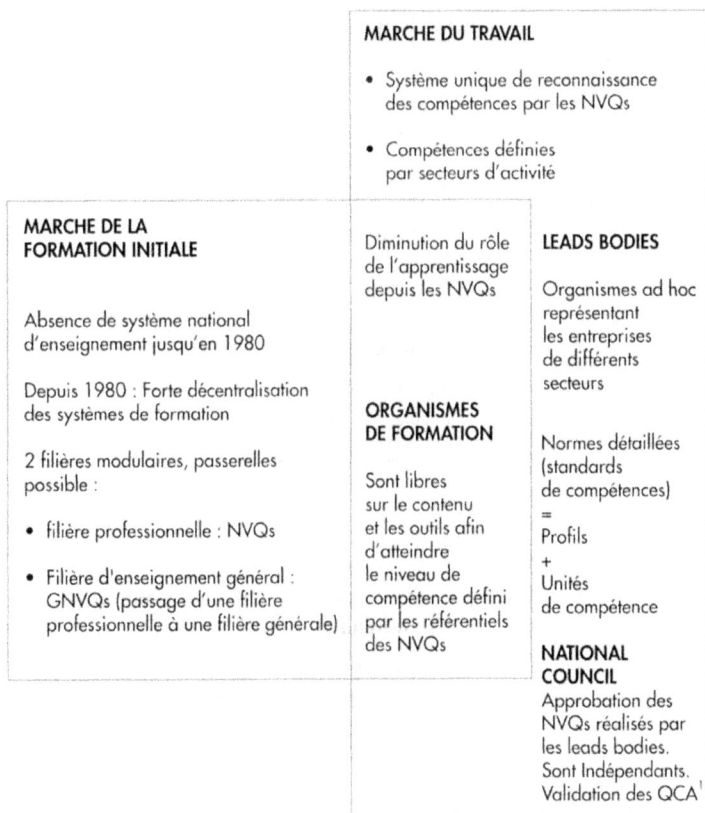

MARCHE DU TRAVAIL

- Système unique de reconnaissance des compétences par les NVQs

- Compétences définies par secteurs d'activité

MARCHE DE LA FORMATION INITIALE

Absence de système national d'enseignement jusqu'en 1980

Depuis 1980 : Forte décentralisation des systèmes de formation

2 filières modulaires, passerelles possible :

- filière professionnelle : NVQs

- Filière d'enseignement général : GNVQs (passage d'une filière professionnelle à une filière générale)

Diminution du rôle de l'apprentissage depuis les NVQs

ORGANISMES DE FORMATION

Sont libres sur le contenu et les outils afin d'atteindre le niveau de compétence défini par les référentiels des NVQs

LEADS BODIES

Organismes ad hoc représentant les entreprises de différents secteurs

Normes détaillées (standards de compétences)
=
Profils
+
Unités de compétence

NATIONAL COUNCIL
Approbation des NVQs réalisés par les leads bodies. Sont Indépendants. Validation des QCA[1]

1. Qualification and Curriculum Authority

Schéma 8
Le modèle allemand de la formation initiale, continue et du marché du travail

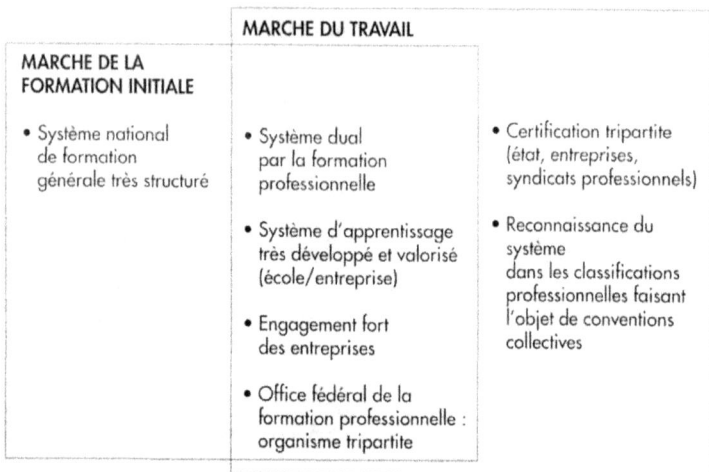

MARCHE DU TRAVAIL

MARCHE DE LA FORMATION INITIALE

* Système national de formation générale très structuré

* Système dual par la formation professionnelle

* Système d'apprentissage très développé et valorisé (école/entreprise)

* Engagement fort des entreprises

* Office fédéral de la formation professionnelle : organisme tripartite

* Certification tripartite (état, entreprises, syndicats professionnels)

* Reconnaissance du système dans les classifications professionnelles faisant l'objet de conventions collectives

© C. Dejoux
Editions d'Organisation

Schéma 9
Le modèle français de la formation initiale, continue et du marché du travail

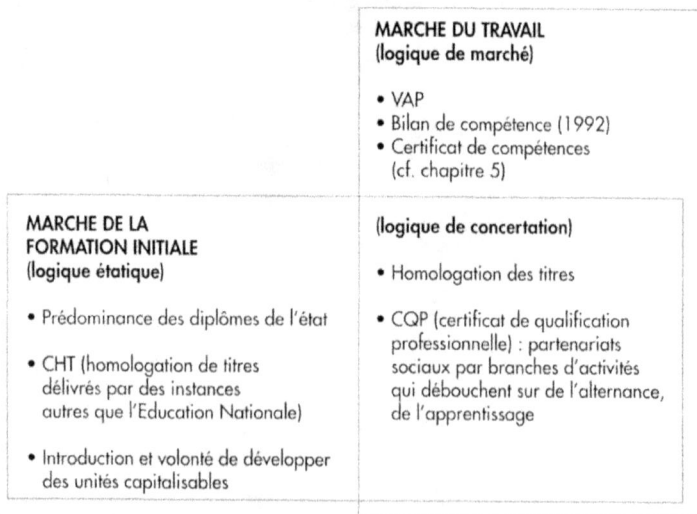

MARCHE DU TRAVAIL (logique de marché)

* VAP
* Bilan de compétence (1992)
* Certificat de compétences (cf. chapitre 5)

MARCHE DE LA FORMATION INITIALE (logique étatique)

* Prédominance des diplômes de l'état

* CHT (homologation de titres délivrés par des instances autres que l'Education Nationale)

* Introduction et volonté de développer des unités capitalisables

(logique de concertation)

* Homologation des titres

* CQP (certificat de qualification professionnelle) : partenariats sociaux par branches d'activités qui débouchent sur de l'alternance, de l'apprentissage

© C. Dejoux
Editions d'Organisation

Tableau 9
**Comparaison des modèles anglais, allemand, français
de certification, adapté des travaux de O. Bertrand, 1977**

	Modèle anglais	Modèle allemand	Modèle français
Contexte politique jusqu'en 1980	Politique de déréglementation Emplois à temps partiel	Approche consensuelle entre les pouvoirs publics, les partenaires sociaux et les institutions	Prédominance du rôle de l'état
Politique de formation	Décentralisation des systèmes de formation Absence de système national d'enseignement Système d'apprentissage sans stage, ni certification obligatoire	Système dual d'apprentissage très développé Alternance école/entreprise Diversité d'institutions scolaires	Séparation entre le système de formation et le marché du travail
Typologie de certification	Certification très développée au niveau du marché initial (GNVQs) et continu (NVQs)	La certification en tant que mode de régulation du système de formation et du marché de travail	Hégémonie du diplôme

© C. Dejoux
Éditions d'Organisation

En France, la reconnaissance sociale est focalisée sur le diplôme. Or, aujourd'hui, s'il reste nécessaire, il demeure également insuffisant face aux besoins des entreprises. « *Personne ne songe à contester le rôle de l'école dans la transmission des bases théoriques et techniques. Mais ce sera de plus en plus la responsabilité des entreprises- entrepreneurs et salariés réunis- que de construire et valider les compétences professionnelles conduisant à la maîtrise d'un métier et à l'autonomie professionnelle* » [1]. Un projet professionnel centré sur la mise en valeur de compétences acquises et potentielles semble plus en phase avec les contraintes des marchés.

1. Discours d'Ernest-Antoine Seillière, Président du MEDEF lors des Journées Internationales de la Formation, octobre 1998, à Deauville.

Schéma 10
**Deux filières principales pour la formation en France
jusqu'en novembre 2001**

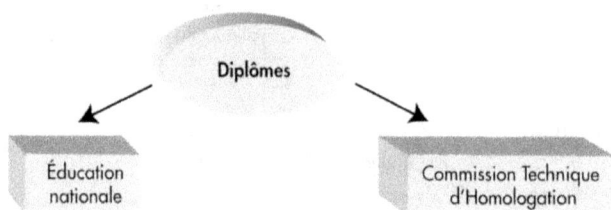

Diplômes

Éducation
nationale

Commission Technique
d'Homologation

© C. Dejoux
Éditions d'Organisation

En France, il existe deux possibilités: l'éducation nationale qui attribue un diplôme et la CTH qui homologue un titre obtenu dans le cadre d'une qualification. Le passage du diplôme à la certification des compétences ouvre le champ des responsabilités. En effet, l'état, les syndicats professionnels, les organismes privés indépendants internationaux, les organismes publics (par exemple: le ministère de l'agriculture), peuvent proposer des certifications professionnelles.

1. M. de Virville, *Donner un nouvel élan à la formation professionnelle*, Rapport au Ministre du travail et des affaires sociales, Documentation française, 1996.

Le rapport de Virville, 1996 [1], préconisait la réflexion vers un référentiel national de compétences. Il se plaçait dans une logique de « formation tout au long de la vie ». Ce tournant rappelle celui d'il y a une quinzaine d'années qui introduisent les principes de la qualification dans le processus de travail. Jusqu'à récemment, les nouveaux modes de validation se confrontaient à la diversité des pratiques françaises, à savoir les diplômes de l'Education Nationale, les titres homologués, les Certificats de Qualification Professionnels proposés par les branches professionnelles. Depuis 1994, la certification des compétences a émergé sous l'influence des pratiques NVQs anglo-saxonnes.

Une question de fond se pose: « Faut-il doubler les formations par des certifications de personnes? ».

THÉORIE

J. Igalens, 1997, dans un interview à la Revue de l'Audit Interne, souligne, qu'à son avis, *« la réponse ne devait pas dépendre de considérations idéologiques mais s'inscrire dans une recherche d'allocation optimale des fonds et dans l'intérêt des auditeurs »*. Selon lui, tout dépend des circonstances. Les initiatives privées sont indispensables lorsqu'il n'y 'a pas de diplôme universitaire correspondant aux besoins. Mais, affirme-t-il, il faut également reconnaître que le diplôme national offre une réelle légitimité et une employabilité supérieure à un certificat confidentiel dans certains cas.

Trois nouvelles démarches expérimentales viennent compléter la primauté du système fondé sur le diplôme et visent à faciliter le passage de la formation initiale (savoirs scolaires) à la formation continue (compétences professionnelles) :

- L'AFPA sous l'égide du ministère du Travail a mis en place un projet de formation personnalisée autour d'unités capitalisables. La modularisation autour d'unités de compétences permet d'accueillir différents niveaux de publics tout en sauvegardant le principe du diplôme. Ce processus s'adresse plus particulièrement à un public de demandeurs d'emploi.

- Le ministère de l'Enseignement Supérieur et de la Recherche a développé le système de la VAP [1] qui permet aux salariés de faire reconnaître leur expérience professionnelle afin de développer leur formation.

- L'ACCP, initié par l'ACFCI [2] et le réseau des CCI propose la démarche de la certification des personnes dans le but de développer l'employabilité des salariés et d'asseoir à travers cet outil une réelle gestion des compétences au sein de l'entreprise.

1. Validation des Acquis Professionnels.

2. Assemblée des Chambres Françaises de Commerce et d'Industries.

EXEMPLE

Cas AFPA : la formation modulaire individualisée autour du concept de compétence
Le réseau des centres de l'AFPA [3] privilégie depuis peu un parcours de formation « à la carte », ce qui lui permet de s'ajuster très précisément à la demande des stagiaires et de leurs projets professionnels.

3. Association à gestion tripartite, sous tutelle du ministère de l'Emploi et de la Solidarité. L'AFPA est le premier organisme de formation professionnelle pour adulte en France et en Europe.

Cette innovation pédagogique permet d'enrichir le parcours professionnel des stagiaires par une formation qui correspond à un besoin précis en termes de compétences dans le cadre d'une activité professionnelle.

« La formation modulaire individualisée » se décline par les étapes suivantes :

- une enquête est réalisée auprès d'un échantillon d'entreprises d'un secteur d'activité afin de déterminer les principaux emplois cibles,
- des entretiens sont effectués avec les responsables d'agence, les responsables techniques et les personnes qui occupent ces emplois,
- une liste des activités repérées dans les emplois cible est établie,
- Le repérage des compétences techniques, relationnelles, organisationnelles ou comportementales nécessaires à ces activités est élaboré,
- chaque compétence est ensuite déclinée en tâches [1],
- ces tâches sont retranscrites en capacités. Celles-ci forment une séquence. Plusieurs séquences constituent un « module ».

Le « module » de formation est une unité faisant partie d'un cursus de formation. Chaque module constitue un tout en soi. Un « référentiel de formation » est composé de plusieurs modules.

Chaque module correspond à une employabilité dans l'emploi concerné et donc à la possibilité d'obtenir un poste. D'autre part, chaque module peut être reconnu par une Validation des Acquis Professionnels.

Cette démarche offre l'avantage au bénéficiaire d'obtenir des modules sans suivre la formation dans son intégralité. L'acquisition de modules peut être suffisante pour obtenir un nouvel emploi, pour faire reconnaître des compétences grâce à la validation d'un module ou pour enrichir son parcours professionnel.

Au sein de l'AFPA, le succès de cette démarche repose sur son couplage avec l'élaboration d'un projet professionnel personnalisé accompagné par l'organisme. Celui-ci est constitué d'une évaluation des compétences et des acquis professionnels et de l'élaboration d'une « cartographie professionnelle » intégrant l'acquisition de modules de formation.

Pour l'organisme, cette formule offre l'avantage d'intégrer dans une seule formation des publics hétérogènes. Elle permet également de dispenser un diplôme dans son intégralité.

[1] Par exemple pour une tâche technique, on identifie le geste technique correspondant à la réalité

En ce qui concerne la certification des compétences professionnelles, l'Etat français inscrit cette démarche dans une politique
de « formation tout au long de la vie » (rapport Virville ;
D. Colardyn, 1996 [1], le livre blanc *enseigner et
apprendre – vers la société cognitive*, commission
européenne 1996). Il la considère comme une étape
successive à la formation initiale. Sous le terme
« certification des compétences », il existe une grande
variété de pratiques [2] bien qu'il soit possible de proposer une définition générale :

1. D. Colardyn, *La gestion des compétences*, Perspectives internationales, PUF, 1996.

2. cf. tableau n° 10.

La certification des compétences consiste à « *évaluer
et valider des compétences avec des garanties de qualité telles qu'une certification nationale ou internationale puisse y être attachée et permette à l'individu de
s'en prévaloir, et à l'entreprise d'y attacher sa
confiance* » [3].

3. D. Colardyn ; P. Lebourlay, « Certifier pour valoriser », *Personnel*, ANDCP, n° 389, mai, 1998, p. 68.

Tableau 10
Définition de la compétence et de la certification des compétences

Niveaux d'analyse de la compétence individuelle	Définition	Type de certification
Compétences déclaratives	Quoi ? Savoirs techniques et théoriques	Référentiel, diplôme et titre Bilan de compétence Qualification
Compétences procédurales	Comment ? Savoir-faire, pratique du métier	Certificat de qualification professionnelle VAP [a] UCP [b] NVQs Accréditation
Compétences d'élargissement ou compétences de jugement	Et après ? Que faire ? Prospective Compétences comportementales	Diplôme d'entreprise Certification des personnes

a Validation d'Acquis Professionnels
b Unité de Compétence Professionnelle

© C. Dejoux
Éditions d'Organisation

Pour présenter ces différentes nuances, nous opterons par un découpage au niveau de « l'objet certifié », des différents systèmes de validation et plus particulièrement des deux méthodologies qui sont offertes en France : le système anglo-saxon NVQs et la démarche des CCE[1] développée par le réseau des Chambres de Commerce et d'Industrie françaises. Le concept de compétence devient alors un concept pivot qui permet de passer du monde de la formation initiale au monde de l'expérience professionnelle sans les opposer mais au contraire en valorisant ces deux démarches qui peuvent être successives ou parallèles. La certification des compétences existe également dans ces deux environnements.

La certification des personnes mesure l'élasticité de la compétence. Elle juge le type d'utilisation que la personne est en mesure de faire avec ses compétences, son niveau d'autonomie, son niveau de développement de ses compétences, son sens de la responsabilisation.

La loi sur la modernisation sociale votée en janvier 2001 et applicable en novembre 2001, va permettre d'élaborer une carte des territoires de ces trois formules (AFPA, VAP et certificat de compétences). Elle offre, par exemple, la possibilité à chaque salarié, ayant une expérience professionnelle minimum de 3 ans, d'obtenir un diplôme professionnel sans avoir à suivre de cursus scolaire.

Le système de formation français (formation initiale et continue) reste néanmoins complexe. Aussi, le tableau n° 11 rappelle les différentes formes que peuvent revêtir la certification des savoirs scolaires et la certification des compétences professionnelles[2]. Les données proviennent en partie d'une synthèse des articles de « Certification : construction et usages »[3]. a pour objectif de visualiser les différents types de titres qu'il est possible d'obtenir en tenant compte de certaines innovations récentes.

1. Certificat de Compétences en Entreprise.

2. Notons la spécificité de la VAP qui correspond à une certification professionnelle permettant d'obtenir une certification scolaire.

3. *La certification : construction et usage,* Cahiers lillois d'économie et de sociologie, L'harmattan, 1998.

Tableau 11
**Les différents niveaux d'analyse des certifications
des compétences individuelles en France:
Des savoirs scolaires à la certification professionnelle**

Niveau d'analyse	Objet de la certification	Titre délivré	Organisme certificateur
Certification des compétences scolaires			
Connaissances	Niveau d'étude	Titre, Diplôme, unité de valeur	Education Nationale CTH [a]
Connaissances et mise en pratique en entreprise	Apprentissage	Diplôme ou titre homologué VAP [b] (loi 1985 et 1992)	CTH Ministère de l'Agriculture Education Nationale Jeunesse et Sport
Certification des compétences professionnelles			
Acquis professionnels	Expérience professionnelle	VAP [c] (loi 1985 et 1992) DPE [d]	Ministère de l'Agriculture Education Nationale Jeunesse et Sport
Une compétence	Unités de compétences professionnelles	Certificat (CCE) [e]	ACCP [f] (CCI) En cours ANPE et AFPA [g]
Des Compétences agrégées [h]	Domaine d'activité ou métier	Qualification (CQP) [i] NVQ Portefeuilles de compétences (portfolio)	Syndicat ou branches professionnelles CPNE [j] Leads Bodies

a   La Commission Technique d'Homologation reconnaît un titre et non pas un niveau d'étude

b   La Validation d'Acquis Professionnels permet l'attribution d'une dispense d'épreuves de diplômes ayant valeur de certification: loi du 20 juillet 1992 et décret du 27 mars 1993

c   La Validation d'Acquis Professionnels permet l'attribution d'une dispense d'épreuves de diplômes ayant valeur de certification: loi du 20 juillet 1992 et décret du 27 mars 1993

d   Diplôme Par l'Etat d'Ingénieur

e   Certificat de Compétence d'Entreprise

f   Le certificat certifie une unité de compétence

g   Ces organismes se dirigent vers une modularisation capitalisable d'unités de compétences

h   Compétences agrégées = somme d'unités de compétences

i   Certificat de Qualification Professionnelle

j   Commission Paritaire Nationale de l'Emploi

© C. Dejoux
Editions d'Organisation

Un certain nombre de craintes liées à la certification des compétences peuvent être envisagées: Le rôle de l'Université dans la formation continue n'est-il pas remis en question? N'y a-t-il pas un déséquilibre envisageable entre l'importance accordée à l'expérience professionnelle par rapport à l'acquisition et à la remise à jour des connaissances ? Une rationalisation extrême du marché de la formation continue n'est-elle pas préjudiciable à la création de nouvelles formations demandées par le marché mais peu rentables ?

Compte tenu de l'émergence du processus de certification des personnes, ces questionnements doivent rester présents dans les esprits sans pour autant freiner la phase de mise en œuvre. Comme nous l'avons déjà souligné, actuellement, pour l'Etat, la certification des compétences représente une voie d'accès à « la formation tout au long de la vie ». Cette pratique permet de valoriser les compétences individuelles quelque soit leur lieu d'acquisition. D. Colardyn, 2000 [1], rappelle que l'individu se forme tout au long de la vie dans des contextes et des lieux divers, pas forcément ni uniquement dans les lieux prévus à cet effet tel que le système scolaire ou le système de la formation continue. La certification des personnes est créatrice de valeur dans le sens où elle permet de développer la portabilité entre la formation initiale et les entreprises et vient compléter les systèmes existants.

1. D. Colardyn, « Reconnaître les compétences : un dipositif diversifié et un cadre national », *Futuribles*, 2000.

La « Compétence professionnelle » constitue le concept clé de la GPEC, courant actuel de la GRH

Ces dernières années, la GRH et plus particulièrement la gestion du personnel a dû répondre à un nouvel impératif celui d'appréhender les situations de travail sur un mode prospectif (J.F. Amadieu et J. Rojot, 1996) [2]. Face à l'évolution des technologies dont l'informatisation, à la mondialisation de la concurrence, à l'émergence de nouvelles configurations organisationnelles, la GRH ne pouvait plus se contenter de l'approche économique et industrielle de la gestion de la main d'œuvre. La seule adéquation entre la demande et l'offre du travail devenait insuffisante. Pour J. Igalens, 1996 [3], « *c'est en plaçant l'homme comme acteur et non plus comme sujet que la GRH a franchi un stade essentiel dans sa représen-*

2. J.-F. Amadieu ; J. Rojot ; *Gestion des ressources humaines et relations professionnelles*, Management et Société, coll. Les essentiels de la gestion, 1996.

3. J. Igalens, in J.-M. Peretti, *Tous DRH*, Éditions d'Organisation, 1996.

tation de la complexité. La GRH ne se limite plus à l'ensemble des décisions de la DRH, elle se compose désormais de l'ensemble des décisions qui ont une incidence sur les RH».

Ainsi, la GRH a vécu le passage des notions de poste à celle de situation de travail, de carrière à employabilité, de travail à activité et de qualification à compétence. Dans ce domaine, la compétence individuelle devient selon P. Gilbert et R. Thionville, 1990 [1], «*un ensemble relativement stable et structuré de pratiques maîtrisées, de conduites professionnelles et de connaissances, que des personnes ont acquises par la formation et l'expérience et qu'elles peuvent actualiser,... dans des conduites professionnelles valorisées par leurs entreprises*». Le management des compétences représente alors un des axes centraux de la valorisation des ressources humaines. La GPEC constitue pour la plupart des entreprises une politique de GRH incontournable qui se fonde sur la définition et sur la gestion des compétences professionnelles des salariés. L'objectif recherché est la flexibilité des ressources humaines en fonction des besoins évolutifs de l'entreprise.

1. P. Gilbert; R. Thionville; *Gestion de l'emploi et évaluation des compétences*, 1990, ESF.

Au niveau de la mise en place d'un processus de gestion des compétences individuelles, un choix est à réaliser dès le départ au niveau de la méthodologie : l'entreprise opte-t-elle pour une approche sélective qui se focalise sur quelques compétences individuelles stratégiques significatives de ses métiers ou sur une approche exhaustive recourant à la cartographie et au recensement des compétences possédées par les employés et à posséder dans le temps ?

Il existe différents domaines d'application de la gestion des compétences que nous n'aborderons pas et qui constituent des domaines d'application à part entière :
- l'évaluation des compétences (bilan de compéten-ces…),
- la rémunération des compétences (cf.: V. Marbarch, 1999) [2],
- la formation aux compétences (Assessment Center…),
- la gestion opérationnelle et la décentralisation aux unités,

2. C. Marbach, *Évaluer et rémunérer les compétences*, Editions d'Organisation, 1999.

- l'informatisation (point de passage obligé pour mémoriser le capital de compétences individuelles de l'entreprise),
- le transfert des compétences individuelles (dans l'entreprise, ou de l'entreprise à ses partenaires),
- les indicateurs de mesure d'une politique de gestion des compétences professionnelles.

EXEMPLE

Créer des **cercles de compétences** dans les entreprises pour définir les x critères qui rentreraient dans un indice d'évaluation de la maturité de la gestion des compétences.

EXEMPLE

Cas ACCOR: Consultation générale des salariés pour développer la performance [1].

Le groupe ACCOR n'a pas hésité en 1999, dans le cadre du projet ACCOR 2000 qui visait à reconfigurer l'entreprise, à organiser des débats avec 1 400 salariés pour répondre à la question suivante: « Comment ACCOR peut-il devenir un meilleur employeur pour ses collaborateurs? ».

Cette attitude courageuse a permis à la société de progresser à la fois au niveau de la GRH et de la communication en faisant passer des messages stratégiques tel que le développement des relations de chaque collaborateur avec les fournisseurs.

Les axes d'amélioration qui ont découlé du volet humain (« réussir ensemble ») du projet ACCOR 2000, concernent la généralisation de l'actionnariat salarié, la clarification des règles sur la mobilité et les rémunérations, le développement d'études d'opinion internes, la systématisation des entretiens annuels.

La finalité de l'entreprise consistait à remotiver les salariés afin de pouvoir rester en phase avec le crédo maison: « l'équilibre entre la satisfaction du client, de l'actionnaire et du salarié ».

1. Les enjeux des Échos, mai 2000.

2. Association pour la Certification des Compétences Professionnelles, émanation de l'ACFCI.

Dans le cadre de l'approche du « Management de la Confiance », nous proposons une méthodologie pour identifier et évaluer une compétence individuelle en situation de travail. Celle-ci a été conçue à l'origine par l'ACCP [2]. **Elle s'appuie sur le concept de « preuve de compétence ». Le candidat élabore un « portefeuille de compétences » composé d'informations, de témoignages, de documents qu'il a créés.**

Ceux-ci serviront à l'évaluateur afin de garantir la mise en œuvre de la compétence professionnelle évaluée.

Tableau 12
Identification et évaluation d'une compétence individuelle

Evaluation	Exemples de preuves	Informations complémentaires
Un évaluateur (DRH, responsable hiérarchique) a en charge l'évaluation de la compétence individuelle d'un salarié.	Les preuves représentent une liste non exhaustive constituée d'exemples pour chaque CI.	Il s'agit « d'informations additionnelles » (terminologie de l'ACCP) qui permettent d'appréhender la CI en situation de travail.
Le candidat constitue un "portefeuille de compétences" dans lequel se trouvent les éléments relatifs à la CI [a] évaluée.		Ex : témoignages, observations, liens qui permettent d'évaluer l'authenticité de la preuve.
La CI est évaluée en situation de travail à partir des preuves apportées par le candidat		

a   abréviation de compétence individuelle

© C. Dejoux
Éditions d'Organisation

La « Compétence collective » prend naissance dans une gestion de projet ou un acte de management

La compétence collective apparaît comme un élément central dans les débats sur l'évolution du management et le développement des différentes formes de coopération entre firmes. Elle participe à l'élaboration des compétences d'entreprise.

Pour la définir, G. Le Boterf, 1994 [1], rappelle quelques-unes de ses principales caractéristiques. Il s'agit pour une équipe de posséder une représentation commune, un référentiel collectif et un objectif à atteindre. La construction d'un code scelle la confiance et l'appartenance au groupe. La compétence collective suppose un minimum de co-agir et de co-produire ensemble. Elle évolue grâce aux apprentissages individuels partagés et reproduits au niveau collectif par et dans l'action.

1. G. Le Boterf, *De la compétence : un attracteur étrange*, Editions d'Organisation, 1994.

L'étude des pratiques du management actuel montre que le cadre n'est plus considéré comme un relais d'une autorité déléguée par la direction mais plutôt comme une « plaque tournante » qui met à la disposition de l'entreprise les compétences d'experts de ses collaborateurs et les compétences collectives de l'équipe qu'il anime. Comme le souligne N. Jolis, 1999 [1], la transformation des entreprises induit une modification du comportement managérial. Le cadre est passé d'une responsabilité dans l'application des procédures opératoires à un rôle « d'inducteur de mobilisation de compétences ». Selon elle, *« la capacité à promouvoir des actions fondées sur le progrès des compétences collectives transversales devient la nouvelle légitimité des cadres »*.

1. N. Jolis, *Compétences et Compétitivité*, Editions d'Organisation, 1998

La compétence collective peut être réutilisée (d'où l'intérêt de la stocker et de la mémoriser dans un système de gestion des connaissances ou Knowledge Management) si trois conditions sont réunies :

- les acteurs qui possèdent les compétences individuelles identifiées lors de la création de la compétence collective sont présents,
- les « facteurs de contexte » sont rassemblés. Cette expression rassemble trois composants : les facteurs potentiels de destruction de la compétence collective, les facteurs favorables et défavorables à la compétence collective pendant sa durée de vie.

Tableau 13
Identification et évaluation d'une compétence collective

Evaluation	Exemples de preuves	Informations complémentaires
Un évaluateur interne, acteur du projet ou du groupe évalue la compétence collective créée par deux acteurs par exemple. La CC [a] doit être décrite en fonction des CI mises en œuvre, des « éléments de contexte » qui jouent un rôle positif.	Exemples de situations vécues par le groupe qui révélaient l'existence de cette CC.	Identification des facteurs potentiels de destruction de cette CC. Identification des éléments qui ont eu une influence positive ou négative sur cette CC pendant la durée de vie du groupe ou du projet.

...

Tableau 13 (suite)
Identification et évaluation d'une compétence collective

Evaluation	Exemples de preuves	Informations complémentaires
La description de la CC et de ses caractéristiques doit être approuvée par le groupe.		Nombre de fois que cette CC a été mise en œuvre spontanément et de façon provoquée pendant le projet.

Exemples de valeur ajoutée apportée pendant la vie du groupe ou du projet. |

a   abréviation de compétence collective.

En effet, les organisations se structurent autour de projets qui nécessitent la mise en œuvre de compétences collectives. La problématique à laquelle sont confrontés les managers représente la capitalisation, la mémorisation et la réutilisation des compétences collectives. Quelles sont leurs conditions d'émergence? Comment faire progresser ce savoir-faire collectif? Comment le valoriser et le rémunérer? Ces interrogations sont le symbole d'un besoin d'outils interactifs entre le niveau individuel et collectif des compétences.

La « Compétence d'entreprise » offre l'opportunité de nouvelles approches de la stratégie

THÉORIE

En stratégie, la théorie des Ressources initiée par B. Wernerfelt (1984 [1], 1989 [2]), J.-B. Barney, 1991 [3], et reposant sur les écrits de E. Penrose, 1959 [4], est à l'origine de l'émergence du concept de compétence d'entreprise. Ce nouveau paradigme permet d'appréhender la firme comme un portefeuille hétérogène et peu mobile de compétences d'entreprise. De nombreux sous-courants théoriques se sont développés à partir de cette idée de base (G. Koenig, 1999 [5]). Force est de constater aujourd'hui une profusion de concepts très proches tels que capacités fondamentales, compétences centrales, cœur de compétences, compétences stratégiques.

1. B. Wernerfelt, « A resource-Based View of the firm », *Strategic Management Journal*, Vol. 5, 1984, pp. 121-171.

2. B. Wernerfelt, «From critical resources to corporate strategy » *Journal of General Management*, Vol. 14, n° 3, 1989, pp. 4-12.

3. J.-B. Barney, « Firm resources and sustained copetitive advantage », *Journal of Management*, Vol 17, n° 1, 1991, pp. 99-120.

4. E. Penrose, *Theory of the Growth of the firm*, John Wiley & Sons, London, 1959.

5. G. Koenig, *De nouvelles théories pour gérer l'entreprise du XXIᵉ siècle*, Economica, 1999.

1. Bogaert, R. Martens, A. Cauwenberg, « Strategy as a Situational Puzzle: The fit of Components », in Competence-based Competition, eds by G. Hamel; A. Heene, John Wiley & Sons, pp. 57-73.

2. RR. Nelson; RG. Winter, An Evolutionary theory of Economic Change, Harvard University Press, Cambridge, MA, 1982.

3. G. Hamel ; C.K. Prahalad, La conquête du futur, Intereditions, 1995.

4. A. Heene; R. Sanchez, Competence-based Strategic Management, John Wiley & Sons, Chichester, 1997.

THÉORIE

Nous emprunterons à I. Bogaert et al (1994 [1]) la définition suivante : « *une compétence d'entreprise représente ce que l'entreprise sait faire* » par opposition à ce qu'elle possède. En effet, l'entreprise est considérée comme un ensemble complexe et unique de ressources et de capacités tangibles et intangibles dont certaines sont appelées compétences d'entreprise stratégiques car elles confèrent à l'organisation un avantage concurrentiel pouvant procurer une rente dans le temps. En d'autres termes, l'organisation possède des routines, c'est-à-dire, des procédures et des règles (R. R Nelson et R.G. Winter, 1982) [2] qui permettent d'articuler des systèmes de management et de gestion afin de réaliser une intention stratégique (G. Hamel et C.K.Prahalad, 1995) [3].

L'émergence de ce courant est le symbole, à un moment donné, de la nécessité pour l'entreprise de se recentrer sur ce qu'elle sait faire. Ce retour au « connais toi même » de Socrate a été réalisable grâce au concept de compétence d'entreprise. De nouveaux développements tels que l'avancée d'une théorie générale sur la compétence (A. Heene, 1997 [4]) et les travaux sur l'externalisation des compétences d'entreprise non stratégiques montrent que cet axe de recherche est loin d'être tari.

L'intérêt de l'identification des compétences organisationnelles consiste à sélectionner celles qui sont ou seront stratégiques pour la firme.

Tableau 14
Identification et évaluation d'une compétence organisationnelle stratégique

Evaluation	Exemples de preuves	Informations complémentaires
Un évaluateur (responsable de la GCO [a] ou consultant externe) identifie la COS [b] en fonction des processus de l'entreprise. Il la décrit comme un savoir faire de l'entreprise et ce qu'elle n'est pas.	Identification qualitativement et quantitativement des situations collectives dans lesquelles la COS a été mise en œuvre.	Analyse des facteurs de risques liés à la mise en œuvre de la COS. Repérage des facteurs favorisant son développement dans le temps.

...

Tableau 14 (suite)
Identification et évaluation d'une compétence organisationnelle stratégique

Evaluation	Exemples de preuves	Informations complémentaires
Il dessine la cartographie de tous les métiers, CI, fonctions et autres processus qui la concernent directement et indirectement.		Bilan de la valeur ajoutée créée lors de chacune de ses manifestations. Etude de la mobilité de la COS entre les fonctions et déclinaisons des situations de transfert réalisées et réalisables.

a Gestion des Compétences Organisationnelles
b Compétence Organisationnelle Stratégique

© C. Dejoux
Editions d'Organisation

La « Compétence réseau » émerge dans les stratégies de coopération

L'intérêt pour les compétences individuelles et collectives s'intensifie également avec le développement des coopérations entre firmes sous la forme d'externalisation ou de mise en commun de compétences professionnelles dans le but de constituer un réseau. Le contrat, la mise en commun de savoirs et d'informations est au centre des nouveaux modèles socio-productifs.

THÉORIE

Pour M. Dubois et D. Retour, 1998 [1], les réseaux « offre une approche globalisante de la compétence collective » qui est posée comme centrale car nécessaire au bon fonctionnement de ces modèles.

L'externalisation des compétences réseaux voit sa concrétisation dans le détachement externe des cadres (B. Brusa, 1999) [2].

1. M. Dubois, D. Retour, « Compétence collective: étude exploratoire en vue d'une nouvelle approche », 16e Journée des IAE, Nantes, 1998, pp. 323-341.

2. B. Brusa; Réussir le détachement externe des cadres, Liaisons, 1999.

En effet, certaines grandes entreprises se sont lancées dans le partage des compétences de leurs cadres avec leurs partenaires PME-PMI. Cette pratique est la conséquence de restructurations ou de regroupements. Elle permet d'optimiser l'affectation d'une main d'œuvre très qualifiée vers de petites structures qui n'ont pas la possibilité d'employer à temps plein des cadres de haut niveau. Les grandes entreprises gardent ainsi la possibilité de réintégrer cette catégorie de collaborateurs dès que les gains de productivité le permettront. L'alternative du partage des compétences individuelles ou collectives dans le cas d'une externalisation temporaire de cadres (appelée également « stratégie du temps partagé ») constitue des opportunités croisées entreprises-salariés :

- La grande entreprise, par l'intermédiaire de convention de détachement, gère son besoin de flexibilité, elle se prémunit de « sureffectifs qualitatifs » [1] en anticipant des formes de développement du champ des compétences d'une partie de ses salariés, elle maîtrise sa masse salariale et tisse un nouveau type de relations de partenariats avec ses clients et fournisseurs.

- Les salariés enrichissent leurs expériences, apprennent à réagir dans de nouveaux contextes, entretiennent leur employabilité tout en gardant leur employeur principal.

- Quant aux PME, pour faire face à la mondialisation des marchés et de la concurrence, elles ont de plus en plus besoin de compétences pointues dont elles ne disposent pas en interne et qui leur coûtent très cher en achat de services ponctuels. Aussi, la solution du partage de compétences constitue une alternative positive.

Ainsi, la stratégie du partage des compétences réseaux permet l'accès aux PME-PMI de compétences opérationnelles qui ont pour caractéristiques d'être directement transferrables et applicables.

Pour conclure sur les différents niveaux d'analyse de compétence, un tableau de synthèse rappelle les définitions de base :

1. Expression utilisée dans le plan social de l'entreprise Citroen, 1990 (cf. B. Brusa, 1999, p 39).

Tableau 15
Définitions des principaux niveaux d'analyse du concept de compétence

Différents niveaux d'analyse du concept de compétence	Définitions
Compétence individuelle ou compétence professionnelle	« La compétence n'est pas un état. C'est un processus… L'opérateur compétent est celui qui est capable de mobiliser, de mettre en œuvre de façon efficace les différentes fonctions d'un système où interviennent des ressources aussi diverses que des opérations de raisonnement, des connaissances, des activations de la mémoire, des évaluations, des capacités relationnelles ou des schémas comportementaux. Elle se conjugue au gérondif » [a].
Compétences collectives	Elles représentent « bien plus qu'un agrégat entre les connaissances, les capacités et les aptitudes que possèdent les individus d'un groupes » [b]. Elaborées à partir des compétences individuelles des membres du groupe, elles intègrent également « une dynamique de groupe » ou « un effet groupe » qui leur est propre. Nous leur attribuons une caractéristique qui permet de les identifier : la récurrence. Les CC sont dépendantes des acteurs et des facteurs de contexte les favorisant. Elles se reproduisent à chaque séance du groupe si ces deux conditions sont réunies.
Compétence organisationnelle	« une compétence organisationnelle représente ce que l'entreprise sait faire » [c]
Compétence organisationnelle stratégique	« un ensemble de savoirs et de technologies qui permet à l'entreprise de proposer un avantage particulier à la clientèle » [d]
« Compétence réseau » [e]	Compétence qu'une organisation met à la disposition de ses partenaires dans le cadre d'un réseau d'entreprises
« Compétence virtuelle » [f]	Compétence possédée et développée par une organisation virtuelle

a   Le Boterf, 1994, p 43
b   O. Nordhaug, 1996, p 29-30
c   I. Bogaert et al. 1994, p 61
d   G. Hamel ; C.K. Prahalad, 1995, p 211
e   Définition que nous proposons
f   Idem

© C. Dejoux
Éditions d'Organisation

1.2 Le courant fondateur d'une approche globale : l'école norvégienne de O. NORDHAUG ou la compétence appréhendée comme un prisme

THÉORIE

Les travaux de O. Nordhaug, 1993[1], 1996[2], constituent notre cadre conceptuel de référence. Ils mettent en avant l'existence de trois niveaux de compétences (cf. : Tableau n° 16). Il s'agit :

- des compétences individuelles qui « sont composées de connaissances, de capacités et d'aptitudes individuelles »[2],
- des compétences collectives qui « sont composées des connaissances, de capacités et du code génétique d'une équipe »[2],
- des compétences de l'entreprise qui sont « définies comme les connaissances, les capacités et le code génétique d'une organisation »[2].

Selon O. Nordhaug, ces trois types de compétences sont en interaction de façon continue et s'enrichissent mutuellement. Il considère *« qu'il existe un besoin apparent de mener des recherches au niveau théorique sur le concept de compétence tel qu'il se développe au sein des organisations en incluant les relations qui peuvent exister entre les micro, meso et macro niveaux d'analyse »*[2]. Le micro niveau d'analyse correspond aux compétences individuelles, le meso niveau d'analyse aux compétences collectives et le macro niveau d'analyse au compétences de l'entreprise.

1. O. Nordhaug, *Human Capital in Organizations*, Scandinavian University Press & Oxford University Press, London, 1993.

2. O. Nordhaug, « Collective Competences in organization », in J.- S. Falkenberg ; S. Haugland, Copenhagen Business Scholl Press, 1996.

Tableau 16
Les 3 niveaux d'analyse du concept de compétence en entreprise

Micro-niveau d'analyse ⇒ Niveau individuel ⇒ Compétence individuelle ⇒ Compétence professionnelle
Méso-niveau d'analyse ⇒ Niveau collectif ⇒ Compétence collective
Macro-niveau d'analyse ⇒ Niveau organisationnel ⇒ Compétence de l'entreprise ⇒ Compétence organisationnelle

L'auteur perçoit l'existence de relations entre ces trois niveaux d'appréhension de la compétence.

Schéma 11
**Les trois niveaux du concept de compétence,
Adaptation du schéma de O. Nordhaug, 1996, p 33**

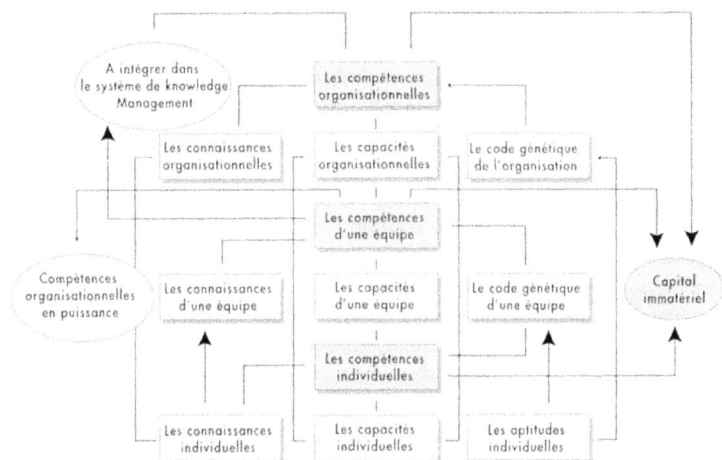

Tableau 17
Précisions sur les termes utilisés par O. Nordhaug, 1992, p 51

Connaissance	« information spécifique sur le sujet ou le domaine »
Capacité	« Aptitude spécifique qui permet d'effectuer une tâche »
Code génétique de l'entreprise	« opportunités et limites intrinsèques à l'organisation dès sa conception et qui restent indépendantes des connaissances et des compétences de l'entreprise » [a]
Aptitude	« talents naturels qui peuvent être utilisés dans le travail et qui forment la base pour développer ses connaissances et ses capacités »

a   O. Nordhaug, 1996, p 27 qui cite A.L. Stinchcombe, 1965 et G.P. Huber, 1992

THÉORIE

Ce schéma dépeint les influences qui s'effectuent entre les trois niveaux d'analyse de la compétence. L'auteur souligne non seulement l'existence d'influences directes entre les différents niveaux de compétences mais il insiste également sur l'existence d'une hiérarchie entre ces niveaux. Selon lui, « *Il apparaît un phénomène d'agrégation et de transformation des compétences individuelles en compétences collectives comme, plus tard, il est possible d'observer ce même phénomène d'agrégation et de transformation de ces deux catégories de compétences en compétences de l'entreprise* ». [1]

L'auteur affirme qu'il existe des « réseaux de compétences » qui relient les micro, meso et macro niveaux d'analyse mais il ne détaille pas la nature de ces interrelations. C'est une des pistes de recherche que nous allons exploiter tout au long de l'ouvrage.

1. O. Nordhaug, « Collective competens in organisation », in J.S. Falkenberg ; S. Haugland, Copenhagen Business School P en, 1996.

Nous nous situons dans le prolongement de O. Nordhaug pour promouvoir une « approche globale et agrégée » de la compétence.

1.3 Conditions d'émergence des politiques de gestion des compétences

Résultats d'une étude menée auprès de multinationales implantées en France [2]

THÉORIE

Dans le cadre de différents travaux de recherche (C. Dejoux, 1997 [3], 1998 [4]), nous avons interrogé des entreprises multinationales sur leurs pratiques de gestion des compétences individuelles et organisationnelles.

2. C. Dejoux, *La gestion des compétences professionnelles et organisationnelles. Approches GRH et stratégiques multi-sectorielles*, Thèse de doctorat en sciences de gestion réalisée sous la direction du professeur André Boyer, Université-IAE de Nice Sophia-Antipolis, 1997.

3. C. Dejoux, « Pourquoi les entreprises françaises s'intéressent à la théorie des ressources », Direction et Gestion, n° 166, 1997, pp. 7-16.

4. C. Dejoux, « Typologie des organisations engagées dans un processus de gestion des compétences », Gestion 2000, 1998, pp. 51-65.

THEORIE

Les résultats que nous en avons déduits concernent 2 thématiques :
- les conditions d'émergence des politiques de gestion des compétences (présentation d'une cartographie sémantique)
- les caractéristiques des entreprises qui s'engagent dans ce type de politique (présentation d'une typologie).

Ils constituent des observations et n'ont pas vocation à être généralisés.

1re Thématique : Cartographie des conditions d'émergence des différents niveaux d'analyse des politiques de gestion des compétences

Schéma 12
**Carte causale exposant les conditions d'émergence
des différents niveaux d'analyse
des politiques de gestion des compétences**

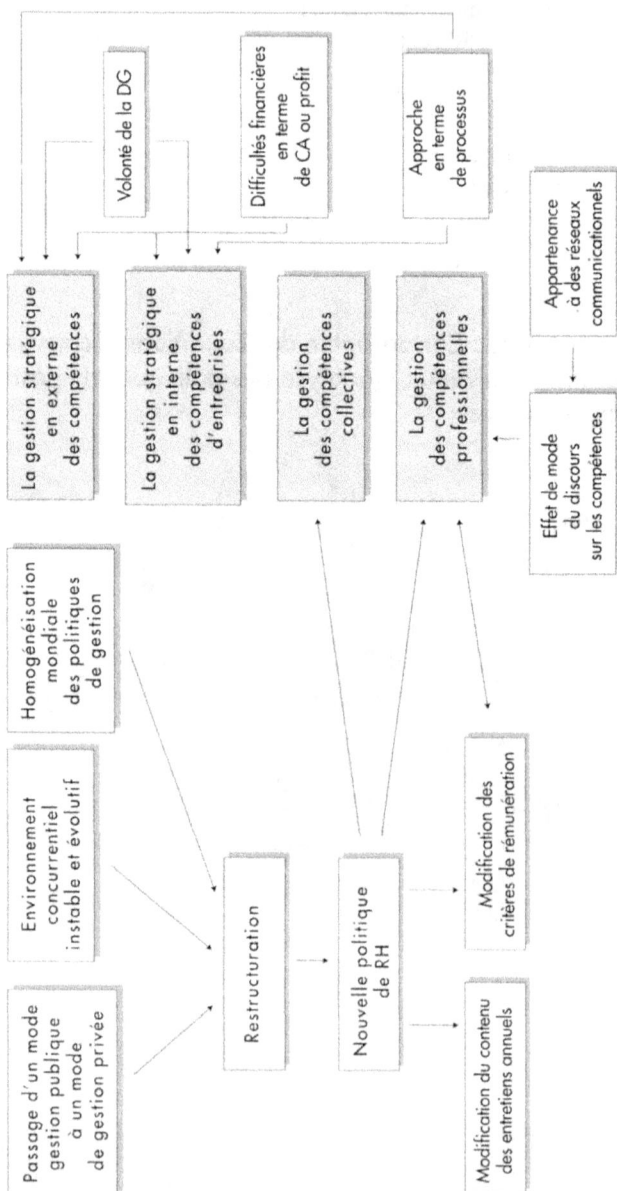

L'étude de la carte causale a deux niveaux d'interprétation :

Elle visualise un éventail de causes qui peuvent être considérées comme des facteurs d'émergences des différents niveaux d'analyse des politiques de gestion des compétences.

Elle fait apparaître une relation entre les entreprises qui se restructurent et leurs niveaux d'utilisation de la gestion des compétences individuelles mais surtout organisationnelles.

Les entreprises engagées dans une restructuration sont largement favorables à une gestion des compétences organisation-nelles

Nous avons observé que plus les entreprises se trouvaient dans une phase de restructuration avancée, plus leurs niveaux d'utilisation de la gestion des compétences organisationnelles étaient élevés.

- La première cause à envisager concerne le glissement du secteur public, plus ou moins protégé, vers le secteur privé fortement concurrentiel.

EDF ; FRANCE TELECOM ; cf. M. Boye, G. Robert, 1995 [1]). Ainsi **EDF** qui vit depuis le début des années 1990, une décentralisation de ses pouvoirs de décision et une diminution de ses niveaux hiérarchiques, s'est engagé à la fois dans le « GAEC » et dans la « gestion des compétences stratégiques de l'entreprise ».

1. M. Boye ; G. Robert ; *Gérer les compétences dans les services publics*, Éditions d'Organisation. 1995

- La deuxième cause observée dans l'analyse des discours correspond à l'adaptation indispensable à un secteur concurrentiel instable et très évolutif (cf. : IBM, NOVOTEL, PROCTER et GAMBLE).

Nous pouvons citer l'exemple de **TEXAS INSTRUMENT** qui a connu depuis 1995 de profonds changements en terme d'organisation au niveau mondial. L'entreprise a développé son niveau d'utilisation d'une gestion des compétences individuelles grâce à l'utilisation des « Assessment Center » où elle accueille les employés pour des stages de formation à de nouvelles compétences individuelles et collectives. Dans le cadre d'une approche fondée sur la maximisation de ses ressources internes, cette organisation mène également des réflexions déclinées en plans d'action quant aux compétences stratégiques organisationnelles.

- Enfin, il est possible de souligner l'homogénéisation mondiale des politiques de GRH fondées sur le recensement des compétences individuelles. Le but recherché consiste à répartir les compétences individuelles en fonction des besoins des zones géographiques

(cf.: **IBM, PROCTER et GAMBLE, TEXAS INSTRUMENT**). Ainsi, le centre de recherche d'IBM LA GAUDE a élaboré un système informatique de gestion des compétences individuelles, nommé « COMPETENCES » afin d'accompagner les plans sociaux qui s'annonçaient sur le site. Mais en 1995, le nouveau PDG, a décidé d'imposer à toutes les filiales une instrumentation informatisée en anglais, déclarée prioritaire, avec pour objectif de gérer au niveau monde les compétences individuelles stratégiques. La réflexion menée sur les compétences d'entreprises stratégiques au niveau monde est déclinée en compétences individuelles stratégiques, identifiées, en temps réel, sur une base de données. Cet exemple met en avant les interrelations qui peuvent exister dans la pratique entre la gestion des compétences organisationnelles et la gestion des compétences individuelles.

1. Gestion Prévisionnelle des Emplois et des Compétences.

Les différentes restructurations s'accompagnent, dans la plupart des cas, d'une modernisation ou d'un changement en profondeur des politiques de ressources humaines et de l'introduction d'une GPEC [1]

Parallèlement à la mise en place d'une gestion des compétences individuelles, nous avons constaté une récurrence dans trois domaines liés aux outils de GRH. Il s'agit, plus précisément de la refonte des contenus d'évaluation, de la redéfintion des critères de rémunération et de la montée en puissance de l'influence des « réseaux communicationnels ».

Au niveau stratégique, la gestion des compétences organisationnelles est avant tout imposée par la DIRECTION GÉNÉRALE.

Les entreprises observées qui mettent en place une gestion des compétences organisationnelles sont celles qui ont connu récemment des difficultés financières en terme de perte de chiffre d'affaires et/ou de profit. Connaissant bien leur environnement concurrentiel, elles décident de compléter leur réflexion stratégique classique fondée sur la connaissance du secteur d'activité et de la concurrence par une approche en terme de maximisation de leurs ressources internes. Ce courant, matérialisé au niveau théorique par le paradigme des Ressources, est de plus en plus utilisé dans les organisations françaises qui souhaitent étoffer leur instrumentation stratégique.

La gestion des compétences organisationnelles est plus facile à mettre en œuvre pour les entreprises qui sont déjà sensibilisées à une approche en terme de processus

cf: **TEXAS INSTRUMENT, NOVOTEL, THOMSON, FRANCE TELECOM.**

Nous notons que les organisations qui n'ont pas subi de restructuration immédiate possèdent des degrés d'utilisation en gestion des compétences individuelles et organisationnelles faibles.

En effet, nous avons pu observer, à partir de notre échantillon, que les entreprises qui ont un niveau d'utilisation faible en GCI [1] ou GCO [2] représentent les services publics traditionnels, les organisations privées en situation de monopole, les entreprises naissantes et les sociétés en « vitesse de croisière ».

1. Gestion des Compétences Individuelles.

2. Gestion des Compétences Organsationnelles.

Ce travail d'analyse réalisé sur quelques organisations, a mis en évidence l'existence de relations de causalité entre les entreprises en restructuration et leur niveau d'utilisation d'une gestion des compétences. Ces résultats comportent un certain nombre de limites liées à leur traitement qualitatif (biais de causalité, de généralisation, d'illusion holiste). Aussi, il serait intéressant de les tester sur un échantillon plus large.

2e Thématique : Typologie des organisations engagées dans un processus de gestion des compétences

Nous proposons une classification des entreprises réalisées sur la maturité de leur niveau de développement en gestion des compétences individuelles et en gestion des compétences organisationnelles.

Tableau 18
Classification des organisations en fonction de leur degré d'utilisation en GCI et GCO

La classe A1 représente deux catégories d'organisations dont le point commun est qu'elles possèdent une expérience relativement importante à la fois en GCI et en GCO. Tout d'abord, il s'agit des entreprises du secteur privé, leaders ou challengers qui ont subi les vicissitudes du marché et ont dû s'engager dans des mutations stratégiques et structurelles. Elles ont, ainsi, vécu de profondes restructurations accompagnées d'une volonté hiérarchique de la Direction Générale d'élargir l'instrumentation stratégique afin de sortir de l'impasse. Ainsi, ces organisations ont été concernées par la mise en œuvre d'une politique globale de gestion des compétences (individuelles et organisationnelles). Le deuxième groupe d'entreprises concerne les organisations du secteur public, qui pour la plupart ont une situation de monopole mais sont contraintes de transformer leur management public en management privé afin de pouvoir rester compétitives au sein de l'intégration européenne. Ces organisations, sous la pression stratégique et hiérarchique de leur Direction Générale, ont mis en place de réelles politiques de gestion des compétences (individuelles et organisationnelles) et sont arrivées, à présent, à des degrés d'utilisation élevés. Leurs expériences dans ce domaine en font des modèles.

La classe A2 est constituée d'un groupe d'entreprises leaders ou au comportement de leaders sur leurs marchés. Elles ont vécu de profondes restructurations à la suite de performances économiques déclinantes. Aussi, le recours à la GCO peut être interprété comme une solution alternative. La DRH possédait depuis longtemps des outils extérieurs de GCI mais elle décide, désormais, de leur accorder une attention particulière en les réactualisant et en les développant.

La classe A3 est composée de filiales, d'entreprises en création, d'entreprises du service public qui possèdent la volonté de mettre en place une gestion des compétences individuelles mais celle-ci n'est pas formalisée, la politique de GRH est en démarrage ou en vitesse de croisière. En revanche, ces organisations positionnées dans des environnements concurrentiels instables, ont déjà acquis un niveau d'utilisation élevé dans la gestion de leurs compétences organisationnelles qui leur provient, en terme de concept et de méthodologie, pour la plupart d'entre elles, des entreprises-mères ou des organisations qui ont participé à leur création.

La classe B1 se compose d'organisations concernées par une politique de gestion des compétences (individuelles et organisationnelles) qui provient de la volonté de la DIRECTION GÉNÉRALE. Ayant dépassé la phase de réflexion, ces entreprises expérimentent les premiers outils qu'elles ont créés et semblent obtenir les premiers retours de cette politique sur le terrain.

La classe B2 est formée d'un groupe d'entreprises concernées par des modernisations, essentiellement, au niveau des politiques de ressources humaines. Ainsi, c'est à l'initiative du DRH qu'un processus de gestion des compétences individuelles a été initié. Celui-ci utilise principalement des outils extérieurs qu'il teste. Il n'est pas au stade de la création d'une instrumentation. Il évalue les besoins de l'organisation en terme de compétences individuelles actuelles et potentielles. Simultanément et sans rapport direct, une cellule de projet a pu être engagée dans une réflexion stratégique sur la gestion des compétences organisationnelles. Mais ce travail se positionne dans une première étape de réflexion. En synthèse, que ce soit au niveau de la GCI ou de la GCO, ces organisations semblent s'engager sérieusement dans la gestion de leurs compétences, mais elles n'en sont qu'aux étapes d'évaluation et de tests.

La classe B3 comprend à la fois des « organisations en vitesse de croisière » ou des entreprises qui se positionnent sur des marchés protégés. Bien qu'elles s'adaptent en permanence à leur concurrence, ces entreprises n'ont pas connu de restructuration retentissante. Leur situation financière est en progression continue ou stable. Si elles possèdent quelques instruments relatifs à une politique de gestion des compétences individuelles, celle-ci n'est pas formalisée et reste au niveau du discours.

La classe C1 symbolise des filiales « tranquilles » qui ne sont pas concernées pas de profondes restructurations pour l'instant, car elles n'ont pas de difficultés financières. Néanmoins, une politique de gestion des compétences individuelles leur a été imposée par la maison mère dans le cadre d'une modernisation et homogénéisation des politiques du groupe.

La classe C2 regroupe des organisations de tailles et de chiffre d'affaires moyens par rapport aux standards de l'échantillon. Elles adaptent leurs structures de façon permanente. La gestion des compétences individuelles a été imposée au DRH par la Direction Générale qui ne s'est pas engagée dans une politique de gestion des compétences organisationnelles, car le marché sur lequel elle œuvre ne l'a pas incité à le faire.

La classe C3 fait référence à des entreprises qui ne se sentent absolument pas concernées par une politique de gestion des compétences. Nous n'en n'avons pas rencontré dans notre échantillon. Mais, il est possible de présager que ce type d'organisation connaît une situation de déclin.

d° GCO	d° GCI faible — CLASSE 3	d° GCI moyen — CLASSE 2	d° GCI élevé — CLASSE 1
d° GCO fort — CLASSE A. *Entreprises ayant connu une « rupture » (financière ou commerciale) sur ses marchés ainsi qu'une forte restructuration*	Filiale ou entreprise en création ou service public. **Pas de GCI formalisée, car politique de GRH en vitesse de croisière ou en démarrage.** *Classe A3*	Entreprises leader qui ont vécu de profondes restructurations à la suite de performances économiques déclinantes. **GCI mise en place par la DRH.** *Classe A2*	Entreprises du secteur concurrentiel. Entreprises leaders ou challengers qui ont toutes subi des vicissitudes dans leurs performances économiques et ont vécu de profondes restructurations. Passage du secteur public au secteur privé. **GCI et GCO mises en place simultanément par la DIRECTION GÉNÉRALE.** *Classe A1*
d° GCO moyen — CLASSE B. *Marché maîtrisé. Adaptation en permanence de la structure*	Entreprises en vitesse de croisière ou sur des marchés protégés. Pas de restructuration retentissante. Pas de difficultés financières alarmantes. **Pas de GCI formalisée.** *Classe B3*	Entreprises qui vivent des modernisations au niveau de leur GRH tout en étant concernées et impliquées dans une GCO. **GCI mise en place par la DRH.** *Classe B2*	Entreprises de renommées et de tailles importantes. **GCI mise en place par la DRH.** *Classe B1*
d° GCO faible — CLASSE C. *Marché stable ou protégé. Pas de difficultés financières ou de remise en cause structurelle*	*Classe C3*	Pas de restructuration importante. **GCI imposée par la DRH.** *Classe C2*	Filiale. Restructuration en cours mais pas de difficultés financières. **GCI imposée par la maison mère et la DRH.** *Classe C1*
	d° GCI faible CLASSE 3. *GCI reste au niveau du discours. Niveau DRH*	**d° GCI moyen** CLASSE 2. *Importation et tests de quelques outils de GCI provenant d'autres entreprises ou de cabinets. Niveau DRH*	**d° GCI élevé** CLASSE 1. *Réelle volonté de la DG de mettre en place une politique GCI. création d'outils*

Les résultats présentés dans ce tableau n'engagent que la responsabilité de leur auteur. Les noms des entreprises n'ont pas été mentionnés pour raison de confidentialité.
© C. Dejoux, 1997
Éditions d'Organisation

Trois observations nous semblent importantes à souligner :

1re observation : **le niveau d'utilisation d'un processus de gestion des compétences individuelles est associé positivement à l'engagement de la hiérarchie (Direction Générale ou DRH) dans la prise de décision et la mise en œuvre de cette politique.**

Cette observation qui a première vue peut sembler évidente a pour objet d'interpréter les trois niveaux d'utilisation d'une GCI. En effet, toute nouvelle politique de GRH est coûteuse et lourde à gérer si elle s'applique à l'ensemble de l'organisation. Aussi, nous avons remarqué que la gestion des compétences individuelles peut exister sous trois formes progressives. Dans un premier temps, l'entreprise peut l'utiliser au niveau de son discours institutionnel interne et externe à travers le DRH. Puis, elle peut importer quelques outils provenant d'une coopération avec d'autres entreprises ou provenant d'une association avec un cabinet de conseil (bilans de compétences, évaluations stratégiques des compétences individuelles de quelques métiers cibles) et en tester l'application auprès des employés. Enfin, elle peut exister sous la forme d'un processus propre à l'organisation, édicté par la Direction Générale, ayant des objectifs précis, quantifiés et accompagnés de moyens financiers, humains et stratégiques tout en s'insérant dans la politique générale de l'organisation. Cette phase donne lieu, la plupart du temps, à l'élaboration d'une instrumentation spécifique aux besoins de l'organisation.

2e observation : **le niveau d'utilisation d'une gestion des compétences organisationnelles est associé positivement au niveau de la restructuration vécue au sein de l'organisation.**

En effet, il est possible d'observer que les organisations qui sont engagées dans une politique de gestion des compétences organisationnelles ont connu à un moment donné des difficultés économiques sur leurs marchés. Cette situation les a amenées à se restructurer et à envisager une approche stratégique complémentaire fondée sur la gestion de leurs ressources et plus particulièrement de leurs compétences d'entreprises. L'ampleur de la restructuration semble être associée positivement à la rapidité d'engagement dans une logique compétence. Il serait, nous semble-t-il, intéressant d'étudier les apports d'une GCO à la suite d'une restructuration dans le cadre d'une étude longitudinale.

3e observation: **il est possible de mettre en avant des caractéristiques liées à l'entreprise du niveau d'utilisation de la politique de gestion des compétences individuelles ou de la politique de gestion des compétences organisationnelles:**

- Un niveau d'utilisation faible en gestion des compétences individuelles se manifeste par un discours institutionnel intégrant la valorisation des compétences des employés.

- Un niveau d'utilisation moyen en gestion des compétences individuelles se concrétise par l'utilisation d'outils de détection, d'évaluation des compétences individuelles et de modules de formation à de nouvelles compétences provenant soit de cabinets extérieurs, soit de la maison mère, soit d'une autre entreprise. Il s'agit d'outils de « seconde main ».

- Un niveau d'utilisation élevé en gestion des compétences individuelles correspond à une détermination hiérarchique forte émanant, le plus souvent, de la Direction Générale, qui considère la gestion des compétences individuelles comme une priorité stratégique. La méthodologie utilisée est alors créée au sein de l'entreprise par le service ressources humaines qui peut faire appel à un cabinet de consultant en tant que conseil et non en tant que transfert de méthodologie.

Ces niveaux d'utilisation traduisent, également, des situations d'entreprises particulières:

- Un niveau d'utilisation faible en gestion des compétences de l'entreprise révèle que les organisations se situent plutôt sur des marchés stables ou protégés. Ces entreprises ne connaissent pas de difficultés financières. Elles n'ont pas vécu de refonte majeure de leur configuration organisationnelle.

- Un niveau d'utilisation moyen en gestion des compétences de l'entreprise renvoie à des organisations qui oeuvrent sur un marché maîtrisé. Néanmoins, leurs résultats significatifs sont dus à l'adaptation continue de leur structure.

- Un niveau d'utilisation élevé en gestion des compétences de l'entreprise fait référence à des organisations ayant connu une « rupture » (financière ou commerciale) sur leurs marchés. La plupart du temps, ces entreprises ont également vécu une restructuration en profondeur bouleversant aussi bien le nombre et le contenu des postes que les domaines et la nature des responsabilités. Ces bouleversements structurels ont eu des répercussions sur la politique des ressources humaines dans le sens d'une mise en place ou d'une modernisation de la gestion des compétences individuelles.

2. PROPOSITION
D'UNE MÉTHODOLOGIE
de l'approche globale
et agrégée
de la gestion des compétences,
outil de mise en place
du « Management de la Confiance »

Chercheurs et praticiens ont proposé de multiples méthodologies pour développer des approches séquentielles de gestion des compétences qui portent la plupart du temps sur une superposition de démarches ne s'intéressant qu'à une seul niveau d'analyse de la compétence (par exemple, l'arbre de M. Giget, 1998[1], dans lequel les compétences sont les racines de la compétitivité).

1. M. Giget, *La dynamique stratégique de l'entreprise*, Dunod, 1998.

Dès 1997, **nous nous sommes positionnés pour une approche globale de la gestion des compétences au lieu d'une approche séquentielle.** Ce choix se justifie par les raisons suivantes :
- Des résultats positifs dans l'étude de l'existence de relations entre une gestion des compétences individuelles et une gestion des compétences organisationnelles (C. Dejoux, 1997b).
- L'utilisation du concept de compétence comme point de repère dans les organisations décloisonnées. En effet, dans des entreprises qui évoluent vers des systèmes favorisant les approches en termes de processus et de transversalité, le salarié a toujours

besoin de référent. Or il ne peut plus se rattacher à un système hiérarchique fort comme celui qui a pu exister dans les configurations organisationnelles plus classiques. Un concept « protéiforme », c'est-à-dire, à plusieurs niveaux d'analyse, tel que les compétences peut être considéré comme un référent, un point de repère.

- L'utilisation du concept de compétence dans des domaines autres que celui de l'entreprise (l'Etat et la politique éducative de « la formation tout au long de la vie », les systèmes associatifs…).

2.1 Objectifs de l'approche globale et agrégée des compétences : harmoniser, opérationnaliser, communiquer

Ainsi, nous proposons **un modèle général qui s'inscrit autour de 3 étapes** incontournables, caractéristiques de toute approche stratégique (cf. : Schéma n° 13) :

- un diagnostic de l'utilisation du terme de compétence et de ses déclinaisons,
- une mise en place simultanée des processus de gestion des compétences par niveau d'analyse,
- une agrégation de ces différents processus de gestion des compétences en fonction des processus clé de l'entreprise et des compétences décrétées stratégiques par la Direction Générale.

Cette approche est dite globale car elle considère l'entreprise dans sa globalité avec ses ressources à la fois humaines (compétences individuelles et collectives), matérielles, immatérielle, sa culture, son historique, ses processus. L'entreprise est appréhendée comme un système ouvert vers les collaborateurs, les partenaires, les actionnaires, les clients.

La démarche méthodologique est détaillée au chapitre 6, pp. 271-275.

Cette approche est dite agrégée car elle commence par la mise en place de processus de gestion des compétences séparées qui seront ensuite agrégés autour des processus clé de l'entreprise.

Schéma 13
Objectifs de l'approche globale et agrégée des compétences

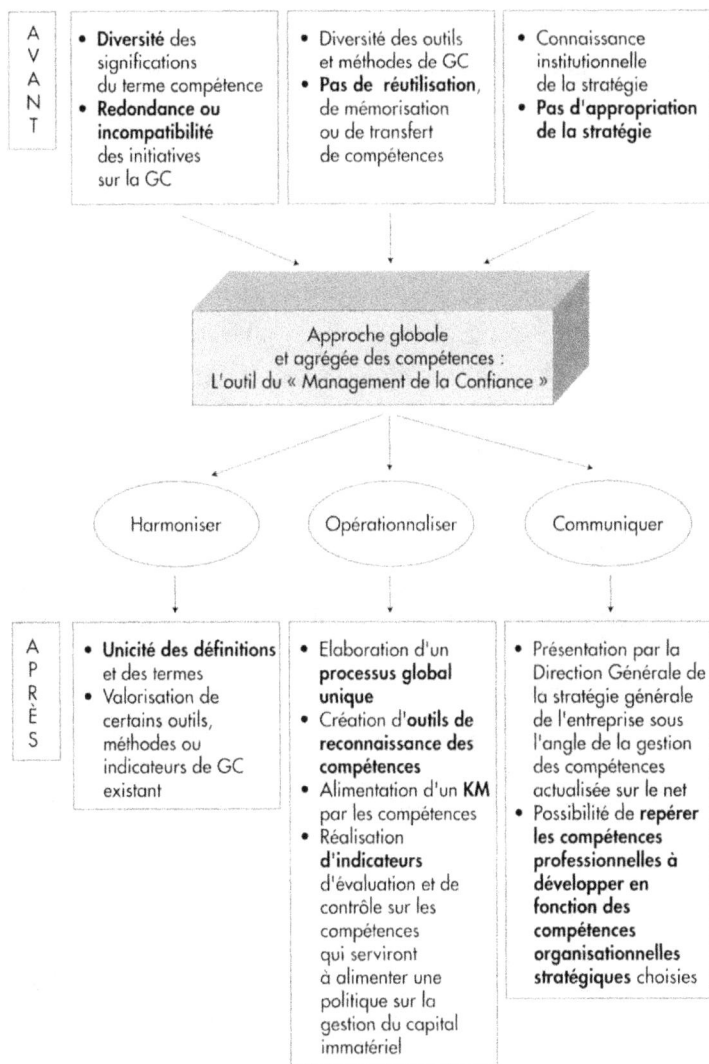

| A V A N T | • **Diversité** des significations du terme compétence
• **Redondance ou incompatibilité** des initiatives sur la GC | • Diversité des outils et méthodes de GC
• **Pas de réutilisation,** de mémorisation ou de transfert de compétences | • Connaissance institutionnelle de la stratégie
• **Pas d'appropriation de la stratégie** |

Approche globale
et agrégée des compétences :
L'outil du « Management de la Confiance »

Harmoniser   Opérationnaliser   Communiquer

| A P R È S | • **Unicité des définitions** et des termes
• Valorisation de certains outils, méthodes ou indicateurs de GC existant | • Elaboration d'un **processus global unique**
• Création d'**outils de reconnaissance des compétences**
• Alimentation d'un **KM** par les compétences
• Réalisation d'**indicateurs** d'évaluation et de contrôle sur les compétences qui serviront à alimenter une politique sur la gestion du capital immatériel | • Présentation par la Direction Générale de la stratégie générale de l'entreprise sous l'angle de la gestion des compétences actualisée sur le net
• Possibilité de **repérer les compétences professionnelles à développer en fonction des compétences organisationnelles stratégiques** choisies |

© C. Dejoux
Éditions d'Organisation

Considérée comme l'instrument principal du « Management de la Confiance », l'approche globale et agrégée des compétences vise trois objectifs complémentaires :

- **Harmoniser** tout ce qui existe au sein de l'entreprise sur les compétences dans une optique de recherche de cohérence. Il s'agit de :

- **Recenser**, valoriser et agréger toutes les actions ponctuelles de gestion des compétences afin de concevoir une démarche globale à partir de l'existant en s'appuyant sur un consensus élargi.

- **Opérationaliser** les processus de gestion des compétences en déclinant des outils et des indicateurs :

1. Il s'agira de faciliter le transfert des compétences afin qu'elles soient réutilisées individuellement ou collectivement.

Elaborer ou intégrer des outils dont le but sera de valoriser les compétences, de capitaliser [1] et de les mémoriser dans un système de **Knowledge Management** et de développer le niveau de confiance dans l'entreprise.

Le Knowlegde Management (KM) représente une démarche agrégée à tous les niveaux de l'entreprise qui vise à cerner les informations, connaissances et « savoir-faire mou » afin de les transformer en avantages concurrentiels grâce à un système de mémorisation, de capitalisation qui s'appuie sur les solutions technologiques du Web. Le KM traite l'aspect qualitatif des données existant dans l'entreprise. Par conséquent les compétences individuelles et organisationnelles sont par essence des matières premières du KM. Elles permettront d'alimenter ce système en amont.

Elaborer des **indicateurs** économiques quantitatifs (ratio) et qualitatifs afin d'évaluer et de contrôler par la suite le niveau de développement de la performance des processus de gestion des compétences.

EXEMPLE

L. Edvinson et M. Malone, 1999, proposent des indicateurs évaluant la progression des compétences professionnelles et des compétences organisationnelles afin d'arriver au calcul de « la valeur financière du Capital immatériel » et de son niveau d'utilisation du Capital immatériel qui correspond à ce qu'il donnent un « coefficient d'efficacité du Capital immatériel ».

- **Communiquer** en interne et en externe une synthèse des inter-relations entre les compétences professionnelles stratégiques et les compétences organisationnelles stratégiques.

Partager ce type d'information stratégique ne doit pas être considéré comme une perte de pouvoir mais plutôt comme une tendance de fond dans laquelle s'engagent les entreprises du savoir.

En tant que domaine confidentiel, la connaissance de la stratégie de l'entreprise est limitée. Aussi, les collaborateurs ne peuvent visualiser leur implication personnelle au niveau de la stratégie globale de l'entreprise. Or, présenter les axes stratégiques de l'entreprise sous l'angle des compétences individuelles, collectives et organisationnelles stratégiques a l'avantage de donner au collaborateur les moyens pour qu'il évalue le niveau de développement auquel se trouvent ses compétences. Il pourra également se rendre compte si ses compétences individuelles contribuent au déploiement des compétences organisationnelles que l'entreprise a définies comme stratégiques. Ainsi, il est de sa responsabilité de se poser un certain nombre de questions telles que :

- dans quels champs d'activité mes compétences professionnelles peuvent être développées ?
- quelles compétences professionnelles ai-je intérêt à développer en fonction des compétences organisationnelles stratégiques sur lesquelles l'entreprise investit ?

Un collaborateur peut être très compétent dans certains registres actuellement encore utiles mais qui tendent à disparaître. Aussi, sera-t-il de sa responsabilité de demander des formations pour acquérir des compétences professionnelles en phase avec les compétences organisationnelles stratégiques.

Cette opportunité va dans le sens actuel de la responsabilisation des employés dans leur développement personnel.

Le salarié qui s'informera régulièrement sur la stratégie de l'entreprise en se référant à la carte des processus et des compétences, pourra solliciter une formation individualisée afin de développer un compétence individuelle requise pour le développement d'une compétence organisationnelle stratégique. Cette initiative, propre à comportement proactif, peut être imaginée s'il existe un outil tel que le diagramme des processus et des compétences.

La présentation de **l'approche globale et agrégée des compétences** peut également se faire de la manière suivante :

Niveau 1 : Repérage et Reconnaissance

Il s'agit de repérer (de façon sélective ou exhaustive) le "potentiel compétences" d'un personne, d'un groupe ou de l'entreprise, de l'évaluer, de le valoriser en termes d'action de reconnaissance et de le projeter dans le temps en fonction des objectifs stratégiques de la firme.

Ce niveau permet d'imaginer les métiers, les services ou les secteurs d'activité en émergence en les concevant dès le départ d'une façon transversale avec les métiers de l'entreprise et de ses partenaires.

Niveau 2 : Stockage et Capitalisation

Ce stade aura tout avantage à être intégré avec les système de Gestion des Connaissances ou Knowledge Management de l'entreprise et de ses partenaires si il existe par exemple des échanges de données informatiques. Il a pour double objectif, d'une part de constituer le capital mémoire de l'entreprise (fonction stockage), puis de concevoir un système permettant l'utilisation optimale des ressources immatérielles et enfin, d'identifier dans une première sélection ce qui peut être réutilisé dans le futur (fonction capitalisation).

Niveau 3 : Partage, transfert et communication

Cette étape a pour vocation de favoriser la mobilité des compétences dites stratégiques dans l'entreprise et avec ses partenaires. Les objectifs peuvent être divers et variés: les compétences peuvent être considérées comme une monnaie d'échange, un outil de communication, un objet d'externalisation potentiel en fonction de différentes cibles que nous allons évoquer.

2.2 Les cibles de l'approche globale et agrégée des compétences : les collaborateurs, les actionnaires, les clients

La méthodologie proposée souhaite atteindre parallèlement les partenaires internes et externes à l'entreprise, à savoir les collaborateurs, les actionnaires et les clients (cf. : Schéma n° 14) :

Schéma 14
Les 3 cibles de l'approche globale et agrégée des compétences

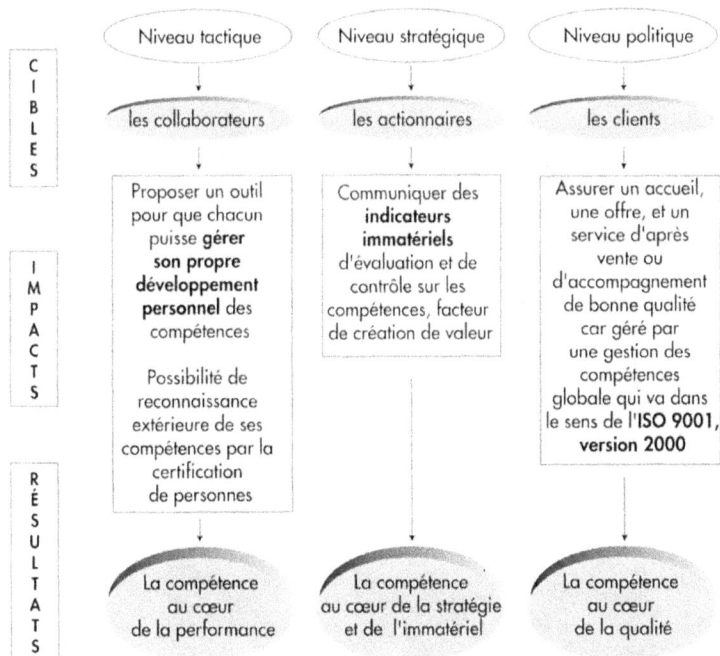

	Niveau tactique	Niveau stratégique	Niveau politique
C I B L E S	les collaborateurs	les actionnaires	les clients
I M P A C T S	Proposer un outil pour que chacun puisse **gérer son propre développement personnel** des compétences Possibilité de reconnaissance extérieure de ses compétences par la certification de personnes	Communiquer des **indicateurs immatériels** d'évaluation et de contrôle sur les compétences, facteur de création de valeur	Assurer un accueil, une offre, et un service d'après vente ou d'accompagnement de bonne qualité car géré par une gestion des compétences globale qui va dans le sens de l'**ISO 9001, version 2000**
R É S U L T A T S	La compétence au cœur de la performance	La compétence au cœur de la stratégie et de l'immatériel	La compétence au cœur de la qualité

© C. Dejoux
Éditions d'Organisation

2.3. Proposition d'une méthodologie générale de l'approche globale et agrégée des compétences

La méthodologie proposée se situe dans un cadre très général afin de pouvoir recouvrir un maximum de cas d'entreprises. Initiée par la Direction Générale comme axe majeur d'un « Management de la Confiance », son poids sera amplifié.

Schéma 15

Proposition d'une méthodologie générale pour une approche globale et agrégée des compétences

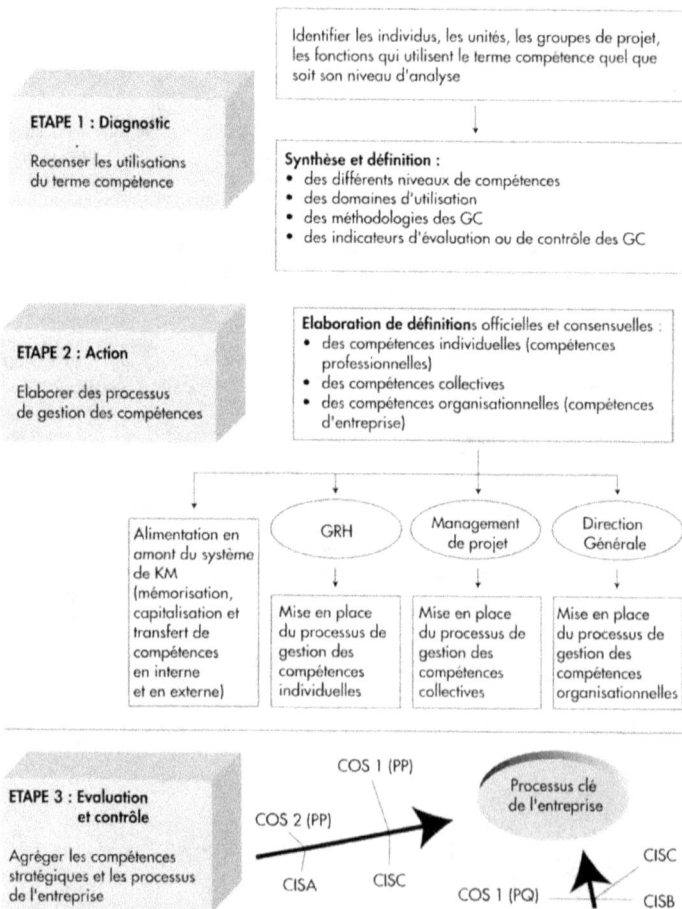

ETAPE 1 : Diagnostic

Recenser les utilisations du terme compétence

Identifier les individus, les unités, les groupes de projet, les fonctions qui utilisent le terme compétence quel que soit son niveau d'analyse

Synthèse et définition :
- des différents niveaux de compétences
- des domaines d'utilisation
- des méthodologies des GC
- des indicateurs d'évaluation ou de contrôle des GC

ETAPE 2 : Action

Elaborer des processus de gestion des compétences

Elaboration de définitions officielles et consensuelles :
- des compétences individuelles (compétences professionnelles)
- des compétences collectives
- des compétences organisationnelles (compétences d'entreprise)

Alimentation en amont du système de KM (mémorisation, capitalisation et transfert de compétences en interne et en externe)	GRH	Management de projet	Direction Générale
	Mise en place du processus de gestion des compétences individuelles	Mise en place du processus de gestion des compétences collectives	Mise en place du processus de gestion des compétences organisationnelles

ETAPE 3 : Evaluation et contrôle

Agréger les compétences stratégiques et les processus de l'entreprise

COS 1 (PP)

COS 2 (PP)

CISA   CISC

Processus clé de l'entreprise

CISC

COS 1 (PQ)   CISB

© C. Dejoux
Éditions d'Organisation

Etape 1 : Diagnostic des « niveaux de compétence en présence »

L'objectif consiste à faire un premier état des lieux sur les actions menées de façon autonome par des individus ou des groupes qui, selon leur propre mode de fonctionnement, utilisent une facette du concept de compétence, imaginent des outils méthodologiques, des indicateurs adaptés à leur activité pour développer une forme de gestion des compétences.

- **Recenser** à l'aide d'un questionnaire (outil A) les groupes, unités, ou fonctions qui opérationalisent le concept de compétence et ses domaines d'utilisation

Ces initiatives personnelles ou collectives non officialisées sont tout à fait positives, car elles symbolisent l'émergence du besoin de rationaliser et de structurer un concept fédérateur. Aussi, est-il important de les repérer et d'éviter le risque de l'utilisation de mots identiques qui revêtent des sens différents.

Cette phase a pour effet positif :
- de reconnaître les actions menées en termes de compétences et de les encourager,
- d'évaluer le niveau d'adhésion des collaborateurs à ce concept,
- d'évaluer si le concept est imposé par l'extérieur à travers les partenaires, les clients ou si il émerge d'initiatives internes,
- de mettre en avant des outils qui pourront être repris et déclinés officiellement au niveau de l'institutionnalisation d'une démarche globale et agrégée des compétences.

- **Réaliser un tableau de synthèse** (outil B) sur l'état des lieux de l'utilisation spontanée du concept de compétence dans l'entreprise.

Ce document peut devenir le point de départ d'une approche globale et agrégée des compétences. Il permet à la Direction Générale de s'appuyer sur l'existant, le terrain en valorisant des démarches sporadiques liées à des initiatives personnelles ou collectives.

- Réaliser la **pyramide de la gestion des compétences de l'entreprise** (outil C).

Cet outil permet de visualiser tous les niveaux de compétences stratégiques de l'entreprise et par conséquent ceux qu'elle aura l'opportunité de développer ou de consolider. Cet outil nous semble révélateur de la stabilité de l'équilibre qui peut exister entre les différents processus de gestion des compétences.

Accessoirement deux autres phases sont proposées :
- Déterminer le niveau de maturité de la mise en place de chaque étage de la pyramide de la gestion des compétences afin d'élaborer des indicateurs.
- Mettre en avant les expériences pilotes réussies qui pourront servir d'exemples.

Etape 2 : Action par intégration des processus de gestion des compétences

Cette étape consiste à élaborer des **plans d'action** et à les décliner autour d'une définition institutionnelle des compétences et d'une terminologie qui en découle. Ainsi les principaux supports que nous proposons sont :
- un **dictionnaire** interne qui permettra de préciser les concepts des différents niveaux d'analyse de compétences et la terminologie induite.
- Une intégration de la gestion des compétences dans le système de **Knowledge Management**. L'avantage est triple. Tout d'abord, il permet d'informatiser et d'actualiser naturellement certains outils comme « la pyramide de la gestion des compétences », « la cartographie des compétences et des processus », le dictionnaire. Ensuite, le responsable du KM dans l'entreprise peut être sollicité pour superviser l'approche globale et agrégée des compétences. Enfin, grâce au KM, les compétences, quel que soit leur niveau d'analyse pourront être stockées et constituer la mémoire de l'entreprise.
- La mise en place d'un **processus de gestion des compétences individuelles par la DRH** avec les outils qui y sont associés (système d'évaluation individuelle fondé sur les compétences, référentiels de compétences, rémunération intégrant le développement des compétences, formations individualisées ou en groupe,…).
- La mise en place d'un **processus de gestion des compétences collectives** peut être dirigée par le responsable des projets de l'entreprise. Les groupes de projets construisent des compétences spécifiques aux thématiques ou aux participants. Aussi, il

est intéressant de les repérer afin de les mémoriser et peut-être dans un autre contexte de tenter de les « reprovoquer ». En effet, une compétence n'existe que dans l'action à un instant T.

- La mise en place d'un **processus de gestion des compétences organisationnelles** piloté par la Direction Générale. De nombreux cabinets de consultants proposent des démarches exhaustives ou sélectives permettant d'identifier les « savoir-faire organisationnels ».

Ces trois processus ont pour objectif d'homogénéiser les expériences isolées, de rassembler les équipes autour d'outils directement applicables, de créer une synergie autour de la thématique de la compétence.

Etape 3 : Evaluation et contrôle des compétences stratégiques

Cette phase s'appuie sur la cartographie des processus clés de l'entreprise (par exemple : le processus qualité PQ ; le processus production PP). Elle comprend deux étapes :
- Elle met en relation les compétences organisationnelles stratégiques (COS) qui interviennent dans le processus clé de l'entreprise et peut être formulée par la question suivante : « Quelles sont les compétences organisationnelles clés à développer à court, moyen ou long terme en fonction des principaux processus de l'entreprise ? »
- Puis pour chaque compétence organisationnelle stratégique sont identifiées les compétences individuelles stratégiques nécessaires (CIS).

Une synthèse est construite sous la forme d'une cartographie. Elle peut être communiquée sur l'intranet afin que chaque collaborateur puisse envisager le lien entre ses propres compétences individuelles et les compétences organisationnelles stratégiques de la firme. Une compétence individuelle stratégique peut être recherchée dans plusieurs compétences organisationnelles stratégiques. Ainsi, le collaborateur peut se poser la question : « Quelles compétences individuelles stratégiques dois-je développer ou acquérir pour être en phase avec les compétences organisationnelles clés, symboles des objectifs stratégiques de la firme à terme ? »

Ces deux phases donnent lieu à une cartographie générale des processus et des compétences.

2.4 Les outils

La méthodologie est appliquée à partir de la création et de la mise en place d'outils.

Schéma 16

Les outils de l'approche globale et agrégée des compétences

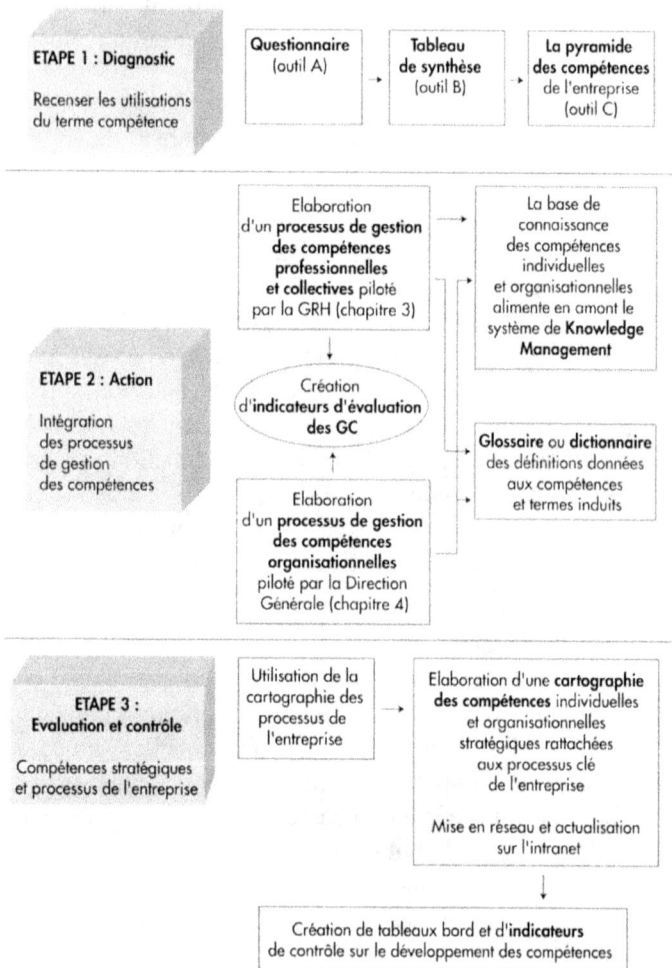

ETAPE 1 : Diagnostic

Recenser les utilisations du terme compétence

| Questionnaire (outil A) | → | Tableau de synthèse (outil B) | → | La pyramide des compétences de l'entreprise (outil C) |

ETAPE 2 : Action

Intégration des processus de gestion des compétences

Elaboration d'un **processus de gestion des compétences professionnelles et collectives** piloté par la GRH (chapitre 3) → La base de connaissance des compétences individuelles et organisationnelles alimente en amont le système de **Knowledge Management**

Création d'**indicateurs d'évaluation des GC**

Elaboration d'un **processus de gestion des compétences organisationnelles** piloté par la Direction Générale (chapitre 4) → **Glossaire** ou **dictionnaire** des définitions données aux compétences et termes induits

ETAPE 3 : Evaluation et contrôle

Compétences stratégiques et processus de l'entreprise

Utilisation de la cartographie des processus de l'entreprise → Elaboration d'une **cartographie des compétences** individuelles et organisationnelles stratégiques rattachées aux processus clé de l'entreprise

Mise en réseau et actualisation sur l'intranet

Création de tableaux bord et d'**indicateurs** de contrôle sur le développement des compétences

© C. Dejoux
Éditions d'Organisation

Etape 1 : Diagnostic

- **Questionnaire** sur l'utilisation du concept de compétence (outil A)

Les thèmes suivants peuvent être abordés :
- le niveau d'utilisation du concept de compétence
- les définitions associées aux termes compétences
- les outils qui font référence à l'utilisation des compétences
- les indicateurs d'évaluation et de contrôle
- le ressenti de l'efficacité de cette notion

- Tableau de **synthèse sur le recensement** de l'utilisation des niveaux de compétences (outil B)

	Compétences individuelles	Compétences collectives	Compétences organisationnelles
Espace d'utilisation ❑ individuel ❑ unité ❑ fonction ❑ autre ❑ fournisseurs ❑ partenaires ❑ autres			
Définition			
Date du début de l'utilisation			
Exemples de méthodologie			
Processus affectés			
Mode de reconnaissance			
Indicateurs d'évaluation			
Indicateurs de contrôle			
Avis sur effets positifs			
Avis sur effets négatifs			

Etape 2 : Plan d'action

- La **pyramide de la gestion des compétences,**
  (cf. : Schéma n° 17)

L'objectif de cet instrument consiste à visualiser les différents niveaux d'analyse du concept de compétence.

La forme de la pyramide se justifie car plus le niveau de compétence concerne l'organisation et la stratégie de l'entreprise, plus le nombre de compétences est réduit.

Schéma 17
« Pyramide de la gestion des compétences », C. Dejoux, 1997 b

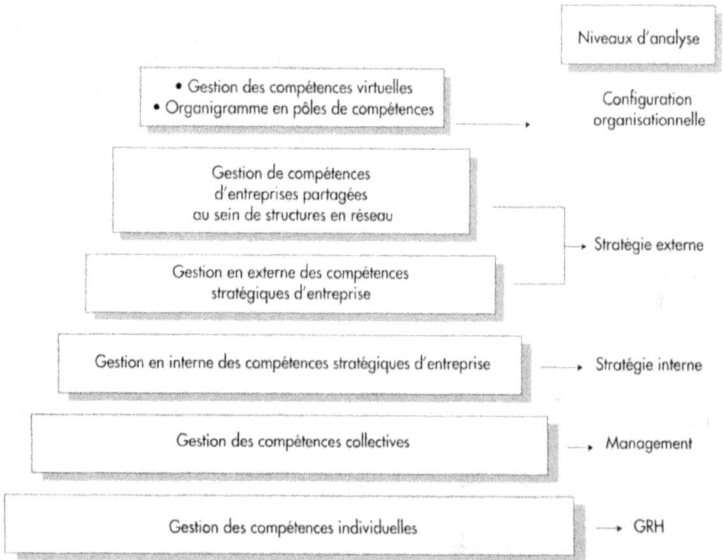

Niveaux d'analyse

- Gestion des compétences virtuelles
- Organigramme en pôles de compétences

Configuration organisationnelle

Gestion de compétences d'entreprises partagées au sein de structures en réseau

Gestion en externe des compétences stratégiques d'entreprise

Stratégie externe

Gestion en interne des compétences stratégiques d'entreprise — Stratégie interne

Gestion des compétences collectives — Management

Gestion des compétences individuelles — GRH

Ce modèle propose une approche globale de la compétence. Il intègre les différents niveaux d'analyse mentionnés ci-dessus. En effet, tel le fonctionnement de la pyramide de Maslow, nous avons montré, (C. Dejoux, 1997), que la plupart des organisations s'intéressent au concept et à la gestion de la compétence du niveau n +1 lorsqu'elles ont atteint un certain niveau d'utilisation dans le niveau n. Mais comme nous l'avons constaté, les organisations ne débutent pas toutes par une gestion des compétences individuelles. Les voies d'entrée dans la pyramide existent à tous les niveaux. Aussi, il nous semble, que celles qui débutent par un niveau n +1 le fasse à la suite d'une rupture importante [1]. Mais, très rapidement, elles sont amenées à s'engager dans un niveau n, au risque de ne pas être performantes dans le temps au niveau n +1.

Cette pyramide est composée de 4 niveaux :

1. Par exemple :
pour le niveau
organisationnel :
restructuration imposée par
la maison mère
pour le niveau
organisationnel : OPA ou
absorption ou fusion

1. **Le niveau individuel** concernant les compétences des employés, gérées par la DRH.

2. **Le niveau collectif** concernant la compétence collective, gérée par tout responsable hiérarchique d'un groupe (management en continu, ou ponctuel dans le cadre d'un projet).

3. **Le niveau stratégique** concernant la compétence organisationnelle. En interne, l'entreprise devra repérer et maximiser ses compétences stratégiques. En externe, elle pourra partager au sein d'un réseau de firmes quelques compétences de l'entreprise, qui ne sont pas forcément des compétences stratégiques. Cette thématique est étudiée en stratégie dans le cadre de « la théorie des Ressources ».

4. **Le niveau structurel** concernant les compétences des entreprises virtuelles ou les organisations dont la structure hiérarchique est fondée sur des « pôles de compétences ».

Dans le prolongement de ce travail, plusieurs perspectives de recherche semblent se dégager.

En premier lieu, il nous semble important de mentionner la piste de recherche qui permettrait de préciser la relation de causalité entre les organisations qui possèdent un niveau élevé en gestion des compétences de l'entreprise et le fait qu'elles détiennent des rentes dans le temps. Comment évaluer ces rentes ? Quels sont les facteurs qui influencent la durée de vie des ces rentes ? Peut-on définir un niveau « d'incompétence organisationnelle » (application du principe de PETER [2] aux compétences de l'entreprise [3]) ? Suffit-il d'accéder à un « niveau d'incompétence organisationnelle » pour que la rente disparaisse ou constitue-t-elle un acquis ?

2. Peter J.-P., Hull R. Le principe de Peter : Chaque employé tend à s'élever à son niveau d'incompétence, Les éditions de l'homme, 1992.

3. Le principe de PETER est le suivant « Dans une hiérarchie, tout employé a tendance à s'élever à son niveau d'incompétence... Avec le temps, tout poste sera occupé par un employé incapable d'en assumer la responsabilité » Peter J.-P., Hull R., 1992, pp. 27-28.

En second lieu, il nous semble intéressant de souligner la piste de recherche qui consiste à définir une typologie des entreprises qui organisent leur ligne hiérarchique et leur structure autour de « pôles de compétences de l'entreprise ». Ces pôles sont-ils formés de « compétences de l'entreprise potentielles » ou de « compétences stratégiques organisationnelles actuelles » ? Quels sont les principes de fonctionnement de ce type de configuration organisationnelle ? Quels avantages les entreprises en attendent-elles et en retirent-elles ?

Etape 3 : Evaluation et contrôle

• Diagramme des processus et des compétences (outil C)

Cet outil ayant pour vocation d'évoluer très vite, il nous semble important de le présenter de façon schématique sur l'intranet de l'entreprise afin de lui conférer un caractère actualisé.

Il s'agit :
- de concevoir la cartographie des principaux processus de l'entreprise,
- d'identifier les compétences organisationnelles stratégiques qui affectent chacun de ces processus clé,
- de repérer les compétences individuelles qui permettent la mise en œuvre des compétences organisationnelles stratégiques.

3. LA GESTION DES COMPÉTENCES GLOBALE
et agrégée facilite la création de valeur par les individus, les groupes et les process

Aujourd'hui, la création de valeur correspond à la finalité de l'organisation. Pour les financiers, elle doit être dirigée principalement à destination des actionnaires. Mais la valeur est une notion transversale qui peut avoir différentes formes. Créer de la valeur, pour une entreprise, cela signifie développer trois pôles de valeur qui progresseront mutuellement s'ils ne sont pas déséquilibrés. Il s'agit de pôles centrés autour des clients, des salariés et des actionnaires.

Un processus de création de valeur en direction d'un de ces groupes d'acteurs peut être considéré comme un cercle vertueux qui entrera en résonance ou déclenchera un processus de création de valeur avec le second groupe et ainsi de suite. Par exemple, créer de la valeur pour les clients a pour conséquence d'augmenter leur fidélité, d'obtenir de nouveaux clients et d'accroître le chiffre d'affaires et le profit.

THÉORIE

N. Jolis[1], 1999 , pense que « *la présence de compétences doit se traduire par des signes émis à l'intention du consommateur* ».

L'augmentation du profit constitue une création de valeur pour les actionnaires (dividendes pouvant être augmentés) et pour les salariés (augmentation des rémunérations ou amélioration des conditions de travail par exemple).

1. N. Jolis, *La compétence au cœur du succès de votre entreprise*, Ed. d'Organisation, 1999.

Il nous semble intéressant de montrer des exemples de gisements de création de valeur en fonction des différents niveaux d'analyse du concept de compétence (cf: Schéma n°s 18 et 19) :

Schéma 18
Compétences et création de valeur

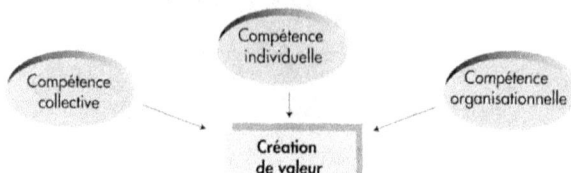

Schéma 19
Gestion des compétences individuelles, collectives et organisationnelles et gisements de création de valeur (C. Dejoux, Gestion 2000, 2000)

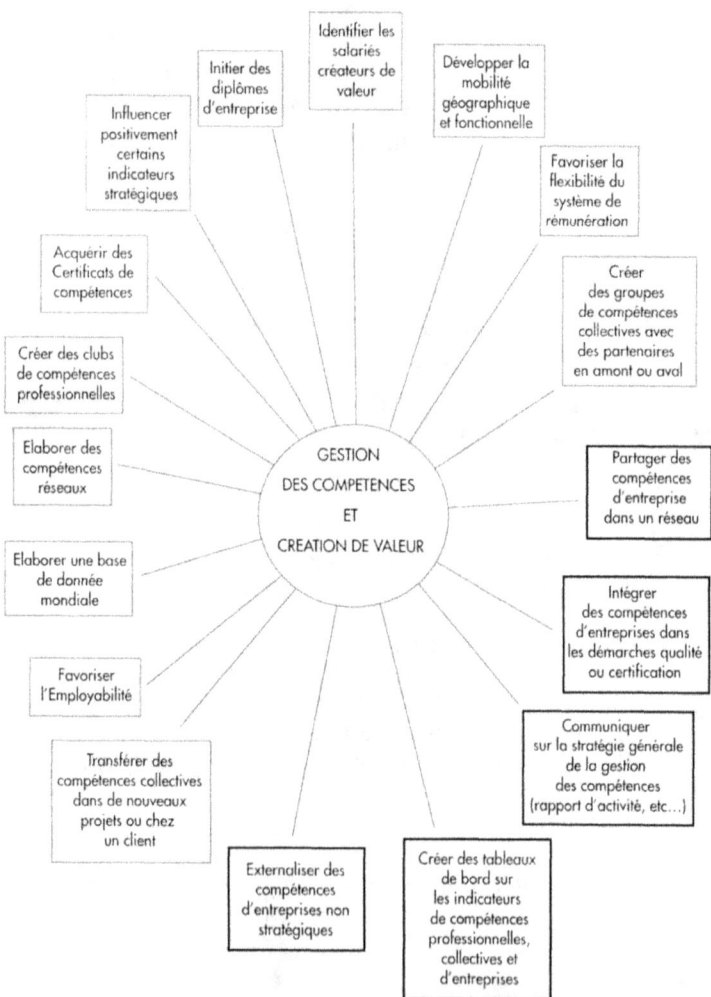

Cette représentation met l'accent sur des exemples de gisement de création de valeur en fonction des niveaux d'analyse du concept de compétences (compétence individuelle, compétence collective, compétence d'entreprise). Quelques exemples de gisement de création de valeur seront développés par la suite.

3.1 Identification des salariés créateurs de valeur

THEORIE

Comme le souligne, Tonnelle, 1999[1], le DRH doit définir une politique de ressources humaines spécifique pour les salariés qui créent de la valeur mesurable. *« Cela ne signifie pas que les salariés qui produisent moins de valeur sont oubliés mais simplement qu'ils sont traités selon une ligne bien définie »*. Ainsi la mission du DRH consiste à identifier avec précision et en s'appuyant une gestion des compétences, les métiers, les populations, les compétences qui permettent d'asseoir un avantage sur la concurrence. Une politique maîtrisée de la gestion des compétences permettra à un DRH *« d'identifier, ou de faire identifier, les populations qui feront la différence à l'avenir, celles qui permettront à l'entreprise, parce qu'elle aura pris les devants avec une politique des ressources humaines centrées sur elles, de gagner sur ses marchés »*.

1. A. Tonnelle, « Le nouveau rôle des DRH », l'*Expansion Managment Review*, mars 1999, pp. 103-107.

3.2 Développement de la flexibilité des systèmes de rémunération

Un processus de gestion des compétences complet a des répercussions sur la rémunération. La gestion des compétences va dans le sens de l'individualisation des salaires et de la valorisation du développement personnel au sens de la prise d'initiative, du partage des informations etc.. Ainsi la prise en compte, même partielle, des compétences dans la rémunération permet de motiver les salariés en phase avec la politique de gestion des ressources humaines.

3.3 Création de diplômes d'entreprise

THEORIE

1. N. Jolis, *La compétence au cœur du succès de votre entreprise,* Ed. d'Organisation, 1999.

N. Jolis, 1999[1], rapporte l'expérience de la FCD (Fédération des entreprises du commerce et de la distribution) qui a mis en place un projet d'attestation d'acquisition de compétences. Il s'agit de délivrer une attestations aux jeunes qui effectueraient *« des stages, missions, apprentissages, CDD dans des structures relevant de la branche du commerce et de la distribution : Cette mesure permettra au jeune, par cette reconnaissance, de garantir et d'accroître son employabilité au sein de la profession, mais aussi dans d'autres secteurs professionnels ».*

Un tel système s'apparente à la délivrance de « diplômes d'entreprises » dont *« les procédures d'examen et de validation ne peuvent pas, ou en tout cas peuvent difficilement réunir des garanties d'objectivité et d'homogénéité semblables aux préoccupations et aux pratiques des délivrances de diplômes scolaires ».*

3.4 Elaboration de clubs de compétences

Une des conséquences d'une politique maîtrisée de la gestion des compétences pourrait être de transférer la compétence d'un individu à un groupe ou de permettre la création de compétences collectives.

THEORIE

2. P. Maret, J.-M. Pinon, *Ingénierie des savoir-faire: compétences professionnelles et mémoire collective,* Hermes, 1997.

P. Maret et J.-M. Pinon, 1997[2], proposent de créer des « Ateliers de Gestion des Savoir-Faire » afin de promouvoir la circulation des compétences acquises par les acteurs. *« Le système doit pouvoir prendre en compte les savoir-faire individuels ainsi que les savoir-faire communs, partagés par un groupe de personnes voire par une organisation ».* Un des prolongements envisageables de cette approche consiste à concevoir *« des clubs de compétences »* qui au-delà du partage des compétences prolongeraient la réflexion jusqu'à chiffrer la rentabilité d'investissement d'une compétence, la valeur dégagée par sa capitalisation et sa réutilsiation.

3.5 Mise en forme
d'une base de données mondiale

Le traitement et la gestion de l'information constitue une caractéristique incontournable d'une entreprise performante. La gestion des compétences fait partie des données fondamentales de l'entreprise. Elle est uniformisée dans ses principes et sa forme au sein des organisations mondiales. Aussi, les banques de données sur les compétences professionnelles élaborées grâce aux entretiens annuels sont des instruments stratégiques. Par exemple, elles servent à constituer des groupes de projet, à échanger des personnes entre filiales, à maximiser la gestion des potentiels humains et à placer les « bonnes compétences » aux « bons endroits ».

3.6 Mise en place des compétences en réseaux

Suite aux stratégies d'externalisation des activités considérées comme trop éloignées du cœur de métier de l'organisation, il apparaît aujourd'hui une véritable tendance à développer des stratégies de partenariats fondées sur un partage de compétences professionnelles.

Ainsi le développement de la gestion des compétences a permis d'identifier les compétences pouvant être mises en commun dans le cadre de réseaux d'entreprises. Cette nouvelle forme de flexibilité du travail constitue un gisement de valeur pour l'entreprise.

3.7 Développement de l'employabilité

L'employabilité correspond à la capacité d'un individu à conserver et développer son emploi ou à en retrouver un autre. La gestion des compétences a pour objectif d'accroître l'employabilité des salariés en développant leur portefeuille de compétences. Ainsi, la valorisation de l'employé se diffuse de l'entreprise au marché de l'emploi.

3.8 Acquisition de certificats de compétences

Dans les pays anglo-saxons et surtout en Angleterre, il existe une politique de gestion des compétences initiales au niveau de la politique de formation du pays. En effet, le système de formation initiale offre trois voies d'accès : la filière générale, la filière professionnelle et les GNVQs qui correspondent à une validation des compétences professionnelles de l'étudiant sans que celui-ci ne soit obligatoirement passé par un enseignement théorique. Dans le cadre du marché du travail, un système de reconnaissances des compétences professionnelles par secteur d'activité et par métier a été lancé depuis 1986 sous le nom de NVQs. Ce système permet à tout candidat qui le souhaite d'acquérir par l'intermédiaire ou en dehors de son entreprise un attestation de qualification de compétences reconnues internationalement.

Ainsi, la gestion des compétences existe à la fois au sein des organisations et au niveau des politiques de formation initiale et continue dans certains pays. En France, la certification des compétences est un phénomène émergent qui prend de plus en plus de vitesse dans le secteur des services grâce à la démarche mise en place par les Chambres de Commerce et d'Industries depuis 1997.

3.9 Action positive
sur certains indicateurs stratégiques

Dans les actes du colloque du MEDEF, 1998, la relation entre la gestion des compétences et la création de valeur pour l'entreprise n'est absolument pas évoquée et ne donne pas lieu à un débat de fond. Seuls quelques résultats de gestion substantiels obtenus grâce à une GPEC sont mentionnés. Les entreprises participant au congrès constituent un échantillon hétérogène par leur taille et leur secteur d'activité mais elles restent représentatives des pratiques de gestion des compétences. Aussi, il a nous semblé intéressant, de relever les exemples suivants, concernant l'impact d'une gestion des compétences professionnelles sur certains indicateurs :

EXEMPLE

Baisse de l'absentéisme (MORINGTON HOTEL, Suède)
Diminution du coût du personnel (MORINGTON HOTEL, Suède)
Gains sur les délais de livraison (SIEMENS, Allemagne)
Augmentation des ventes (ABB, Suède).

Au-delà de la création de valeur, la gestion des compétences crée des relations de confiance. Nous en avons identifié quelques exemples (cf. schéma 20) :

Schéma 20
Gestion des compétences, création de valeur et création de confiance

En proposant une démarche en **phase avec l'évolution des organisations** caractérisée par la recherche de rapidité, de flexibilité et de reconnaissance

En intégrant une démarche fondée sur **la qualité ou la certification** qui mise sur le développement des performances organisationnelles et humaines

Approche globale et agrégée des compétences, création de valeur, création de confiance ?

En tissant des relations entre la **stratégie, la GRH et le management** grâce à un concept transversal et opérationnel

En proposant aux actionnaires des **indicateurs** évaluant la performance d'une partie du **capital immatériel** de l'entreprise

En développant **la motivation et la qualité de service des employés** par un système de reconnaissance extérieur (la certification des personnes) de l'expérience professionnelle acquise dans l'entreprise

En demandant à un organisme indépendant de créer un **baromètre** sur le niveau de maturité de la gestion globale des compétences qui peut servir de signal aux clients

© C. Dejoux
Éditions d'Organisation

Conclusion

Ce chapitre expose les différents niveaux d'analyse du concept de compétence (la compétence individuelle, la compétence collective, la compétence organisationnelle) en les situant dans leurs contextes d'origine.

Parallèlement des outils méthodologiques sont proposés afin que le manager puisse mettre en pratique l'approche globale et agrégée préconisée comme le pivot du « Management de la Confiance ». L'idée majeure consiste à identifier et promouvoir en interne les compétences stratégiques (quelque soit le niveau d'analyse) en les reliant directement aux processus stratégiques de la firme.

L'apport d'une telle conception consiste à situer la gestion des compétences dans une perspectives de création de valeur pour les salariés, les actionnaires, les clients. Des exemples de gisement de création de valeur et de création de confiance sont mis en avant.

Les compétences individuelles et collectives,
au cœur de la performance

La problématique

Le concept de compétence individuelle dépasse largement le champ des Sciences de Gestion. Aussi, une lecture transdisciplinaire est proposée afin de mettre en avant les facteurs récurrents de cette notion.

Un approfondissement théorique est réalisé et aboutit à une représentation du concept de compétence dans une perspective opérationnelle

Le concept de compétence collective, assez récent au niveau théorique mais très présent dans les groupes de projets. Il est développé à partir de sa définition et de ses composants et mis en relation avec le concept de compétence individuelle.

Les idées-clé

La compétence individuelle est au cœur des discours des Directions Générales et des DRH des entreprises privées et publiques car elle répond actuellement à un faisceau de besoins clairement identifiés : les mutations technologiques, la dématérialisation du travail, les aléas du marché de l'emploi etc…

Certaines méthodologies ont démontré leurs performances dans les organisations : la méthode ETED, « Développement et Emploi », la méthode Hay etc...Elles seront développées en annexe nᵒˢ 1, 2.

Un processus global de gestion des compétences individuelles est mis en avant. Il est construit autour de 3 étapes invariantes : l'évaluation des compétences, la diffusion des outils, l'informatisation du processus.

> *Au niveau de la forme ce chapitre s'adresse plus particulièrement aux DRH, aux chercheurs, à toute personne intéressée par les fondements théoriques du concept de compétence individuelle et collective.*

Les mots-clé de recherche pour internet

Compétence individuelle, compétence collective, organisation qualifiante, informatisation de processus, évolution des pratiques de GRH.

Chapitre III

Les compétences individuelles et collectives, au cœur de la performance

« *Deviens ce que tu es* »
F. Nietzsche

Depuis le début des années 1980, le concept de compétence individuelle est au cœur des préoccupations des chercheurs et des praticiens.

Ce chapitre a pour objectif de présenter, dans une perspective scientifique, la notion de compétence individuelle et ses principaux champs d'action.

A cet effet, il est proposé une lecture transdisciplinaire du concept de compétence individuelle en faisant référence à la linguistique, à l'ergonomie, aux sciences de l'éducation et de la formation, à la sociologie du travail et à la GRH complétée par une proposition de modélisation et une mise en avant des caractéristiques récurrentes de ce concept.

Enfin, la notion de compétences collectives sera succinctement abordée.

1. CONDITIONS D'ÉMERGENCE ET DÉFINITIONS DU CONCEPT
de compétence individuelle
ou compétence professionnelle

Le concept de compétence en GRH est apparu en temps de crise (dans les années 80).

Nous présentons ci-dessous quelques unes des raisons qui expliquent pourquoi cette notion est née dans un contexte d'incertitudes économiques.

La mondialisation des échanges et l'accroissement de la concurrence internationale ont imposé aux entreprises une vigilance permanente.

THÉORIE

L'impératif de flexibilité auquel les entreprises sont soumises constitue un des postulats à partir duquel M. Parlier et al, 1994 [1], construit sa réflexion sur la gestion des compétences. En effet, afin d'assurer leur flexibilité, les organisations ont été amenées à recomposer leur force de travail, en élargissant les compétences de leur personnel. Celui-ci n'a désormais de valeur que par sa faculté à apprendre et par les capacités d'adaptation nouvelles qu'il développe. Face aux aléas et aux situations imprévisibles, l'entreprise attend de ses employés qu'ils proposent des schémas de réponses.

Les vicissitudes économiques ont contraint les organisations à s'engager dans des réformes stratégiques et structurelles qu'elles n'auraient pas effectuées dans un contexte économique plus favorable. L'un des domaines d'expérimentation concerne les politiques de gestion des compétences qui mises en œuvre permettent aux organisations de s'ajuster aux environnements chaotiques. Nous rejoignons l'argument de M. Parlier et al, 1994 [1], pour qui « *développer les compétences*

1. M. Parlier ; F. Minet ; S. De Witte ; *La compétence : mythe, construction ou réalité ?*, Edition l'Harmattan, 1994.

THEORIE

apparaît donc, en substance, comme une réponse adaptée à des nécessités de nature économique ». Selon ces auteurs, les processus de développement des compétences sont assimilés à un facteur de compétitivité, car ils rendent les organisations plus performantes en sollicitant les capacités d'action des employés à tous les niveaux de la hiérarchie.

Indirectement, la demande des consommateurs peut être considérée comme un catalyseur de la montée en puissance de la notion de compétence au sein des organisations. En effet, les consommateurs manifestent des besoins changeants. Ils privilégient les produits et les services personnalisés, pour lesquels leur avis est pris en compte. Ils favorisent l'internationalisation de la concurrence. Cette situation engendre la rigueur dans les entreprises. Or, il est possible de considérer la gestion des compétences comme un facteur de rigueur. En effet, en dressant un inventaire des compétences, en distinguant celles qui sont stratégiques de celles qui ne le sont pas, la gestion des compétences devient un instrument de contrôle et de rationalisation.

1.1 La compétence individuelle est au cœur des discours des DRH

Les mutations technologiques, telles que l'automatisation, ont entraîné un mouvement de dématérialisation du travail où l'aléa et l'imprévu sollicitent la mise en œuvre de nouvelles compétences.

THEORIE

Comme l'expose A. Grimand, 1996 [1], dans sa thèse en s'appuyant sur les travaux du philosophe A. Gorz, 1988 [2] cette dématérialisation a déplacé la frontière entre les différents métiers de l'organisation. Le développement des systèmes techniques et des nouvelles formes d'organisation du travail ont contribué à l'intellectualisation de la production, à l'intensification des niveaux d'abstraction. Mais comme l'indique M. Parlier,

1. A. Grimand ; *La notion de compétence en gestion des ressources humaines : de la controverse au construit opératoire,* Thèse en Sciences de Gestion sous la direction du Professeur H. Bertrand, Université de Lyon III, 1996.

2. A. Gorz ; *Métamorphose du travail.* Quête de sens, Ed. Galilée, 1988.

THEORIE

1994 et al. « *l'activité mentale dans le travail n'apparaît pas avec les nouvelles technologies, elle a toujours été présente ; la seule différence, c'est qu'aujourd'hui, on la reconnaît* ».

La dématérialisation du travail provoquée par l'automatisation, la modernisation des outils de production, la complexité des systèmes d'information et la recomposition des métiers, nécessite de nouvelles compétences plus complexes, plus abstraites comme la capacité d'initiative, l'anticipation ou la communication. Ainsi, la richesse du concept de compétence participe à la revalorisation de l'analyse du travail industriel. En effet, la notion de poste de travail s'avère inappropriée pour rendre compte de l'activité de l'individu en situation professionnelle. Le recours à la notion de compétence permet d'aborder les activités et les processus mentaux relatifs au travail tel qu'il est vécu aujourd'hui.

Les mutations technologiques ont également eu des conséquences sur les transformations des environnements de travail avec la remise en question des principes tayloriens qui dévalorisent l'image du travailleur au profit de l'expérience acquise sur le terrain et des pratiques informelles.

THEORIE

1. F. Rope ; L. Tanguy ; *Savoirs et Compétences : de l'usage de ces notions dans l'école et l'entreprise*, L'Harmattan, 1994.

L'évolution du marché du travail a vu disparaître la séparation entre le savoir (les connaissances) et le faire (l'exécution des consignes) propre à la division du travail (F. Rope et L. Tanguy, 1994 [1]). La revalorisation du travail industriel et l'intellectualisation des processus de production ont « *contribué au développement de l'hypothèse d'une abstraction croissante des compétences qui lui sont associées* ».

THÉORIE

Pour, E. Dugué, 1994 [1], « *le discours sur les compétences surgit avec la mutation des modes d'organisation du travail, évolution qui engendre une mutation du rôle assigné au travailleur* ». Cette évolution des modes d'organisation du travail s'oppose aux principes tayloriens et traduit de profonds changements dans les contenus de travail. Le recours au concept de compétence est le symbole de la remise en cause du système fordien. P. Zarifian, 1988 [2], interprète la logique compétence comme la composante d'un nouveau modèle productif qui caractérise les organisations qui tentent « *de sortir de la crise par le haut c'est-à-dire en mettant en œuvre une stratégie industrielle sous le double angle de la qualité et de l'innovation* ».

L'explication d'A. D'Iribarne, 1989 [3], repose sur l'idée qu'auparavant, les entreprises fonctionnaient avec une logique de travail prescrit, à dominante individuelle sur des postes stables alors que désormais, les entreprises adoptent une nouvelle logique de travail individuel, autonomisé sur des postes de travail démantelés avec une organisation collective, régulée par des normes de groupes individuellement intégrées.

1. E. Dugué ; « La gestion des compétences : les savoirs dévalués », *Sociologie du travail,* Dunod, 1994.

2. P. Zarifian ; « L'émergence du modèle de la compétence » in *Les stratégies d'entreprise face aux ressources humaines :* l'après-taylorisme, Economica, 1988.

3. P. d'Iribarne ; *La logique de l'honneur,* Seuil, 1989.

En effet, en développant l'individualisation de la gestion des hommes, les organisations requièrent un concept répondant à leur besoin de mobilité intellectuelle, fonctionnelle et géographique. Dans cette logique, les termes d'emploi, de qualification ou de poste se trouvent décalés. Par contre, celui de compétence individuelle correspond à la nécessaire adaptation des structures aux contextes mouvants dans lesquels les entreprises se développent. Caractérisées par des tendances telles que la transversalité, l'avènement du groupe ou la centration vers le consommateur, les organisations ne réduisent plus l'emploi à un espace limité et prescrit.

La crise de l'emploi a également favorisé l'émergence du concept de compétence et la reprise de l'emploi n'a pas entamé son succès, il existe des modèles de curriculum vitae qui décrivent la

1. (cf : certains sites d'offre d'emplois dans lequel les CV à remplir sont formulés en terme de compétences et non plus seulement en terme de formation et d'expériences professionnelles).

formation en termes d'apport en compétences et les expériences professionnelles comme une succession de compétences professionnelles et collectives.[1]

Au contraire, il est devenu incontournable et totalement intégré par les candidats et les DRH.

THEORIE

Grâce au concept de compétence, l'emploi est alors envisagé non plus à partir d'une logique de poste mais à partir d'une logique fondée sur les individus : « *Au lieu de chercher à prévoir comment les postes évolueront et ce qu'ils exigeront, activité hautement aléatoire dans un environnement très incertain, il s'agit d'iden-tifier et de classer les compétences des individus, afin de repérer celles qui devront être déployées pour faciliter l'adaptation à ces emplois nouveaux, qu'on ne sait justement pas définir* »[2]. Les auteurs sous entendent que dans un contexte de crise, il semble plus facile de gérer des compétences individuelles en fonction des demandes ponctuelles de l'organisation que des postes définis à priori, à caractères rigide.

2. D. Thierry ; C. Sauret ; *La gestion prévisionnelle et préventive des emplois et des compétences,* l'Harmattan, 1993.

Ainsi, dans un souci de réactivité et d'efficacité, les entreprises ont intérêt à posséder une bonne connaissance des compétences individuelles de leurs employés et de leurs potentiels d'évolution afin de les mettre en adéquation avec leurs besoins futurs dans le cadre d'une démarche prospective.

Dans la théorie et au sein des entreprises, un foisonnement de définitions existent pour présenter le concept de compétence individuelle. Nous en avons sélectionné quelques-unes ci-dessous :

Le triptyque « savoir, savoir-faire, savoir-être », représente une des définitions les plus simples et les plus répandues.

THÉORIE

P. Gilbert et M. Parlier 1992 [1], l'enrichissent de la façon suivante : les compétences sont des « *ensembles de connaissances, de capacités d'action et de comportements structurés en fonction d'un but et dans un type de situations données* ». La limite de cette définition est qu'elle ne fait pas cas du caractère combinatoire et structuré de la compétence.

La compétence individuelle peut également être définie comme « *un ensemble relativement stable et structuré de pratiques maîtrisées, de conduites professionnelles et de connaissances, que des personnes ont acquises par la formation et l'expérience et qu'elles peuvent actualiser, sans apprentissage nouveaux, dans des conduites professionnelles valorisées par leur entreprise* » [2].

En ce qui nous concerne, nous sélectionnons la définition de G. Le Boterf, 1994 [3], car elle nous semble très précise et comporte les caractéristiques essentielles du concept de compétence individuelle :

« *La* **compétence** *n'est pas un état. C'est un* **processus**... *L'opérateur compétent est celui qui est capable de* **mobiliser**, *de mettre en oeuvre de façon efficace les* **différentes fonctions d'un système** *où interviennent des ressources aussi diverses que des opérations de* **raisonnement**, *des* **connaissances**, *des activations de la mémoire, des* **évaluations**, *des* **capacités relationnelles** *ou des schémas comportementaux. Elle se conjugue au* **gérondif** ».

1 P. Gilbert ; M. Parlier ; « La compétence du mot valise au concept opératoire », *Actualité de la formation permanente*, n° 116, 1992, pp. 14-18.

2. P. Gilbert ; R. Thionville ; *Gestion de l'emploi et évaluation des compétences*, ESF, 1990.

3.G. Le Boterf, *De la compétence*, 1994.

1.2 La compétence individuelle est au cœur des politiques des entreprises publiques

Le succès actuel de la notion de compétence individuelle dans le secteur public n'est pas le fait du hasard. Au cours des années 1980, un transfert des outils de gestion du secteur privé vers les entreprises du secteur public s'est réalisé. Les logiques et les méthodologies du management public se sont rapprochées de celles du secteur privé : développement de la notion de service, décentralisation des décisions, écrasement de la pyramide hiérarchique, développement de la responsabilisation individuelle et collective...

Ce secteur vit aujourd'hui le passage d'une logique de résultat à une logique de compétence afin de rester compétitif dans des environnements de plus en plus instables, concurrentiels et internationaux.

THEORIE

Dans sa thèse, C. Defelis, 1995 [1], analyse l'introduction du modèle de la compétence dans les unités opérationnelles de FRANCE TELECOM. Après avoir énuméré les conditions de modernisation de cette entreprise publique, il expose le modèle de gestion des compétences individuelles choisi et mis en place. En effet, dans cette organisation, comme à la SNCF ou à l'EDF-GDF, la logique compétence a été initiée dans les années 1990 et possède actuellement un niveau de maturité assez développé. Les méthodologies et les outils dérivés sont devenus directement opératoires, s'intégrant parfaitement à la culture et aux besoins de ces organisations. C. Defelis, 1995, souligne les difficultés rencontrées dans l'introduction du modèle de la compétence au sein de FRANCE TELECOM. D'une part, il observe l'« écart relatif entre les références « naturelles » des acteurs et celles portées par les outils nouveaux ». D'autre part, il constate le nécessaire engagement du gestionnaire en charge de l'unité opérationnelle pour que celui-ci adapte localement le processus de gestion des compétences individuelles afin de réduire les résistances au changement que les employés pourraient manifester.

1. C. Defelis, *L'évolution de la gestion des renoms humains dans les entreprises du service public. Analyse de l'introduction du modèle de la compétence dans les unités opérationnelles de France télécom*, Thèse sous la direction du Pr. Lauper, HEC, 1995 .

1.3 La compétence individuelle est au cœur du modèle de l'organisation qualifiante

La littérature concernant l'organisation apprenante (JP. Anciaux, 1994 [1] ; M. Mack, 1995 [2]) et l'organisation qualifiante (JF. Amadieu, L. Cadin, 1996 [3] ; G. Ledford, 1992 [4] ; P. Zarifian, 1988 [5]) s'appuie sur la description des conditions de travail des ouvriers et met en avant les bénéfices du modèle de la gestion des compétences individuelles. Compétence et organisation qualifiante restent deux concepts très proches qu'il est facile de confondre. Le modèle productif esquissé par P. Zarifan, est intéressant dans ses principes théoriques mais repose sur des données empiriques peu convaincantes. Aussi, est-il difficilement envisageable de le considérer comme reproductible et opérationnel.

L'organisation qualifiante est fondée sur un principe de conduite concertée d'événements. L'entreprise est qualifiante pour une raison simple à énoncer : parce qu'orientée sur des actions industrielles qui ne sont pas entièrement connaissables à l'avance (G.Donnadieu, P et Denimal, 1993 [6]). Elle suppose que les salariés possèdent un niveau solide de connaissances professionnelles et d'expériences. Elle favorise le développement de nouvelles connaissances associées à la réalité, à la complexité et à la nouveauté des situations. Ce n'est pas l'addition des savoirs qui est recherchée mais leur reconstruction dans des situations où des choix sont à faire. Les compétences individuelles semblent se développer très rapidement au sein des organisations qualifiantes qui représentent un lieu favorable à leur transfert et à leur enrichissement, c'est-à-dire un lieu d'apprentissage continu où les salariés reconsidèrent en permanence ce qu'il est nécessaire de savoir pour agir.

Dans ce type d'organisation, en rupture avec le taylorisme, une approche par les flux est développée.

1. JP. Anciaux ; L'entreprise apprenante : vers le partage des savoirs et des savoirs-faire dans les organisations, Editions d'Organisation, 1994.

2. M. Mack ; « L'organisation apprenante comme système de transformation de la connaissance en valeur », Revue Française de Gestion, sept-oct 1995, pp. 43-48.

3. JF. Amadieu ; L. Cadin ; Compétence et organisation qualifiante, Economica, 1996.

4. G. Ledford ; « Skills Management : The Skill Based Approach to Human Research Management », European Management Journal, Vol 10, n° 4, 1992, pp. 383-391.

5. P. Zarifian ; « L'émergence du modèle de la compétence », in Les stratégies d'entreprise face aux ressources humaines : l'après Taylorisme, Economica, 1988.

6. G. Donnadieu ; P. Denimal ; Classification et Qualification : de l'évaluation des emplois à la gestion des compétences, Liaison, 1993.

THEORIE

Les principes fondateurs concernent la coopération, la maîtrise des événements, la régulation, l'autonomie, l'innovation répartie et la logique de projet. Une place importante est attribuée à l'apprentissage par interaction (passer de l'individuel au collectif) qui permet d'établir des relations clients-fournisseurs et de développer la communication par une meilleure compréhension des autres métiers. M. Parlier, 1994 et al [1] définissent l'organisation qualifiante comme une organisation dans laquelle le salarié rencontre des occasions d'apprentissage et de transfert des apprentissages mais trouve, également, des raisons pour effectuer ces apprentissages.

Ce type d'organisation vise un double objectif : produire à la fois un résultat économique direct et un développement des compétences individuelles. En quelque sorte, l'organisation qualifiante doit être plus compétitive, plus riche en contenu d'activité, plus éducative (au sens de la capacité à développer un apprentissage permanent). Elle a pour caractéristique d'évoluer sous l'action de ses membres. Sa transformation est en elle même un domaine d'action et d'apprentissage.

La problématique de l'organisation qualifiante est abordée également par F. Allard et L. Mallet, 1994 [2], sous un aspect théorique et empirique. Ils considèrent que le développement de la compétence individuelle est un facteur clé de succès dans les mutations industrielles qui se tissent autour de la problématique de l'organisation qualifiante. Ils mettent en avant le processus d'apprentissage informel qu'ils illustrent au sein d'une expérience réalisée dans une usine de production où la fonction de contremaître a évolué vers celle de coordinateur, d'animateur, c'est-à-dire que certaines tâches précises ont été exclues alors que d'autres plus vagues ont été rajoutées.

La compétence individuelle revêt une dimension transversale, car elle constitue un dénominateur commun pour l'ensemble des métiers d'un secteur professionnel ; elle est commune à une famille d'emplois ; elle n'est pas liée à une technicité par-

1. M. Parlier ; F. Minet ; S. De Witte ; *La compétence : mythe, construction ou réalité ?*, L'harmattan, 1994.

2. F. Allard ; F. Mallet ; « Les effets formateurs de l'organisation du travail : un regard critique à la lumière d'expériences », *Colloque de l'AGRH*, Montpellier, 1994.

THEORIE

ticulière mais correspond à un élargissement du métier initial à cause de l'évolution de l'organisation ou du développement d'un produit. Peu de concept peuvent se prévaloir d'une telle transversalité [1].

Dans son **modèle de la compétence**, P. Zarifian, 1989 [2], identifie cinq éléments :

THEORIE

* des niveaux de recrutement supérieurs aux niveaux des postes offerts,
* des plans de carrières individuels accompagnés d'un grand choix d'outils de formation (répertoire des métiers, descriptifs de compétences, bilans de compétences, plans individuels de formation...),
* une importance particulière accordée à la responsabilisation et à la mobilisation des compétences individuelles de l'employé dans l'exercice de son travail,
* l'incitation à la formation continue, vecteur de développement des compétences individuelles visant à une transformation des identités au travail,
* le déclin des systèmes de classifications, des niveaux de qualifications issus de conventions collectives, considérés comme des freins à la mobilité géographique, fonctionnelle et intellectuelle.

1. Les concepts d'apprentissage individuel et organisationnel possèdent cette transversalité mais leur champs d'action reste plus restreint : l'apprentissage n'est pas intégré dans les approches qualité ou les politiques de certification par exemple. La notion d'apprentissage reste néanmoins indissociable du concept de compétence et bien qu'elle n'ait pas ouvert une nouvelle perspective stratégique elle a participé à l'émergence de la théorie des ressources.

2. P. Zarifian ; « indicateurs d'organisation qualifiante et flexible », *Document interne*, Ecole Nationale des Ponts et Chaussées, 1989.

Les limites concernant les principes de l'organisation qualifiantes sont nombreuses. Nous en soulignons deux généralement admises. Tout d'abord, ce type de structure semble convenir aux entreprises de process mais sa transposition aux entreprises de série et aux entreprises de service reste difficile. Ensuite, il est admis que le modèle théorique de l'organisation qualifiante est difficilement opératoire.

2. PRÉSENTATION DE LA COMPÉTENCE
individuelle à partir
d'une approche transdisciplinaire

Afin de saisir la richesse de la notion de compétence individuelle, nous proposons d'observer la façon dont des domaines scientifiques proches de la gestion la définissent et l'utilisent. Ces lectures complémentaires permettent de rassembler des indications historiques et théoriques sur ses caractéristiques. En effet, c'est en croisant différentes grilles et différents niveaux d'interprétation, qu'il est envisageable d'approfondir le contenu et les usages de ce « concept-frontière » entre les disciplines (cf. : Tableau n° 19).

Tableau 19
**Lecture transdisciplinaire du concept de compétence individuelle,
C. Dejoux, 1997b**

Discipline	Définition de la compétence	Auteurs	Caractéristiques de la compétence
Linguistique	« systèmes de règles intériorisées par les sujets parlant et constituant leur savoir linguistique, grâce auquel ils sont capables de prononcer ou de comprendre un nombre infini de phrases inédites » [a]	N. CHOMSKY, 1970[b] A. DIETRICH, 1995[c] G. LE BOTERF, 1994[d]	a un caractère structurant[e] construction permanente est de nature combinatoire a un caractère adaptatif[f] (principe dynamique) ...

Tableau 19 (suite)
**Lecture transdisciplinaire du concept de compétence individuelle,
C. Dejoux, 1997b**

Discipline	Définition de la compétence	Auteurs	Caractéristiques de la compétence
Linguistique	« producteur de nouvelles règles » d'organisation et de gestion des hommes[g] « savoir-intégrer » qui dépasse les connaissances, les procédures, les règles, la performance	A. DIETRICH, 1995	
Ergonomie[h]	« savoir-faire opérationnel validé » « stratégie de résolution de problèmes »	M. A. de MONTMOLLIN, 1991[i]	A un objectif à atteindre (principe de finalité)
Sciences de l'éducation et de la formation	« savoir en usage »	G. MALGLAIVE, 1994[i]	N'existe qu'en action : aspect dynamique (principe d'action) contextualisée à une situation
Sociologie du travail	les compétences collectives par rapport à une situation de travail forte distinction entre comptence et qualification « les compétences sont abordées comme les composantes d'une qualification »[k] « être compétent et non plus avoir un savoir »	N. CHOMSKY, 1970 ; M. STROOBANTS, 1993	Reconnaissance d'un collectif Développe la notion de compétence collective Centration sur l'individu Versus le poste de travail ...

Tableau 19 (suite)
Lecture transdisciplinaire du concept de compétence individuelle, C. Dejoux, 1997b

Discipline	Définition de la compétence	Auteurs	Caractéristiques de la compétence
GRH			Les compétences sont apprises Les compétences sont une Construction sociale Caractère de transversalité Utilité économique
Entreprises	« les conpétences sont des capacités à effectuer un ensemble de tâches précises observables dans l'activité »	Document préliminaire à la conférence du MEDEF, oct 98, Deauville	

a. J. Dubois, J et al, *Dictionnaire de linguistique*, 1973.
b. N. Chomsky ; *Le langage et la pensée*, Payot, 1970.
c. A. Dietrich ; Compétence et gestion des ressources humaines, *Thèse de doctorat* sous la direction du Professeur P. Louart, Université de Lille, décembre 1995.
d. G. Le boterf ; *De la compétence*, 1994.
e. Opposé à l'idée d'addition d'éléments.
f. La compétence ne se réduit pas à une reproduction d'un comportement mais elle réinvente à chaque fois une nouvelle conduite en fonction du contexte dans lequel elle se situe.
g. Selon A. Dietrich., 1995, la compétence produit des classifications et des rubriques qui rationalisent la gestion des hommes (bilan de compétences, grilles d'entretiens, programmes de formation). Elle pense que « *la compétence est l'instrument d'un processus de codification qui met à jour, met en forme et met en ordre la réalité sociale du travail* ». Elle considère que les outils dérivés de la compétence s'appuient sur le postulat de l'observation possible du travail de l'homme et qu'ils n'intègrent pas les aspects mentaux non visibles mis en œuvre.
h. L'ergonomie étudie les comportements de l'homme en situation de travail. Elle se trouve à la croisée de la sociologie du travail (approche centrée sur l'activité) et la psychologie cognitive (approche centrée sur l'individu).
i. M. de Montmollin ; *Introduction, Modèles en analyse du travail*, Margada, Bruxelles, 1991.
j. G. Malglaive ; « Compétence et ingénierie de formation », in M. Parlier ; F. Minet ; S. de Witte ; *La compétence : Mythe, construction ou réalité*, l'Harmattan, 1994, pp. 153-167.
k. M. Stroobants, *Savoir-faire et compétence au travail : une sociologie de la fabrication des aptitudes*, Eds de l'Université de Bruxelles, Institut de Sociologie, 1993.

En résumé, nous proposons de visualiser les apports des différentes disciplines à la notion de compétence à partir du schéma suivant (cf. : Schéma n° 21) :

Schéma 21 :
Les facteurs descriptifs de la compétence individuelle
à partir d'une analyse transdiciplinaire

De nature combinatoire   De nature adaptatif   En construction permanente

existe
dans l'action

La compétence
en Linguistique

La compétence en
Sciences de l'éducation
et de l'information

Besoin
de la reconnaissance
d'un collectif

Facteurs descriptifs
de la compétence
individuelle

Contextualisée
à une situation

La compétence en
Sociologie du travail

La compétence
en Ergonomie

Concerne
l'individu et
non le poste

La compétence
en GRH

Possède une finalité

Possède une utilité
économique

Se définit par
un processus d'apprentissage

Construction sociale

3. LES ÉLÉMENTS CONSTANTS
QUI PERMETTENT DE DÉFINIR
la compétence individuelle [1]

3.1 La compétence possède un caractère opératoire, finalisé par rapport à une situation de travail, à un projet ou à un objectif stratégique

La compétence d'un individu, d'un groupe ou d'une organisation n'existe que lorsqu'elle est **mise en œuvre** : « *On est compétent pour quelque chose* ».

1. C. Dejoux ; « Organisation qualifiante et maturité en gestion des compétences », *Colloque de l'AIMS*, IAE Lille, 1996.

2. P. Gilbert ; R. Thionville, *Gestion dde l'emploi et évaluation des compétences*, ESF, 1990, pp. 40-44.

En effet, la compétence individuelle s'exprime dans une situation de travail, la compétence collective par rapport à un projet ou une mission. « *Pour être opératoires, les compétences doivent être exprimées de manière à orienter l'action* » [2].

La compétence s'exerce **en fonction d'un objectif à atteindre.** Un individu ou une organisation ne sont pas compétents en eux-mêmes mais par rapport à quelque chose. La compétence est relative à une situation ou à un but préétabli. « *Aucune personne n'est compétente en soi. Elle ne l'est qu'en fonction des exigences distinctives d'une situation de travail* » [2].

3.2 La compétence est une mise en situation (principe d'action)

La compétence n'a de sens que par rapport à **l'action**.

THÉORIE

Pour G. Le Boterf, 1994 [1], la compétence n'est pas uniquement un savoir, un savoir-faire, une capacité, une connaissance possédée, un acquis de formation, une capacité cognitive, ou une capacité relationnelle. Il s'agit, en fait, d'une mise en action, d'une mobilisation, d'une mise en jeu d'un ensemble de paramètres distinctifs et évolutifs. Au delà de l'application de ces ressources il y a une construction, un processus à valeur ajoutée, une réalité dynamique. « *La compétence se réalise dans l'action. Elle ne lui pré - existe pas. Il n'y a de compétence que de compétence en acte. La compétence ne peut fonctionner à vide, en dehors de tout acte qui ne se limite pas à l'exprimer mais qui la fait exister* ». « *C'est en mettant en œuvre la compétence que l'on devient compétent* ».

N. Mandon, 1990 [2], décrit les compétences comme « *le savoir mobiliser ses connaissances et qualités pour faire face à un problème donné ; autrement dit les compétences désignent les connaissances et les qualités mises en situation* ».

P. Gilbert et M. Parlier, 1992 [3], définissent la compétence comme « *un ensemble de connaissances, de capacités d'actions et de comportements structurés en fonction d'un but dans un type de situation donnée* » .

F. J. Varela, 1989 [4], et U. R. Maturana et F. J. Varela, 1992 [5], dans leur recherche en neuro sciences synthétisaient cette idée dans un néologisme qui leur est propre « **l'énaction** » (du terme anglais « *enaction* », intraduisible en français) exprimant le fait que la compétence est toujours celle d'un acteur en situation.

1. G. Le Boterf ; *De la compétence,* Ed. d'Organisation, 1994, pp. 16-18.

2. N. Mandon ; *La gestion prévisionnelle des compétences : la méthode ETED, CEREQ,* coll des études n° 57, 1990.

3. P. Gilbert ; M. Parlier ; « La gestion des compétences. Au delà des discours et des outils, un guide pour l'action des DRH », *Personnel,* n° 330, 1992, pp. 42-46.

4. F.J. Varela ; *Autonomie et Connaissance : Essai sur le vivant ;* Seuil, 1989.

5. U.R. Maturana ; F.J. Varela ; *L'arbre de la connaissance,* Addisson-Wesley, 1992.

3.3 La compétence est de nature contingente, contextualisée

Elle ne précède pas l'action, elle lui est étroitement liée.

Décrire une compétence ne correspond pas uniquement à l'énonciation des caractéristiques qui la composent. Les approches globales prennent **en compte l'environnement dans lequel évolue l'acteur - émetteur** et le contexte dans lequel la compétence se situe. Ce trait descriptif est présent lorsque la compétence est définie comme la capacité à résoudre des problèmes dans une situation donnée (approche cognitiviste).

Ainsi, en GRH, *« la forme que prend la compétence est toujours contingente, c'est-à-dire relative à une situation rencontrée, tirant parti des différents éléments de cette situation pour permettre à l'individu de s'y adapter. Aucune personne n'est compétente en soi. Elle ne l'est qu'en fonction des exigences distinctives d'une situation de travail »* [1]. Etre compétent implique d'avoir démontré une capacité à faire et à posséder des connaissances en vue de la réalisation d'un but à atteindre. La compétence est contingente à une situation de travail. Certains cabinets de conseil établissent des listes de compétences sans préciser le contexte et les objectifs de la situation de travail concernée. Cette approche méthodologique nous semble trop générale et peu performante.

1. P. Gilbert ; R. Thionville, *Gestion de l'emploi et évaluation des compétences*, ESF, 1990.

3.4 La compétence est un processus de construction permanente (principe dynamique)

L'acquisition d'une compétence a une durabilité. Dans son contexte de travail, l'individu utilise des compétences acquises ultérieurement qu'il adapte aux nouvelles situations. D'autre part, certaines compétences qu'il possède lui faciliteront l'acquisition de nouvelles.

Quel que soit le nombre de fois où il doit prouver sa compétence, l'individu, en fonction de sa propre évolution et du contexte dans lequel il se situe, sélectionne, de façon unique, ses savoirs, ses savoir-faire et ses savoir-être. Ainsi, la manifestation d'une compétence individuelle est-elle, à **chaque fois, une construction originale.** C'est pourquoi, la compétence est considérée la plupart du temps, comme un processus évolutif et non comme un état statique. Elle change dès qu'elle est mise en œuvre.

La compétence n'existe pas de façon immuable mais au contraire se façonne selon l'objectif opérationnel qui se traduit par des actes de gestion au sens de décisions de mise en œuvre et de contrôle de ces décisions.

3.5 La compétence est une construction de nature combinatoire

La compétence se crée à partir de différentes ressources, face à une difficulté à résoudre ou dans le but de réaliser un projet. A cette occasion, il se construit « *une architecture cognitive particulière... un processus d'imbrication* »[1]. En effet, la compétence s'édifie comme un **puzzle** au sens où ce n'est pas une simple addition ou une opération algébrique. Son montage est complexe, aléatoire, dynamique.

1. G. Le Boterf ; De la compétence, Ed. d'Organisation, 1994, p. 23.

THÉORIE

Les compétences **sont organisées** en unités coordonnées pour la réalisation d'un objectif : les compétences élémentaires s'organisent en compétences d'ordre supérieur (G. Donnadieu, P. Denimal, 1993 [2]). **Elles combinent de façon dynamique les différentes composantes qui les constituent.** « *La compétence désigne une combinaison pertinente d'ingrédients mobilisés dans la poursuite d'objectifs particuliers* »[3].

2. G. Donnadieu ; P. Denival ; *Classification et qualification : de l'évaluation des emplois à la gestion des compétences*, Liaison, 1993.

3. V. Marbach, *Impact des démarches de gestion des compétences sur les politiques de rémunération*, Thèse sous la direction du Pr. Donnadieu, Université Paris I, Panthéon-Sorbonne1995.

Comme nous avons pu le constater, la compétence est une notion complexe, composée d'éléments qui varient suivant les auteurs et la perspective descriptive ou prospective qui est choisie.

1. P. Gilbert ; M. Parlier ;
« La compétence : du « mot
validé » au concept
opératoire » in *Actualité de
la formation permanente*,
n° 116, 1992.

THEORIE

Cette idée est également présente dans le discours de P. Gilbert et M. Parlier, 1992 [1], lorsqu'ils définissent la compétence comme un système, qui associe de façon **combinatoire** divers éléments. Pour eux, les compétences sont des *« ensembles de connaissances, de capacités d'action et de comportements structurés en fonction d'un but et dans un type de situation donnée »*. Comme les artistes-improvisateurs, c'est dans le déroulement de l'action que l'on trouve l'inspiration, que l'on transforme sa découverte en une nouvelle compétence.

La compétence est **structurée**. Elle reconstruit de façon dynamique les différents éléments qui la constituent (savoirs, savoir-faire, pratiques, raisonnements ...) pour répondre à des exigences d'adaptation, en fonction de la réalisation d'un objectif.

3.6 La compétence est un construit social

THEORIE

2. J. Aubret ; P. Gilbert ; F.
Pigeyre, *Savoir et pouvoir :
les compétences en
question*, PUF, 1993.

3. J.-L Lemoigne ; « Sur la
production des
épistémologies
constructivistes pour les
sciences de
l'organisation », in AC.
Martinet (dir)
*Epistémologies des
Sciences de Gestion*,
Economica, 1990.

Aubret et al, 1993 [2], affirment que *« la compétence n'est pas seulement un construit opératoire, c'est aussi un construit social »* La montée en puissance du concept de compétence est bien la manifestation d'un besoin de nouveaux repères sur lesquels puisse se fonder et se construire une nouvelle représentation de l'homme au travail. C'est pourquoi, la sociologie préconise une approche des compétences par les **« représentations »**. Cette discipline considère la compétence individuelle comme une construction subjective des acteurs et souligne son caractère construit et contingent (J. Aubret et al, 1993 ; M. Parlier, 1996).

Ainsi, il est possible de situer la compétence par rapport aux travaux sur le constructivisme de J.-L. Lemoigne, 1990 [3], en rapprochant le caractère de notion construite au **« principe de projectivité »** (ou d'interaction sujet-objet).

THEORIE

corollaire du postulat de représentativité de la réalité rappelle que l'observateur et l'objet observé sont interdépendants et qu'il est important de trouver un concept qui convienne à la représentation de la réalité que l'on a et non de rechercher à tout prix une réalité immuable.

3.7 La compétence possède un caractère transversal

Le caractère opératoire de la compétence explique son caractère de transversalité. En effet, la diversité de ses applications justifie l'intérêt que les différentes fonctions de l'entreprise lui portent : politique de rémunération, politique de formation, accroissement de la responsabilisation et du professionnalisme. Elle est aussi de **nature transversale** lorsqu'on la définit par rapport à des notions d'emploi-type, de métier ou de rôle. Un bon exécutant incapable de s'adapter à une mobilité fonctionnelle ne peut être défini comme compétent. Au-delà de la polyvalence, les organisations requièrent des employés polyfonctionnels.

3.8 La compétence s'inscrit dans un processus d'apprentissage

M. Parlier, 1996 [1], considère la compétence comme « *une construction personnelle et sociale qui combine des apprentissages théoriques et des apprentissages expérienciels* ». Mais tout apprentissage ne se traduit pas forcément sous la forme de compétence. « En France, en 1990, être capable de fabriquer des corbeilles en osier ou savoir tirer à l'arc ne sont pas des compétences... même si ces activités demandent un entraînement prolongé ». Les activités qui ne satisfont pas aux besoins d'une organisation ne peuvent être

1. M. Parlier, « De l'entreprise qui forme à l'entreprise qui apprend », in *Actualité de la Formation Permanente*, n° 143, 1996.

THEORIE

reconnues comme des compétences. La dimension d'apprentissage est parfois associée à celle du talent.

L'acquisition et la maîtrise d'une compétence sont relatives aux processus d'apprentissage. Les représentations et les styles cognitifs ne sont pas identiques pour tous. *« Ce qui se passe dans la tête de l'expert en action paraît inextricable : des connaissances et des types de raisonnements hétérogènes sont conduits simultanément, ou se croisent, des raccourcis sont pris dans les chaînes inférentielles, des métaphores ou des analogies interviennent en cours de route, des inductions voisinent avec des raisonnements probabilistes, des algorithmes entrent en compétition avec des logiques hétérodoxes (logiques floues, modales, non monotones) »* [1]. La construction d'une compétence est propre à chaque individu ou à chaque organisation.

1. G. Le Boterf,
De la compétence,
Ed. d'Organisation, 1994.

3.9 Les compétences sont apprises

L'individu n'est pas naturellement compétent pour un type de tâche, mais il peut le devenir. Les compétences s'acquièrent par un apprentissage guidé (formation initiale ou continue), ou par un apprentissage par l'action. Selon J. Leplat, 1991 [2], on devient compétent grâce à une construction personnelle et sociale qui combine *« des apprentissages théoriques et expérienciels »*. Les compétences individuelles ou collectives s'acquièrent et se transmettent par des processus d'apprentissage et de formation. *« Elles doivent être transférables d'une situation de travail à une autre ... Elles doivent faciliter le développement individuel »* [3]. Les auteurs soulignent qu'il s'agit moins de dresser un bilan des compétences individuelles actuelles ou utiles à l'avenir que de faire fructifier celles qui existent déjà au sein de l'organisation.

2. J. Leplat, *Compétence et ergonomie : modèle en analyse du travail,* Mardaga, Bruxelles, 1991.

3. P. Gilbert ; R. Thionville, *Gestion de l'emploi et évaluation des compétences,* ESF, 1990.

3.10 La compétence prend naissance à la suite de la reconnaissance d'un collectif (principe normatif du regard d'autrui)

La reconnaissance des compétences acquises ne peut se faire que par le regard d'autrui.

THÉORIE

Comme le soulignent très justement J. Merchiers et P. Pharo, 1992 [1], si l'on admet qu'il existe une différence entre le savoir prescrit et le savoir réel alors on est en mesure de se demander comment se réalise la reconnaissance de la compétence par autrui car il ne suffit pas de se déclarer soi-même compétent pour l'être. *« Pour pouvoir parler de compétence, encore faut-il qu'elle soit reconnue publiquement, en particulier dans l'entreprise »* [1]. Cette reconnaissance fait référence au « valoir », au jugement de la hiérarchie (référence au pouvoir) ou/ et des collègues (360°).

1. J. Merchiers ; P. Pharo, « Eléments pour un modèle sociologique de la compétence d'expert », *Sociologie du travail*, n° 1, 1992, pp. 47-63.

« Les compétences doivent pouvoir être recensées collectivement » [2]. Même si une compétence peut être attribuée à une seule personne, elle n'existe que grâce à une reconnaissance collective. La compétence doit être partagée par plusieurs individus. *« Les compétences ne sont ni les attributs d'une unique personne ni les exigences d'une procédure de travail isolée.... La notion de compétence a des implications individuelles et locales, mais elle procède d'une préoccupation de gestion collective »* [2].

2. P. Gilbert ; R. Thionville, 1990.

Les compétences *« qui ne donnent pas lieu à une valorisation différentielle, n'ont pas d'existence sur le marché du travail, voire pas d'existence sociale »* [3]. C'est la validation d'une compétence qui rend compétent.

3. J. Aubret et al, 1993.

J. Merchiers et P. Pharo, 1992 [1], ont mis en évidence une double dimension de la compétence : une **dimension cognito-pratique** et une **dimension normative**. *« Le **succès** dans une activité suppose à la fois **d'atteindre le but** et de **faire reconnaître***

THEORIE

cette réalisation ou cette preuve ou cet accomplissement par autrui ». C'est à partir de cette remarque, que ce sont construits les travaux sur les « bilans de compétences » et les systèmes de « *classification sur des critères de compétences* ».

Dans « la logique de l'honneur », 1989, P. d'Iribarne a montré à quel point, en France, cette reconnaissance de la compétence pouvait mettre en cause le sens de l'honneur, propre à chaque groupe professionnel. Néanmoins, on peut ne pas trouver la solution à un problème tout en restant jugé par les autres comme compétent (par exemple : les chercheurs, ou le médecin face à une maladie inconnue).

3.11 La compétence possède une face cachée

La compétence possède une partie visible et une partie invisible. C'est pourquoi, certains auteurs aiment représenter ce concept en utilisant la métaphore de l'iceberg (cf. : Schéma n° 22). Ainsi, dans la méthodologie HAY concernant la gestion des compétences individuelles, les capacités, le savoir et les attitudes forment la partie visible de la compétence individuelle, conditionnée par des composants moins visibles tels que le rôle social de l'individu, son image de lui-même, ses traits de caractère et sa motivation.

Schéma 22 :
Adaptation de la représentation
de la compétence individuelle par le cabinet HAY [1]

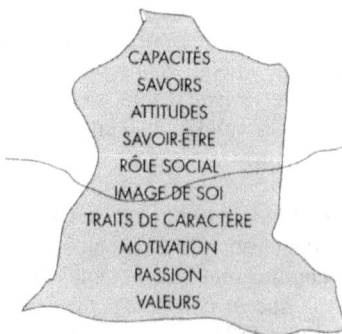

CAPACITÉS
SAVOIRS
ATTITUDES
SAVOIR-ÊTRE
RÔLE SOCIAL
IMAGE DE SOI
TRAITS DE CARACTÈRE
MOTIVATION
PASSION
VALEURS

1. A. Mitrani ; MM. Dalziei ; A. Bernard, Des *compétences et des hommes. Le management des ressources humaines en Europe*, Editions d'Organisation, 1992.

3.12 La compétence a une utilité économique

La gestion des compétences individuelles a une utilité économique aussi bien pour l'employeur et que pour le salarié. En effet, elle permet à l'employeur de disposer d'une grande souplesse d'action dans l'organisation du travail et dans l'affectation des salariés sur de nouveaux emplois. En un certain sens, les compétences individuelles peuvent être considérées comme des ressources à maximiser en fonction de choix stratégiques. Quant au salarié, elle lui permet de valoriser ses compétences acquises hors du contexte professionnel et ainsi d'enrichir son stock personnel de compétences. Il aura également le souci de gérer sa trajectoire professionnelle de façon proactive et volontariste.

3.13 Proposition d'une représentation du concept de compétence

Nous allons à présent proposer une modélisation du concept de compétence. Celle-ci a été élaborée à partir des lectures réalisées précédemment et a pour objectif la volonté de situer ce concept dans une approche dynamique fondée sur l'action et intégrant la notion de performance.

Nous utiliserons le concept de « **représentation** »[1] pour exposer notre réalité du concept de la compétence individuelle. Le terme « représentation » présente une ambiguïté. Comme le souligne, C. Teiger, 1990[2], il a deux significations envisageables. D'une part, il fait référence au « *modèle intériorisé de la réalité qui assure le guidage de l'action* » et d'autre part au « *processus par lequel la personne constitue ce modèle* ».

Dans notre schéma, nous nous référerons à la première signification.

Notre modèle d'analyse ci-dessous met en relation les éléments suivants : l'acteur, l'activité du travail, le processus d'apprentissage, la variable de situation non prédéterminée et la compétence marginale.

1. L'origine du concept de représentation remonte à la philosophie grecque. Pour Aristote, 1991, « *l'idée de l'objet est son reflet idéal* ». A la fin du XIXe siècle, la psychologie générale cherche à identifier la nature de l'image mentale. Puis, ce concept est mis en sommeil pendant l'apogée du behaviorisme qui ne s'intéresse qu'aux entrées et aux sorties de l'être humain sans comprendre ce qui se passe dans la « boîte noire » du cerveau. C'est avec la psychologie génétique et J. Piaget, 1964, que ce concept est redéployé.

2. C. Teiger ; « Présentation schématique du concept de représentation en ergonomie », *Analyse du Travail*, CEREQ, 1990.

- **L'acteur** est défini comme détenteur de savoirs cognitifs, non cognitifs (affectifs, caractériels et liés à l'éthique), de fonctions psychologiques, d'une intelligence propre, d'une expérience. Il posséde un stock de savoirs qu'il utilise ou non mais qui s'enrichit au fil des expériences.

- **L'activité de travail** correspond au contexte dans lequel la compétence de l'individu s'exprime et se façonne. Elle est soumise à un ensemble de contraintes extérieures changeantes.

- La compétence se manifeste dans la mise en œuvre d'un **processus d'apprentissage**. Le modèle visualise l'acteur (considéré comme l'association d'un être et de savoir) qui s'adapte à une situation professionnelle soumise à des contraintes organisationnelles afin de dégager une performance (évaluée par le rapport résultat/ requis). Ce processus procure à l'individu un enrichissement en compétences grâce à ses facultés d'adaptation et d'apprentissage.

- Dans les environnements concurrentiels actuels, les activités professionnelles sont dans la plupart des cas composées de **situations non prédéterminées** face auxquelles les individus doivent s'adapter et proposer des solutions satisfaisantes. Le concept de compétence individuelle est particulièrement adapté à ce type de situations contemporaines. De cette expérience professionnelle nouvelle, l'acteur retirera un supplément de compétence, que l'on nommera « **compétence marginale** ».

Aussi, nous proposons une visualisation de cette représentation à partir de la figure suivante (cf. : Schéma 23) :

Schéma 23
**Représentation dynamique de la mise en œuvre
de la compétence individuelle**

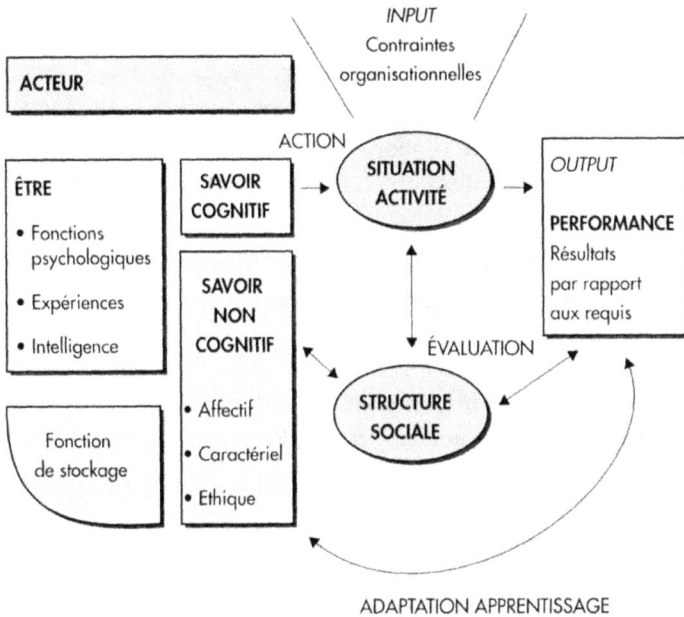

ADAPTATION APPRENTISSAGE

C. Dejoux
Éditions d'Organisation

Cette tentative de conceptualisation de la comptence individuelle professionnelle appelle les remarques suivantes :

- L'objectif de ce modèle est de donner **notre propre représentation** de la compétence individuelle dans le cadre d'une situation de travail au sein d'une organisation.

- Ce modèle se situe dans une **approche cognitiviste** de la compétence.

- Dans la mesure où la compétence ne peut être « repérée » en elle-même, nous nous sommes ralliés **au concept de performance** pour détecter ses manifestations tout en connaissant les limites de cette approche. Comme nous l'avons signalé précédemment, la performance reste une notion restrictive car elle ne prend pas en compte toutes les variables qui participent à l'élaboration d'une compétence. Elle sélectionne celles qui sont visibles et mesurables.

4. LES LIMITES DE LA NOTION
de compétence individuelle

Les travaux proposant un bilan critique de l'usage de la notion de compétence mettent tout d'abord l'accent sur l'inadéquation entre les pratiques et les discours. La compétence est malheureusement trop souvent vécue comme un « *mot éponge* ». Et un discours utilisant ce concept, ne signifie pas que les actes suivent.

Une autre interrogation subsiste : « *S'agit-il d'une mode passagère facilitée par le flou d'un mot, ou bien d'une nouvelle logique inspirant des pratiques réelles ?* » [1]. Il n'est pas possible de nier l'émergence de nouvelles pratiques en gestion des compétences quand on constate la diversité dans les tentatives d'opérationnalisation du concept au sein des entreprises. Mais, l'hétérogénéité des pratiques engendre des doutes.

THÉORIE

Y. Doz, 1994 [2], mentionne les difficultés rencontrées dans le renouvellement des « compétences individuelles clés ». Il dénonce le fait que les compétences individuelles augmentent l'inertie d'une entreprise car le processus de gestion des compétences est conservateur à cause de sa nature cumulative et répétitive. En effet, il constate que les compétences surgissent par répétition. Celles qui sont mises en place se développent alors que « les compétences potentielles » ne se développent pas. Il mentionne également le « piège de surcompétences » qui rendra l'entreprise vulnérable et incapable de s'adapter au marché.

Les travaux de Y.F. Livian (1991 [3], 1994 [4], 1995 [5]) sont à souligner, car il est le premier à présenter un regard critique sur un concept fondé sur une argumentation étayée.

1. C. Piganiol-Jacquet, *Analyses et controverses en Gestion des Ressources Humaines*, l'Harmattan, 1994.

2. Y. Doz ; « Les dilemmes de la gestion du renouvellement des compétences clés », *Revue Française de Gestion*, n° 97, jan-fev 1994, pp. 92-104.

3. Y.F. Livian ; D. Courpanon, «Le développement récent de la notion de compétence : glissement sémantique ou idéologique ? », *Gestion des ressources humainres*, ESKA, n° 1, 1991.

4. Y.F. Livian, « Les approches actuelles d'analyse et d'évaluation des emplois : pour un constat critique », *AGRH*, Montpellier, 1994, pp. 110-113.

5. Y.F. Livian ; J. Terrenoire, « Les entreprises face aux émergences de la gestion des compétences », *Personnel*, n° 360, 1995.

Ainsi, à la lecture des différentes limites qui sont rattachées au concept de compétence individuelle, il semble que la plus dommageable soit celle qui concerne sa mesure.

Qu'elle soit individuelle ou collective, une compétence peut posséder différentes valeurs en fonction des individus qui la mettent en exercice et du lieu où elle s'exerce. Les compétences individuelles « *sont des grandeurs relatives. Elles varient en intensité d'une personne à une autre et sont évaluables par degré... Elles doivent se prêter à une évaluation graduée* » [1]. Mais l'observation d'une compétence pose des difficultés car c'est une notion abstraite, et donc seules ses manifestations sont observables. On constate que l'approche la plus souvent envisagée pour évaluer la compétence consiste à utiliser le concept de **performance**. J. Leplat, 1991 [2], par exemple, on observe que la compétence individuelle est inférée à partir de la performance constatée. Or, comme nous l'avons vu précédemment, dans la métaphore classique de l'iceberg, la performance ne rend compte que de la partie « *visible* » de la compétence.

1. P. Gilbert ; R. Thionville, *Gestion de l'emploi et évaluation des compétences*, ESF, 1990.

2. J. Leplat, *Compétences et ergonomie : modèle en analyse du travail*, Mardogada, Bruxelles, 1991.

5. LA GESTION DES COMPÉTENCES EST DEVENUE INCONTOURNABLE EN GRH
dans les années 90 :
Présentation d'un Processus de Gestion des compétences individuelles

1. « Le processus n'est pas qu'une dimension de forme, il ne se limite pas à de simples modalités d'application des décisions de direction, il est lui-même décision autant qu'action »
P. Glibert ; R. Thionville, 1991.

Il existe une large diversité de processus de gestion des compétences. Qu'il soit théorique ou élaboré au sein de l'organisation, dès qu'un processus [1] de gestion des compétences est mis en œuvre, il devient unique. En effet, son efficacité dépend de son intégration et de son acceptation au sein de l'organisation ainsi que de sa référence à la culture de l'entreprise.

ZOOM La méthodologie de la GCI est particulièrement développée au chapitre 6 pp. 276-281.

Nous proposons de regrouper les pratiques qui accompagnent et sous-tendent les représentations des compétences individuelles en deux catégories :
• La première catégorie concerne les méthodologies reposant sur une **approche exhaustive des compétences individuelles**. Le point de départ commun à ces démarches, consiste à lister toutes les compétences individuelles présentes au sein de l'organisation. Ainsi, nous présentons successivement le répertoire français des emplois, la méthode ETED, le courant « Développement et Emploi », le modèle de S. Michel et M. Ledru, le modèle de J. Aubret et al, pour terminer par le modèle de G. Le Boterf en annexe n° 2.

• La deuxième catégorie de représentation est fondée sur la **détection et l'optimisation des compétences individuelles dites stratégiques.** Dans cette optique, nous exposons le « Competency-based Model » de R. MIRABILE et la méthodologie déployée par le cabinet HAY en annexe 2.

Nous pensons qu'un processus de Gestion des Compétences Professionnelles peut se construire comme une superposition de trois étages successifs : **l'évaluation, l'instrumentation et l'informatisation** (cf. : Schéma n° 24) :

La première étape a **deux types d'entrées** possibles :

1. Soit une **« approche sélective »** qui repose sur une évaluation des compétences individuelles stratégiques de chaque employé et de chaque fonction.

2. Soit une **« approche exhaustive »** qui consiste à inventorier les compétences individuelles des collaborateurs et des fonctions [1].

1. Nous utiliserons les abréviations suivantes : CI : Compétences Individuelles, CIS : Compétences Individuelles Stratégiques (au sens de quasi-uniques).

Schéma 24
Représentation du processus de Gestion des Compétences Individuelles

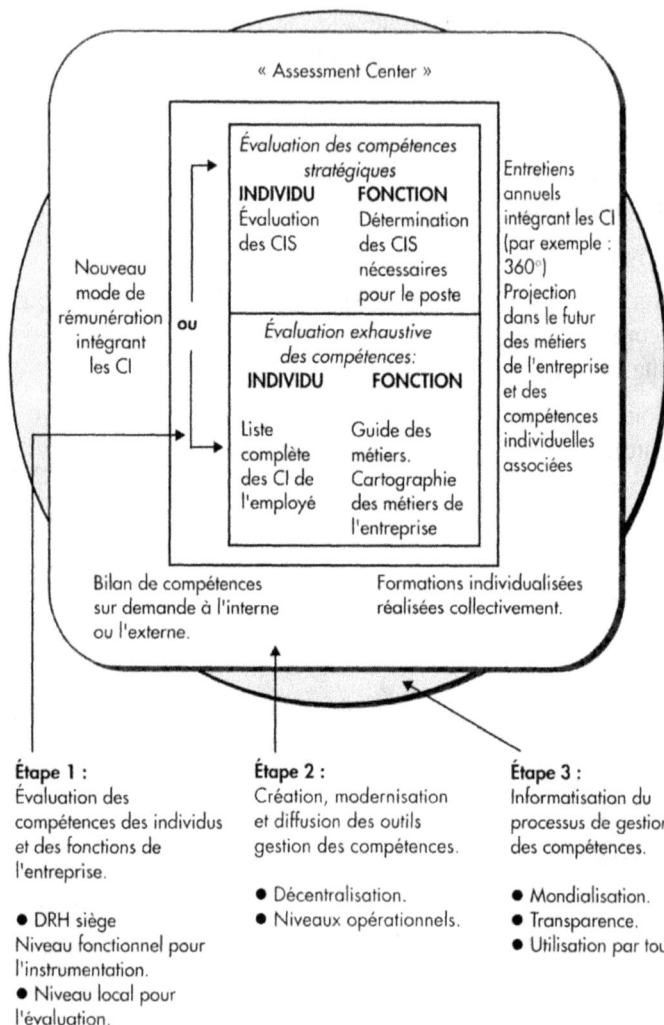

« Assessment Center »

	Évaluation des compétences *stratégiques*		Entretiens
Nouveau mode de rémunération intégrant les CI	**INDIVIDU**	**FONCTION**	annuels
	Évaluation des CIS	Détermination des CIS nécessaires pour le poste	intégrant les CI (par exemple : 360°)
			Projection dans le futur
	Évaluation exhaustive *des compétences:*		des métiers de l'entreprise
	INDIVIDU	**FONCTION**	et des
	Liste complète des CI de l'employé	Guide des métiers. Cartographie des métiers de l'entreprise	compétences individuelles associées

ou

Bilan de compétences
sur demande à l'interne
ou l'externe.

Formations individualisées
réalisées collectivement.

Étape 1 :
Évaluation des
compétences des individus
et des fonctions de
l'entreprise.

● DRH siège
Niveau fonctionnel pour
l'instrumentation.
● Niveau local pour
l'évaluation.

Étape 2 :
Création, modernisation
et diffusion des outils
gestion des compétences.

● Décentralisation.
● Niveaux opérationnels.

Étape 3 :
Informatisation du
processus de gestion
des compétences.

● Mondialisation.
● Transparence.
● Utilisation par tous

La représentation ci-dessus est composée de trois étapes incontournables :

Etape 1 : Evaluation des compétences des individus et évaluation des compétences individuelles par fonction

Cette phase débute généralement par une phase de réflexion sur la méthodologie à mettre en place et sur l'établissement d'un état des lieux concernant les compétences individuelles que l'entreprise souhaite gérer. Réalisée par un cabinet de consultant ou gérée de façon autonome par la DRH, cette première étape reste centralisée au siège social en ce qui concerne l'élaboration du processus d'évaluation et de l'instrumentation associée. Les évaluations individuelles et fonctionnelles peuvent être réalisées au niveau local lors d'entretiens annuels par exemple. En règle générale, semble-t-il, cette première étape s'étend sur une période relativement importante qui varie de 1,5 ans à 3 ans suivant les organisations.

Nous avons constaté qu'il existe deux voies d'entrée dans le processus de GESTION DES COMPÉTENCES PROFESSIONNELLES :

- **Une évaluation exhaustive des compétences des individus et des fonctions**

Cette première méthodologie consiste à évaluer les compétences des individus et des postes de façon très détaillée afin d'établir d'une part, « une photographie » des « savoirs, savoir-faire et savoir-être » possédés par le collaborateur au sein et à l'extérieur de l'organisation (le bilan de compétences permet cet approfondissement personnel) et d'autre part, de référencer tous les métiers de l'organisation à l'aide d'un guide exhaustif ou d'une cartographie, instrument plus visuel et maniable. Les organisations qui ont choisi cette voie sont par exemple :

LYONNAISE DES EAUX, ODA, SNCF, GAZ DE FRANCE. Ils ont recourt également à la projection dans le futur des métiers de l'entreprise afin d'anticiper les compétences à rechercher ou à former. Le danger observé est la longueur du travail d'élaboration des listes et l'indispensable mise à jour à effectuer.

- une évaluation des compétences stratégiques des individus et des fonctions

Cette deuxième approche est plus rapide que la précédente. Elle concerne les organisations qui n'ont pas le temps d'établir des listes exhaustives de compétences individuelles qui seront, selon elles, toujours erronées. Cette démarche requiert, en amont, une réflexion sur les fonctions et les métiers dits stratégiques. Elle est choisie principalement par les organisations sensibles à une approche Ressource, qui ont déjà une politique de gestion des compétences d'entreprises. Il est possible de citer les cas de :

EDF, FRANCE TELECOM, IBM, SEITA, THOMSON, TF1. Il s'agit d'une part, d'identifier les compétences individuelles stratégiques que tout employé doit posséder s'il souhaite progresser au sein de l'organisation et d'autre part, d'identifier les compétences individuelles stratégiques spécifiques au poste (qui peuvent être déclinées en degré d'utilisation) présentées sous la forme d'un classement.

Etape 2 : Création, modernisation et diffusion des outils

A la suite de la première phase d'évaluation, la **gestion des compétences professionnelles** va exploiter des outils de GRH existant en les transformant et en développant sa propre instrumentation. L'application de ces outils se fait soit de façon délocalisée au niveau des filiales ou des unités régionales. Une grande liberté d'application peut être observée ou au contraire une standardisation mondiale est imposée.

Réalisation d'outils au niveau local : **EDF**
Utilisation d'une « boîte à outils » maison : **IBM, TEXAS INSTRUMENT**

Les outils de GRH que la gestion des compétences professionnelles modernise sont l'entretien annuel, le calcul des rémunérations et le contenu des formations.

Il est possible de constater, que suite à la mise en place du discours sur la gestion des compétences professionnelles, l'entretien d'évaluation est modernisé dans sa forme et dans son fond. Par exemple, les objectifs à atteindre sont déclinés en compétences individuelles à mettre en œuvre.

> Ainsi, **IBM** a généralisé, au niveau mondial sa politique de gestion des compétences professionnelles tout en mettant en place une nouvelle architecture des entretiens annuels, nommés « DPM »[1]. Tous les trois mois, les décideurs de différents pays se concertent pour discuter des différents candidats. Suite à un « Assessment Center », les collaborateurs reçoivent une évaluation à 360°.

> **FRANCE TELECOM**, parallèlement à l'application de la gestion des compétences professionnelles a répandu dans toutes les unités des « entretiens de progrès » **EDF** a mis en place simultanément le « GAEC »[2] et une refonte de ses entretiens d'évaluation classiques, sous le nom « PPP »[3].
>
> 1. « Développement Personnel Management ».
> 2. « Gestion Anticipée des Emplois et des Compétences ».
> 3. « Projet Personnel Personnalisé ».

A la suite d'une politique de gestion des compétences individuelles, le calcul de la rémunération semble se réactualisé en intégrant désormais, les performances atteintes dans les critères de compétences individuelles stratégiques. La gestion des compétences professionnelles favorise la modernisation des systèmes de rémunération (cf. travaux de V. Marsach, 1995, 1999).

La gestion des compétences professionnelles a une influence sur les formations qui deviennent plus individualisées même si elles restent dispensées collectivement. Lors de stages, de colloques, de bilans de compétences ou au sein d' « Assessment Center », il s'agit de favoriser le transfert des compétences individuelles d'un employé à un groupe, de sensibiliser les collaborateurs à de nouvelles compétences ou de renforcer celles qui sont considérées comme stratégiques par l'organisation (cf. C. Levy-Boyer, 1996, 1999).

Les outils présentés ci-dessus existaient avant la mise en place des politiques de gestion des compétences professionnelles. Mais, celle-ci a entraîné leur modernisation en les façonnant à son image.

D'autres outils sont issus de la mise en place de la gestion des compétences professionnelles tels que :
- **Le bilan de compétence** qui peut être réalisé à la demande de l'employé et effectué en interne ou en externe. Il requiert une technique spécifique qui s'appuie sur l'évaluation de tous les types de compétences individuelles présentes, passées futures et sur les aspirations profondes et personnelles de l'employé. Il n'est pas systématiquement communiqué à l'organisation et ne remplace pas un entretien annuel qui reste l'outil de l'évaluation professionnelle. Une des caractéristiques qui sous-tend le bilan de compétences est la transférabilité des compétences entre les situations de travail. En effet, en changeant de poste de travail, l'individu ne se démet pas des compétences acquises. Il peut même les utiliser dans son nouvel environnement de travail.

Parfois, les bilans de compétences ont une connotation négative. Lorsqu'ils sont demandés par un employé, ils révèlent une rupture entre l'employé et l'organisation (souvent en situation de malaise ou de départ). En général, ils sont partiellement intégrés dans l'entretien annuel.

Certaines organisations possèdent des outils en **gestion des compétences professionnelles** qui allient réflexion personnelle et bilan de compétence.

NOVOTEL a deux catégories d'outils :
« **L'école de la vie** » qui permet aux employés de réaliser des bilans de compétences très approfondis et strictement personnels.
« **La méthode PROGRES** » qui intègre la gestion des compétences individuelles. Mise en place dans tous les hôtels, elle est coordonnée par un chargé de mission qui aide les directeurs dans l'évaluation la formation, la rémunération des employés. Ce responsable de projet évalue également le niveau d'utilisation de la CGI au sein de l'hôtel.

Chez **NOVOTEL**, chaque employé possède un classeur qui lui permet de construire son plan de carrière en fonction de la politique gestion des compétences professionnelles de l'entreprise, de la liste des compétences requises par métier, des seuils à atteindre en terme de résultats, des enveloppes de rémunération.

Les « Assessment Center » (cf : **TEXAS, NOVOTEL, CARREFOUR**) sont des centres de formation internationaux où des employés de l'organisation sont envoyés par leur manageur (hiérarchique n+1). Le premier objectif consiste à réaliser un « bilan des compétences ». Les conclusions obtenues ne sont communiquées qu'au participant. Le deuxième objectif peut correspondre, par exemple, à dispenser à des candidats des stages relatifs aux différentes compétences individuelles stratégiques que tout leader doit acquérir.

Chez **TEXAS**, ces compétences sont matricées à travers différents cours. Le choix des programmes se fait par consensus. Une évaluation à 360° est réalisée par la suite. Le participant répond à un questionnaire, les personnes avec qui il travaille et ses supérieurs remplissent un autre questionnaire. Une évaluation pour chaque compétence stratégique est réalisée à partir d'échelles.

NOVOTEL a mis en place, en son sein, depuis 15 ans des stages réalisés dans un « Assessment Center » qui permettent le transfert de compétences individuelles mais aussi organisationnelles entre les marques NOVOTEL. Par exemple, NOVOTEL a profité du savoir-faire de la filiale **TICKETS RESTAURANT** dans les cartes de paiement pour proposer à ses clients une nouvelle carte de promotion.

Une réflexion sur la prospective des métiers et des compétences individuelles futures. Réalisée en groupes de travail transversaux à l'aide de méthodes créatives, l'objectif de ces discussions stratégiques consiste à faire évoluer le processus de gestion des compétences professionnelles en tentant d'anticiper les besoins futurs.

Etape 3 : Informatisation mondiale du processus et mise à disposition des compétences individuelles à toute l'organisation

La finalité de la gestion des compétences professionnelles est d'une part de proposer aux unités opérationnelles des outils de

GRH directement applicables, permettant de maximiser les compétences individuelles des agents locaux et d'autre part, d'assurer la gestion des compétences de tout le personnel de l'organisation (c'est-à-dire au niveau mondial) afin d'effectuer les transferts de compétences nécessaires, de maximiser la gestion des ressources humaines.

Aussi, force est de constater une informatisation du processus de gestion des compétences professionnelles qui revêt des formes différentes suivant les organisations. Cet outil, pour être efficace, doit être mis à jour régulièrement et être accessible aux décideurs. Ainsi, il permet de détecter rapidement les individus correspondant aux postes, en fonction des zones géographiques sélectionnées.

Cette base de données informatique est élaborée à partir de deux fichiers :

Un fichier nominatif de tous les collaborateurs recensant leurs compétences individuelles passées (internes ou externes à l'entreprise), présentes (exploitées dans le poste actuel) et futures (à développer avec des formations individualisées) ainsi que les stages réalisés. Cette synthèse mentionne la composition de la rémunération, les aspirations du collaborateur et les évaluations de ses supérieurs hiérarchiques (parfois évaluation à 360°[1]). Ce document est actualisé suite aux entretiens annuels. Il reste transparent (ou partiellement transparent) pour l'employé et ses supérieurs[2].

1. Par exemple chez ARTHUR ANDERSEN.

2. Par exemple chez IBM.

Un fichier par poste qui reste beaucoup plus succinct que le précédent. Celui-ci est alimenté par la DRH et les résultats des réunions sur la prospective des métiers. Cet outil d'aide à la décision, adressé aux managers, se doit d'être visuel, concis. Il recense à partir d'une échelle d'évaluation les compétences individuelles stratégiques propres au poste et les compétences individuelles stratégiques propres à tout manager de l'organisation.

Cette base de données permet d'obtenir une connaissance précise de tous les profils en terme de compétences au niveau de l'entreprise ou au niveau mondial.

> **IBM**, de transférer les compétences (et non les hommes) en fonction des besoins décelés.
>
> Chez **IBM** et **TEXAS**, cette base est partiellement transparente, chez **ANDERSEN**, elle est totalement accessible à l'employé qui peut prendre connaissance des évaluations (360°) que l'on a faite sur lui.

Mais un tel outil comporte des inconvénients. Il reste lourd à gérer et sa mise à jour par les différents acteurs n'est jamais systématique. Il entraîne des procédures supplémentaires, alors que les entreprises cherchent à les réduire. Son coût de création, d'installation et de fonctionnement reste élevé.

Actuellement, avec le développement de la gestion des connaissances, l'informatisation des compétences devient une des étapes majeures dans le process de Knowledge-Management. Cette **étape de stockage** permet de constituer la mémoire de l'entreprise, (cf. M. Girod [1]) afin de réutiliser les compétences individuelles ou collectives « just in time » dans le cadre d'une gestion de projet ou d'un besoin ponctuel.

1. M. Girod-Seville, *La mémoire des organisations*, L'harmattan, 1999.

6. LES COMPÉTENCES COLLECTIVES
se sont développées
avec la gestion par projet

La méthodologie de la gestion des compétences collectives est particulièrement développée au chapitre 6, pp. 282-287.

6.1 Conditions d'émergence des compétences collectives

Les nouveaux modes de travail privilégient le travail en groupe.

Or, pour fonctionner, tout groupe a besoin d'une part, d'un coordinateur qui fixe les objectifs et d'autre part, d'un calendrier qui recentre et qui rend compte de la réflexion collective. Le rôle de coordinateur est, bien souvent, confié à tour de rôle. Le responsable hiérarchique d'un groupe peut être amené à effectuer cette tâche et ainsi être confronté à la gestion de compétences collectives.

Dans le cadre de restructurations, de plans sociaux, le recours au travail en groupe est d'autant plus important qu'il permet de motiver le personnel restant dans l'entreprise. Aussi, les nouvelles politiques de management privilégient à la fois l'accompagnement individuel par un « management de proximité » et la gestion de groupes de projets, de travail en équipe en favorisant le développement des compétences collectives.

Les difficultés économiques vécues par les entreprises les ont amenées à effectuer des licenciements dans le cadre de plans sociaux. Les nouvelles embauches ont donné lieu à des contrats plus précaires. Le corps social s'est alors modifié. Les revendications collectives ont laissé place à des négociations personnalisées. Il est possible de remarquer que dans ce climat d'incertitudes, la constitution des groupes et le pouvoir qui leur est associé se sont déplacés du niveau syndical fondé sur des revendications collectives au niveau d'équipes de projets. Celles-ci sont formées à l'initiative de l'entreprise ou d'un salarié et visent à promouvoir les compétences individuelles de chacun tout en participant à l'élaboration de compétences collectives. Face à cette nouvelle situation de la gestion de la crise de l'emploi, les organisations ont favorisé le développement du travail en groupe dont un des objectifs consiste à informer et motiver les participants d'autant plus si leurs provenances sont disparates. L'entreprise a vu s'accroître le nombre de groupes et par conséquent le nombre de compétences collectives à gérer. Les dirigeants ont dû réfléchir à la façon d'optimiser cette nouvelle richesse qui se créait au sein de leur structure. En 1999 avec la reprise et l'avènement des start up, le travail en groupe est resté un mode de fonctionnement très performant. Il a permis de constituer des équipes mixtes entre des jeunes créateurs spécialistes en nouvelles technologies et des cadres expérimentés, plus âgés, reconnus pour leurs compétences de gestionnaire.

THEORIE

Comme le souligne J. Melese, 1992 [1], la dialectique individuel-collectif est présente tout au long de l'histoire de l'humanité. Le passage de l'individuel au collectif constitue une **problématique** à part entière mais selon M. Crozier, 1989 [2], l'apprentissage du futur ne peut se faire que collectivement. Le transfert d'apprentissages individuels à collectifs pose des difficultés majeures.

1. J. Melese, *Approche systématique des organisations*, Ed. d'Organisation, 1992.

2. M. Crozier, *L'entreprise à l'écoute*, Interéditions, 1989.

Schéma n° 25 :
**Conditions d'émergence
du concept de compétence collective**

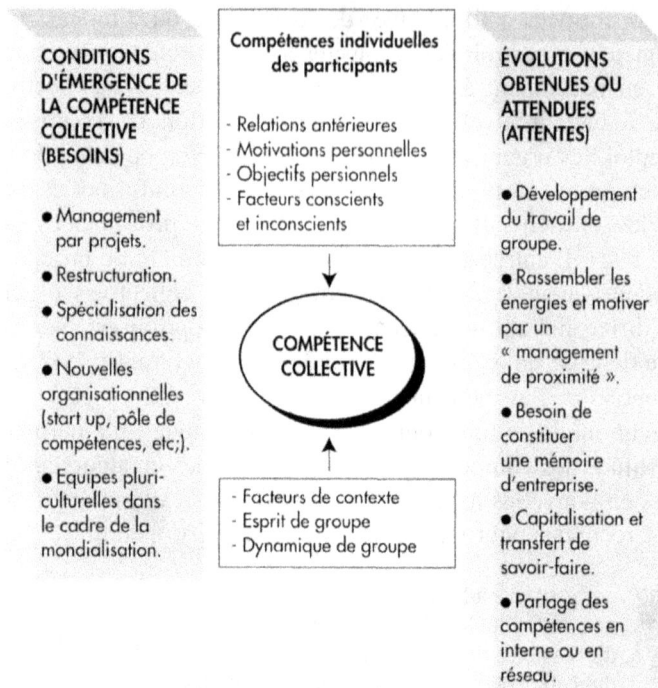

CONDITIONS D'ÉMERGENCE DE LA COMPÉTENCE COLLECTIVE (BESOINS)	Compétences individuelles des participants	ÉVOLUTIONS OBTENUES OU ATTENDUES (ATTENTES)
• Management par projets. • Restructuration. • Spécialisation des connaissances. • Nouvelles organisationnelles (start up, pôle de compétences, etc;). • Equipes pluri-culturelles dans le cadre de la mondialisation.	- Relations antérieures - Motivations personnelles - Objectifs personnels - Facteurs conscients et inconscients ↓ **COMPÉTENCE COLLECTIVE** ↑ - Facteurs de contexte - Esprit de groupe - Dynamique de groupe	• Développement du travail de groupe. • Rassembler les énergies et motiver par un « management de proximité ». • Besoin de constituer une mémoire d'entreprise. • Capitalisation et transfert de savoir-faire. • Partage des compétences en interne ou en réseau.

© C. Dejoux
Éditions d'Organisation

6.2 Définition des compétences collectives

Dans un groupe, les participants mettront en oeuvre quelques unes de leurs compétences individuelles, mais, en fonction des liens qui se tissent entre eux, des relations antérieures qui les lient, de leurs motivations, de leurs objectifs personnels et d'autres facteurs conscients ou inconscients, il se créera des **compétences collectives**, propres au groupe et à l'objectif qui lui est fixé. Ces compétences collectives sont de **nature combinatoire**. Elles ne sont pas constituées uniquement de la somme des compétences individuelles. Elles reposent sur « une ambiance », « une dynamique de groupe ». Elles sont uniques et possèdent les caractéristiques propres au concept de compétence. O. Nordhaug, 1996, pense que les compétences collectives représentent « *bien plus qu'un agrégat entre les connaissances, les capacités et les aptitudes que possèdent les individus d'un groupe* », mais il évoque la difficulté à définir ce « **surplus** » **qui les détermine.**

THÉORIE

M. de Montmollin, 1986 [1], étudie le concept de « compétence collective » en référence aux **groupes de projet** dans lesquels il est difficile de distinguer la part de la contribution personnelle au travail collectif. En règle générale la compétence collective n'est pas réductible à la somme de compétences individuelles. Comme le note V. Marbach, 1995 [2], le tout est supérieur à la somme des parties. En référence à C. Sauret, 1989 [2], elle distingue quatre dimensions de la « compétence collective » en se fondant sur l'analyse de JF. Troussier, 1990, quant aux qualifications collectives :

1. M. de Montmollin, *L'intelligence de la tâche : éléments d'ergonomie cognitive*, Peter Lang, Berne, 1986.

2. C. Sauret, *Les organisations qualifiantes*, Etudes, entreprise et personnel, 1989

- la **synergie** *qualifie les interactions fortes entre les membres de l'équipe ;*
- la **solidarité** *renvoie au réseau coopératif entretenu au sein de l'équipe de travail,...*
- l'**apprentissage** *définit le pouvoir qualifiant du collectif, fondé sur le type d'organisation mis en œuvre,...*
- l'**image opérative collective** *enfin, désigne l'existence d'une représentation commune de l'activité de travail...*
- le **code et le langage communs,** *qui font référence à ses membres :* « *il n'y a pas de compétence sans connivence* ».

Cet auteur donne une autre extension à la notion de compétence collective en l'élargissant au niveau de l'entreprise. Selon lui, il s'agit de gérer **les** « **réseaux de compé-tences** » **qui constituent l'entreprise-système** : « *ce sont les interfaces qui deviennent essentielles et non pas la recherche d'optimum locaux* ». *Plus liées à des projets qu'à des métiers, les compétences deviennent transversales, jusqu'à dépasser les frontières de l'entreprise ; la notion de réseau intègre ainsi jusqu'aux acteurs externes (clients, fournisseurs...* » [3].

3. V. Marbach, 1995.

THÉORIE

1. Synthèse des écrits de G. le Boterf, 1994, pp. 130-138.

Le Boterf, 1994, décrit la **compétence collective** à partir des équipes médicales pluridisciplinaires qui font de la recherche contre le cancer. Selon lui, la compétence collective se définit par les composantes suivantes [1] :

- Une image opérative commune
Il s'agit d'une équipe sachant se doter d'une représentation commune, d'un objectif à atteindre. Les référentiels individuels se focalisent en un référentiel commun qui résulte d'une élaboration commune et progressive.

- Un code et un langage commun
Elaboré au sein du groupe à partir des expériences vécues en commun, ce code culturel commun renforce l'appartenance au groupe puisqu'il est hermétique aux membres extérieurs.

2. Cette expression signifie « une entente sur une situation d'action, afin de coordonner consensuellement leurs plans d'action et par là même leurs actions », J. Habermas, *Théorie de l'agir communicationnel*, 1987.

- Un savoir-coopérer
La compétence collective suppose une mise en commun pour co-agir ou co-produire. Cette coopération instantanée relève de ce que J. Habermas, 1987, nomme « *l'agir communicationnel* » [2].

- Un savoir apprendre de l'expérience
La compétence collective se caractérise par des apprentissages collectifs par et dans l'action. Cela signifie que par le vécu de l'équipe, chacun, ainsi que le groupe vit des occasions d'apprentissage.

- Différents types d'équipes et différentes configurations de compétences
Comme il est possible de recenser différentes sortes d'équipes, il est possible d'observer différentes sortes de compétences collectives.

Ainsi, la littérature offre une définition de la compétence collective qui apparaît à l'intersection entre le niveau individuel et organisationnel. Mais la compétence collective reste difficilement mesurable et opératoire. Seul son caractère descriptif, plutôt que « prescriptif », lui donne une valeur ajoutée utilisable.

Conclusion

Les compétences individuelles des salariés constituent un objet de gestion. Développées, elles participent à l'amélioration de la performance de l'entreprise. La clé de la réussite pour asseoir une réelle gestion des compétences individuelles a pour caractéristiques :

- d'intégrer dans la gestion des compétences individuelles, les huit facteurs invariants du concept de compétence,
- de savoir que quelle que soit la méthodologie choisie pour la mise en place d'un processus de compétences individuelles, il y a 3 étapes récurrentes : l'identification des compétences (le choix entre une approche exhaustive ou sélective), la mise en place d'outils de gestion (créés en interne ou issus d'une boîte outils extrieure), l'informatisation du processus (dans une optique d'intégration au système de Knowledge Management).

Les compétences collectives doivent également être appréhendées au cours de la mise en place du processus de compétences individuelles car elles sont en interaction simultanée avec les compétences individuelles et organisationnelles.

Les compétences d'entreprise,
au cœur de la stratégie

La problématique

La confiance que les collaborateurs ou les actionnaires peuvent avoir dans les choix stratégiques de l'entreprise implique que ceux-ci intègrent l'évolution de la réalité économique et plus particulièrement les vicissitudes qui la caractérisent. Les outils classiques de la stratégie s'avèrent insuffisants pour réaliser des diagnostics et proposer des recommandations. Leurs limites résultent de leurs impossibilités à prendre en compte la mobilité des ressources internes et externes de l'organisation. Or, pour s'adapter aux environnements concurrentiels en constante évolution, les entreprises doivent « se penser » comme des systèmes évolutifs, réactifs et uniques.

Imaginer l'entreprise comme un éventail de ressources tangibles et intangibles, hétérogènes possédant un caractère idiosyncratique mais stable dans le temps constitue un axe majeur du courant sur la gestion des Ressources. Celui-ci vient compléter l'approche traditionnelle de la stratégie en fondant sa méthodologie sur l'identification et l'exploitation des « compétences organisationnelles clés » de la firme.

Ce chapitre présente les principaux concepts (ressources, compétences organisationnelles, rentes dans le temps) à appréhender pour mettre en place une approche Ressources dans l'entreprise. Une méthodologie directement opérationnelle est proposée ainsi qu'une comparaison entre l'approche Ressource et l'approche classique.

Les idées-clé

Définir l'entreprise comme un ensemble de compétences organisationnelles clés permet d'envisager des solutions stratégiques à son développement tel que le transfert de compétence sur un nouveau créneau ou l'exploitation maximale d'une compétence clé.

En stratégie, il n'y a pas d'outils garantissant le succès. Celui-ci provient du mixage de différents outils. Or, compte tenu des contextes mouvants qui affectent l'entreprise, ses dirigeants, soucieux d'intégrer les nouvelles technologies et les ressources immatérielles, ne peuvent ignorer l'approche Ressources par les compétences organisationnelles clés.

Celles-ci apportent des voies alternatives et ouvrent des horizons non envisagés par les outils stratégiques classiques.

> *Au niveau de la forme, ce chapitre est particulièrement technique et s'adresse principalement aux lecteurs intéressés par les modèles théoriques et leurs approfondissements. Il est approfondi par l'annexe n° 3, Page 323.*

Les mots-clé de recherche pour internet

Ressources, rente, compétence d'entreprise (compétence organisationnelle), avantage concurrentiel, ressources immatérielles.

Chapitre IV

Les compétences d'entreprise,
au cœur de la stratégie

> « *On obtient des résultats en exploitant des*
> *opportunités, non en résolvant des*
> *problèmes* »
> P. Drucker

Ce chapitre a pour objectif de présenter les conditions dans lesquelles le concept de compétence d'entreprise est devenu la pierre angulaire du renouveau stratégique. Tout d'abord, il aborde la présentation du cadre théorique dans lequel a émergé le concept de compétence d'entreprise et « la théorie des Ressources ». Celle-ci sera présentée dans une perspective historique par opposition aux outils stratégiques classiques tels que ceux de M. Porter. Ensuite, une synthèse des caractéristiques du concept de compétences d'entreprise sera mis en avant.

1. LES COMPÉTENCES D'ENTREPRISE
ont ouvert la voie à une nouvelle conception de la stratégie

1.1 La Théorie des Ressources permet d'élaborer de nouvelles stratégies en envisageant la firme comme une somme de stocks et de flux

1. B. Wernerfelt, « A Resource Based View of the firm », *Strategic Management Journal*, 1984, pp. 121-171.

2. B. Wernerfelt, « From critical resources to corporate strategy », *Journal of General Management*, Vol. 14, n° 3, 1989, pp. 4-12.

3. RP. Rumelt, « Toward a strategic View of the Firm », in RB. Lamb, *Competitive Srategic Management*, Prentice Halln 1984.

4. M. Porter, « Towards a dynamic theory of strategy », *Strategy Management Journal*, Vol 12, 1991, pp. 95-117.

5. J.B. Barney, « Strategic factor market, Expectations, luck and business strategy », *Management Science*, Vol. 32, n° 10, 1986, pp. 1231-1241.

6. J.B. Barney, « Firm Resource and Sustained Competitive Advantage », *Journal of Management*, Vol. 17, n° 1, 1991, pp. 99-120.

Dans les années 1980 (B. Wernerfelt, 1984 [1], 1989 [2]), la théorie des Ressources s'est développée de façon accélérée à partir du constat d'un certain nombre d'insuffisances du paradigme stratégique classique. Nous rappelons les principales hypothèses de départ du paradigme des ressources en nous appuyant sur les limites communément admises du paradigme stratégique classique.

Une des questions essentielles de la littérature stratégique consiste à évoquer les raisons pour lesquelles les entreprises d'un même secteur d'activité affichent des performances différentes (RP. Rumelt, 1984 [3]). Dans le paradigme classique (M. Porter, 1991 [4]), la performance de l'organisation est supposée dépendre à la fois des environnements de la firme et de ses ressources. Les modèles économiques traditionnels sont encore plus restrictifs : ils lient la performance de l'entreprise directement aux composantes de ces environnements. Ainsi, ils admettent que les entreprises d'un même secteur d'activité ne possèdent pas de grandes différences entre leurs ressources car elles sont supposées être mobiles et échangeables (c'est à dire achetées ou vendues) facilement sur le marché (JB. Barney, 1986 [5], 1991 [6]).

La théorie des Ressources prend le contre-pied de cette prise de position quant à l'explication des différences de performance entre les entreprises d'un même secteur d'activité. Elle part de l'hypothèse que les ressources dont les organisations ont besoin pour se développer et initier de nouvelles stratégies ont pour caractéristiques d'être hétérogènes (c'est à dire spécifiques à chaque entreprise) et que cette particularité reste stable dans le temps (JB. Barney, 1991). En d'autres termes, **la théorie des Ressources est fondée sur l'hypothèse que les firmes sont différentes car elles possèdent des ressources différentes qui sont hétérogènes et stables.**

Reprenons le texte original de JB. Barney[1] qui spécifie les deux hypothèses principales de la théorie des Ressources concernant l'analyse des sources des avantages concurrentiels :

1. J.B. Barney, 1991.

Hypothèse 1 : L'hétérogénéité des organisations

THÉORIE

La théorie des Ressources suppose, tout d'abord, que les organisations d'un secteur d'activités peuvent être hétérogènes. Cette hétérogénéité s'explique car chaque entreprise possède un éventail de ressources qui lui est propre.

Hypothèse 2 : La mobilité des ressources au sein de l'entreprise favorise leur hétérogénéité

D'autre part, les ressources d'une organisation ne sont pas totalement mobiles. Elles peuvent s'associer, se dissocier, disparaître. Ces processus continus assurent à l'organisation une originalité constante dans la constitution de son portefeuille de ressources.

THÉORIE

Ainsi, la théorie des Ressources propose aux dirigeants de réfléchir, en premier lieu (avant même d'analyser les stratégies des concurrents), à l'identification des compétences organisationnelles que l'entreprise possède afin de déterminer celles qui sont stratégiques et permettront de déployer des avantages compétitifs durables. Dans un second temps, les décideurs devront se positionner par rapport aux questions suivantes :

« Sur la base de nos compétences organisationnelles actuelles, quelle part de créneaux futurs pourrons-nous espérer occuper ?...

Quelles nouvelles compétences organisationnelles devront-nous acquérir et comment modifier notre définition du marché cible afin d'élargir notre part des créneaux à venir ? »[1].

Dans l'approche stratégique des Ressources, l'entreprise doit être envisagée comme un portefeuille de compétences organisationnelles fondamentales et non pas comme un ensemble de segments stratégiques. Aussi, les décideurs ont à se positionner par rapport à la question suivante :

« Compte tenu de notre portefeuille, quels créneaux sommes-nous le mieux en mesure d'occuper ? »[1].

Cet angle d'approche propose un *« mariage entre compétences fondamentales et souci de fonctionalités qui permet à l'entreprise de découvrir des contrées inexplorées. De dépasser ce qui est pour imaginer ce qui pourrait être »*[1].

Cette phase d'analyse qui vise à la maximisation des compétences clés dans des stratégies de transfert par exemple, permettra à l'entreprise d'acquérir un avantage compétitif durable. Celui-ci lui assurera des rentes dans le temps (R. Amit et PJH. Schoemaker, 1993[2]).

1. G. Hamel ; CK. Prahalad, La conquête du futur, Interéditions, 1995, p. 39, 40, 93.

4. R. Amit ; PJH Schoemaker ; « Strategic Assets ans Organizational Rent », *Strategic Management Journal*, Vol 14, 1993, pp. 33-46.

Afin de visualiser les finalités et les descripteurs de la théorie des Ressources, nous proposons une représentation simplifiée qui permet de comprendre la démarche grâce à laquelle une ressource produit un profit durable tout en situant l'utilisation des concepts clé (Tableau n° 20). Ceux-ci sont largement détaillés en annexe 3 p. 323.

- les ressources
- les ressources stratégiques
- les compétences de l'entreprise
- les compétences distinctives de l'entreprise
- l'avantage concurrentiel dans le temps
- la rente durable

1.2 Les concepts-clé qui permettent de concevoir la firme comme un portefeuille de ressources hétérogènes

Tableau 20
Définition des concepts-clé de la « Théorie des Ressources »

Ressources	Constituent ce que possède l'entreprise, à savoir[a]:
	- **capital physique** (la technologie, l'usine, les équipements, la localisation géographique, l'accès aux matières premières)
	- **capital humain** (les compétences professionnelles, la formation, l'expérience, le jugement, les relations sociales, les prévisions des managers)
	- **capital organisationnel** (compétences collectives, organisationnelles, systèmes de coordination, de planification, de gestion des connaissances, contrôle)
Ressources stratégiques	Possèdent les caractéristiques suivantes[b]:
	- ont de la **valeur**
	- sont **rares**
	- ne sont **pas imitables** par les concurrents
	- ne sont **pas substituables**
	- procurent un **avantage concurrentiel** unique sur le marché
	...

Tableau 20 (suite)
Définition des concepts-clé de la « Théorie des Ressources »

Compétences de l'entreprise	Ce sont des **ressources spécifiques**, plus particulièrement intangibles, propres à l'organisaiton. Elles sont considérées comme des **flux** par opposition aux ressources, considérées comme des stocks[c] Elles sont considérées comme « **ce que l'entreprise sait faire** » par opposition aux actifs qui représentent « ce que l'entreprise possède ». Ex : réseaux de connaissances de d'information, bases de données, réputation, croyances de l'entreprise, etc…
Compétences distinctives ou stratégiques	Compétences organisationnelles qui participent, incontestablement, à la performance de l'entreprise et qui lui procurent un avantage concurrentiel. Elles sont **peu nombreuses** et renforcent la position concurrentielle de l'entreprise sur une gamme de produits ou services Elles ne sont pas toujours décelables par les clients Elles recueillent l'adhésion de tous en interne. Elle sont **uniques** dans leur catégorie.

a. JB . Barney, 1991.

b. JB . Barney, 1991.

c. I. Dierickx, K. Coll, « Asset stock accumulation and substainasility of competitive advantage », *Management Science*, n° 35, 1989, pp. 1504-1511.

1.3 La méthodologie de la théorie des Ressources

Schéma 26

Présentation générale de la méthodologie de l'approche Ressource, d'après JB. Barney, 1991 et L. Bogaert et al,1994 [1]

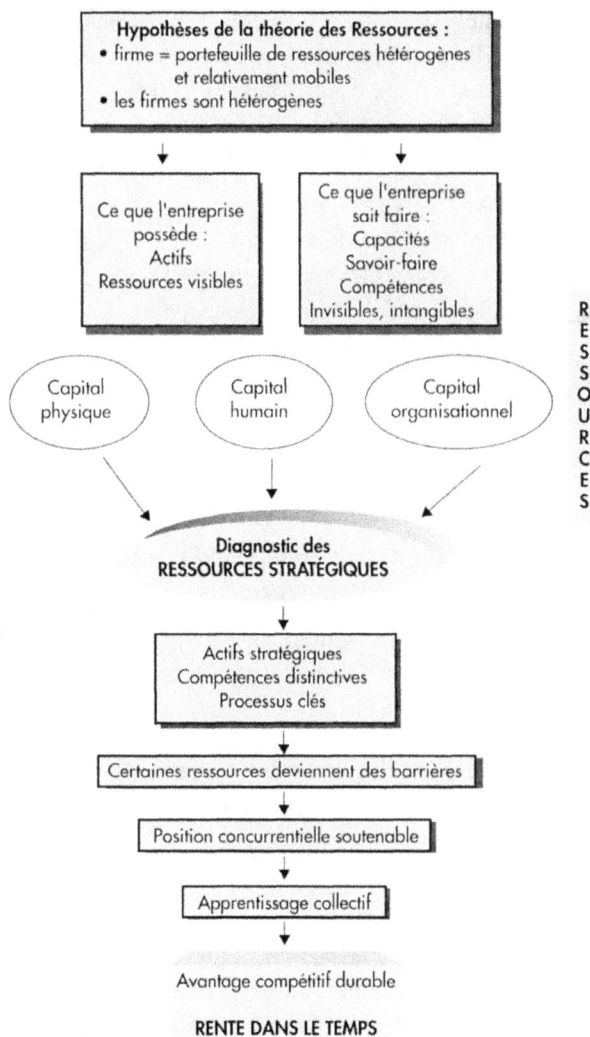

```
┌─────────────────────────────────────────────┐
│ Hypothèses de la théorie des Ressources :    │
│ • firme = portefeuille de ressources         │
│   hétérogènes et relativement mobiles        │
│ • les firmes sont hétérogènes                │
└─────────────────────────────────────────────┘
        ↓                    ↓
┌──────────────────┐  ┌──────────────────────┐
│ Ce que           │  │ Ce que l'entreprise  │
│ l'entreprise     │  │ sait faire :         │
│ possède :        │  │ Capacités            │
│ Actifs           │  │ Savoir-faire         │
│ Ressources       │  │ Compétences          │
│ visibles         │  │ Invisibles,          │
│                  │  │ intangibles          │
└──────────────────┘  └──────────────────────┘

  ( Capital    )  ( Capital )  ( Capital          )
  ( physique   )  ( humain  )  ( organisationnel  )

              Diagnostic des
           RESSOURCES STRATÉGIQUES
                    ↓
┌──────────────────────────────────┐
│       Actifs stratégiques        │
│    Compétences distinctives      │
│        Processus clés            │
└──────────────────────────────────┘
                    ↓
┌──────────────────────────────────────────┐
│ Certaines ressources deviennent des      │
│ barrières                                │
└──────────────────────────────────────────┘
                    ↓
┌──────────────────────────────────┐
│ Position concurrentielle soutenable │
└──────────────────────────────────┘
                    ↓
┌──────────────────────────┐
│ Apprentissage collectif  │
└──────────────────────────┘
                    ↓
        Avantage compétitif durable

           RENTE DANS LE TEMPS
```

R E S S O U R C E S

---

1. I. Bogaert ; R. Martens ; A. Couwenberg, « Strategics a situational puzzle : the lit of components », in Competence-based competition, G. Hanel, A. Heene, John Wiley, 1994, pp. 57-73.

La théorie des Ressources a une méthodologie décalée par rapport aux approches économiques traditionnelles (cf : « market entry deterence approach »). Dans le cadre de ces dernières, les organisations débutent leur analyse stratégique par le choix des marchés où elles souhaitent s'implanter, puis, elles s'intéressent à l'obtention de ressources nécessaires pour cette implantation. Dans l'approche ressource (« the dynamic capability approach »), les dirigeants de la firme commencent par identifier les ressources puis décident sur quels marchés ces ressources pourront être transférées, exploitées afin de procurer des profits acceptables et durables (DJ. Teece, G. Pisano, A. Shuen, 1990[1]).

La « théorie des Ressources » remet également en cause un concept fondamental de l'approche stratégique classique, à savoir, l'existence de barrières à l'entrée et à la mobilité (cf. : l'économie industrielle).

Nous proposons, à présent, de présenter les étapes de la gestion des compétences organisationnelles élaborées par G. Hamel et CK Prahalad, 1995[2] car elles correspondent à l'approche la plus répandue :

1. DJ. Teece ; G. Pisno ; A. Shuen ; « Firm Capabilities Ressources and the Concept of Strategy », *Academy of Management*, Ballinger Press, San Fracisco, 1990.

2. G. Hamel, C.K. Prahalad, *La conquête du futur*, Interéditions, 1995.

Etape 1: Identification des ressources de l'organisation dont l'identification des compétences organisationnelles

Les dirigeants dressent l'inventaire des compétences organisationnelles de façon tout à fait aléatoire ou pour des raisons de pouvoir.

Etape 2 : Recensement des ressources stratégiques dont les compétences organisationnelles stratégiques

Lors de cette étape, les auteurs mentionnent le biais qui consiste à ce que chaque participant inclue dans la liste des compétences clés celles qui appartiennent à son activité. A ce niveau, le piège est de sous-traiter cette identification à un technicien qui n'aura pas de vue globale. Un autre piège consiste à considérer les actifs, les infrastructures comme des compétences organisationnelles et à rester prisonnier d'une approche centrée sur les produits finaux.

Le succès de cette sélection réside dans la motivation de la Direction Générale et dans sa façon de l'insuffler à l'ensemble du personnel. Le dernier test consiste à tester les compétences organisationnelles stratégiques par rapport à la valeur perçue par le client.

Etape 3 : Déploiement des compétences organisationnelles stratégiques

La caractéristique des compétences organisationnelles stratégiques consiste à se déployer dans plusieurs segments stratégiques en même temps ou dans plusieurs divisions de l'entreprise. Certaines sociétés y parviennent mieux que d'autres et savent exploiter leurs compétences organisationnelles stratégiques pour un large éventail de produits. Il est important de savoir éviter toute fragmentation indispensable des compétences.

Etape 4 : Acquisition de compétences organisationnelles stratégiques

Le processus d'acquisition est lié à « l'architecture stratégique »[1]. Parfois, l'entreprise doit « *acquérir de nouvelles compétences fondamentales qui débordent souvent le cadre d'un seul segment stratégique tant sur le plan de l'investissement requis que sur celui des applications possibles* »[1].

1. G. Hamel ; CK. Prahalad, 1995, pp. 240-244.

Ce processus d'acquisition de compétences fondamentales dépend du type de marché sur lequel l'entreprise se situe (cf. : Schéma n° 26).

Schéma 27

Mise sur pied d'un programme d'acquisition de compétences fondamentales d'après G. Hamel, CK. Prahalad, Interédition, 1995

	Marché existant	Nouveau Marché
Nouvelles compétences organisationnelles stratégiques	Leader dans 10 ans « Stratégie de conquérant » — Quelles sont les nouvelles compétences stratégiques nécessaires à la protection et à l'extension de notre présence sur les marchés actuels ?	Présence sur des méga-créneaux rentables « Stratégie de volume » — Quelles sont les nouvelles compétences stratégiques qui seraient nécessaires à la participation aux marchés les plus intéressants de demain ?
Compétences stratégiques existantes	Maximisation des Ressources actuelles « Stratégie de profits » — Quelles possibilités existe-t-il pour améliorer notre situation sur les marchés existants en exploitant au mieux nos compétences stratégiques actuelles ?	Transfert et transformation des Ressources « Stratégie de déploiement » — Quels nouveaux produits ou services pourrions-nous inventer en nous redéployant de façon créative ou en combinant différemment nos compétences stratégiques actuelles ?

Etape 5 : Développement de nouvelles compétences organisationnelles stratégiques

Comme nous l'avons mentionné précédemment, il faut entre **5 à 10** ans pour atteindre une certaine suprématie en matière de compétence organisationnelle stratégique. Une **stabilité dans le temps** entre les équipes qui sont en charge du développement des ces compétences et la volonté de la direction de mener cette action à terme doit s'instaurer.

1. Pour G. Hamel et CK. Prahalad, la clairvoyance consiste à imaginer les potentialités de l'avenir en fonction des compétences organisationnelles stratégiques que l'on possède.

La notion de **clairvoyance**[1] est également déterminante. Il est important de repérer les opportunités qui échappent à l'attention de la concurrence ou de pouvoir exploiter d'autres ressources grâce à des efforts précoces et inlassables de développement des compétences nécessaires que les concurrents jugeraient hors de portée.

Etape 6 : Défense des compétences organisationnelles stratégiques

Il existe de multiples façons de perdre les compétences organisationnelles stratégiques. Les au-teurs citent les cas suivants :
- le financement est insuffisant,
- une décentralisation est mise en place et a pour conséquence un effritement des compétences,
- il n'existe pas de consensus entre les hauts dirigeants de l'organisation,
- les compétences organisationnelles stratégiques sont livrées à des partenaires lors d'alliances,
- elles sont perdues lors de la cession d'un domaine d'activité aux performances décevantes.

THÉORIE

Johnsen et K. Scholes, 1993[1], proposent une méthodologie pour identifier les compétences organisationnelles stratégiques. Celle-ci est d'autant plus intéressante qu'elle utilise des outils de l'analyse stratégique classique, tels que la « chaîne de la valeur » et « l'analyse SWOT ». Nous présentons cette approche à partir du Schéma n° 28. Force est de reconnaître, à travers cette approche, le caractère complémentaire de ces deux courants stratégiques.

1. G. Johnsen ; K. Scholes ; *Exploring Corporate Strategy*, Prentice HALL, 1993.

Schéma 28

Processus d'identification d'une compétence stratégique dans le cadre d'une approche Ressource, d'après G. Johnsen et K. Scholes, 1993 [1]

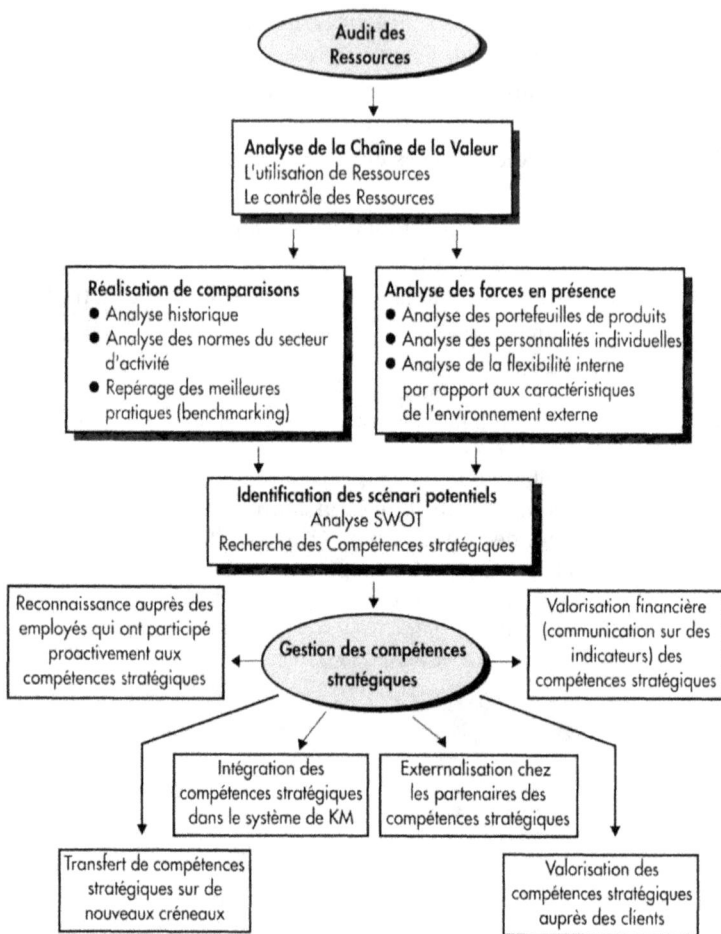

Audit des Ressources

Analyse de la Chaîne de la Valeur
L'utilisation de Ressources
Le contrôle des Ressources

Réalisation de comparaisons
- Analyse historique
- Analyse des normes du secteur d'activité
- Repérage des meilleures pratiques (benchmarking)

Analyse des forces en présence
- Analyse des portefeuilles de produits
- Analyse des personnalités individuelles
- Analyse de la flexibilité interne par rapport aux caractéristiques de l'environnement externe

Identification des scénari potentiels
Analyse SWOT
Recherche des Compétences stratégiques

Reconnaissance auprès des employés qui ont participé proactivement aux compétences stratégiques

Gestion des compétences stratégiques

Valorisation financière (communication sur des indicateurs) des compétences stratégiques

Intégration des compétences stratégiques dans le système de KM

Externnalisation chez les partenaires des compétences stratégiques

Transfert de compétences stratégiques sur de nouveaux créneaux

Valorisation des compétences stratégiques auprès des clients

1. G. Johnson, K. Scholes, *Expriming Corporate strategie*, Prentice Hall, 1993.

THÉORIE

La logique globale des processus est identique dans les deux présentations. Dans ces deux cas, l'approche ressource se caractérise par son caractère dynamique (JT. Mahoney, 1995 [1] ; DJ. Teece, G. Pisano, A. Shuen, 1993 [2]). Pour fonctionner correctement, elle doit être à l'initiative de la direction générale. Ensuite, elle est déclinée à l'ensemble du personnel car l'entreprise tout entière doit être proactive par rapport à cette démarche. Les compétences stratégiques de l'organisation concernent tous les employés et non des groupes identifiés d'individus.

1. J.T. Mahoney, « The management of resources and the resource of management », *Journal of Business Research*, Vol. 33, 1995, pp. 91-101.

2. D.J. Teece, G. Pisano, A. Schuen, « Firm capabilities resouces and the concept of strategy », *Academy of management meeting*, SIF, Ballinger Press, 1990.

Ces méthodologies font apparaître une certaine cohérence dans l'enchaînement des étapes. Contrairement à l'hétérogénéité des approches théoriques et des pratiques concernant les compétences individuelles, l'approche ressource qui s'emploie à gérer les compétences stratégiques d'entreprise semble faire état d'un consensus méthodologique.

Une méthodologie est prosée au chapitre 6, pp. 288-293.

2. COMPARAISON DES OUTILS CLASSIQUES DE LA STRATÉGIE
et de ceux qui envisagent la firme comme un éventail de ressources

Nous nous positionnons parmi ceux qui pense que la théorie des Ressources ne peut être envisagée de façon autonome, qu'elle est complémentaire des approches de l'économie industrielle classique (paradigme stratégique classique) (DJ. Collis, 1991 ; I. Dierickx et K. Cool, 1989 GS. Hansen et B. Wernerfelt, 1989 ; JT. Mahoney et R. J Pandian, 1992). Pour M. Porter, « *la théorie des Ressources ne peut être l'unique approche de la stratégie* » [1].

1. M. Porter, « Towards a dynamic Theory of strategy », *Strategy management journal*, Vol. 12, 1991, pp. 95-117.

THEORIE

Les entreprises ont besoin d'être analysées aussi bien d'un point de vue des ressources que d'un point de vue des produits : « *si la position privilégiée d'un produit sur le marché est obtenue ou conservée grâce au déploiement d'actifs rares, il est nécessaire de connaître les coûts d'opportunités de ces actifs* »[1]. Cette école de la stratégie est fondée sur les actifs qui sont répertoriés et classés ainsi que les coûts et les économies qu'ils induisent[2]. « *Le concept de compétence organisationnelle peut être considéré comme un catalyseur de l'accumulation d'actifs* »[2].

Les compétences organisationnelles stratégiques permettent également à l'entreprise « *de maintenir ou d'étendre son avantage compétitif en offrant la possibilité d'augmenter les actifs spécifiques non vendables plus rapidement que les concurrents* »[2].

Ceci est particulièrement important pour les marchés caractérisés par des changements significatifs.

Il existe des travaux qui établissent des liens entre les compétences organisationnelles stratégiques et l'analyse stratégique classique[2]. On peut les résumer en quatre propositions :

Proposition n° 1 : Comprendre exactement quelles sont les compétences qui peuvent édifier un avantage concurrentiel. La théorie décline un certain nombre de critères qu'il est important de rendre opérationnels.

Proposition n° 2 : Attaquer un marché en sachant comment employer les compétences organisationnelles stratégiques.

Proposition n° 3 : Maîtriser le transfert d'une compétence clé d'un secteur d'activité à un autre et mettre en place la méthodologie qui permettra de faire durer ce transfert dans le temps.

Proposition n° 4 : Transférer les compétences d'une jeune filiale à une jeune filiale plus mature et pas uniquement l'inverse.

1. JB. Barney, 1986.

2. G. Hamel ; A. Heene, *Competence based competition*, Chickster, UK, 1994, pp. 84, 86, 106.

Ainsi de réels progrès en stratégie apparaîtront grâce à l'utilisation de ces deux paradigmes complémentaires dans le cadre d'une bonne exploitation des compétences de l'entreprise alliée à une analyse rigoureuse des marchés et des concurrents.

A présent, nous proposons une comparaison du paradigme classique et de la théorie des Ressources (cf. : Tableau n° 21). Afin de souligner les éléments de complémentarité entre ces deux approches. Nous avons opté pour une présentation sous forme de tableau comparatif à partir de quelques rubriques.

Tableau 21
Comparaison entre le paradigme stratégique classique et le paradigme des Ressources

PARADIGME CLASSIQUE	PARADIGME DES RESSOURCES
Hypothèses de départ	
Les firmes sont considérées comme homogènes, identiques dans un groupe stratégique[a]	Les firmes d'un secteur d'activité sont considérées comme hétérogènes, possédant un caractère idiosyncratique (E. Penrose, 1959 ; RP. Rumelt, 1984 ; B. Wernerfelt, 1984, 1989)
Cette ressemblance concerne aussi bien les ressources stratégiques que l'éventail de choix stratégiques (M.Porter, 1982 ; RP. Rumelt, 1984 ; FM. Scherrer, 1980)	La firme est définie comme un portefeuille de RESSOURCES hétérogènes et stables dans l'espace et le temps
La structure d'un secteur d'activité détermine le niveau de concurrence et les stratégies envisageables par les organisations	Au cours du temps, les entreprises accumulent des combinaisons uniques de ressources (tangibles et intangibles) constituées entre autres de capacités (compétences individuelles et organisationnelles) qui leur permettent d'acquérir des rentes sur la base de compétences distinctives
	...

Tableau 21 (Suite)
Comparaison entre le paradigme stratégique classique et le paradigme des Ressources

PARADIGME CLASSIQUE	PARADIGME DES RESSOURCES
Hypothèses de départ	
Les cinq forces d'un champ concurrentiel déterminent la profitabilité moyenne du secteur d'activité et ont une influence directe sur les stratégies de chacune des organisations de ce secteur d'activité (DJ. Collis, 1991) Les ressources utilisées dans la mise en place de la stratégie seront de courte durée car elles sont très mobiles (on peut les acheter ou les vendre)	Les avantages concurrentiels classiques s'érodent dans le temps. Les ressources sont considérées comme une nouvelle source d'avantage concurrentiel dynamique qui procure des rentes à long terme. Les compétences distinctives ont pour caractéristiques d'être inimitables, involables, non substituables, non vendables
Caractéristiques théoriques	
Approche externe de l'entreprise : l'environnement (les cinq forces du champ concurrentiel) a une influence directe et importante sur la stratégie et la rentabilité de la firme	Approche interne de l'entreprise : approche qui se focalise sur les ressources (l'interne) de l'organisation et non sur l'influence issue du champ concurrentiel (environnement externe)
Avantage concurrentiel statique et limité dans le temps	Avantage concurrentiel dynamique
Les sources de l'avantage concurrentiel proviennent d'une adaptation à l'environnement, aux cinq forces du champ concurrentiel	Les sources de l'avantage concurrentiel proviennent des ressources internes de l'entreprise et non d'une adaptation aux autres organisations
Stratégie en terme de produit / marché	Les ressources qui procurent un avantage concurrentiel sont inimitables, involables, invendables
	Stratégie en terme de ressources tangibles, intangibles et de compétences organisationnelles ...

Tableau 21 (Suite)
Comparaison entre le paradigme stratégique classique et le paradigme des Ressources

PARADIGME CLASSIQUE	PARADIGME DES RESSOURCES
Méthodologies déployées	
Analyse de l'environnement externe (opportunités / menaces)	Identification des Ressources de la firme
Analyse des forces et des faiblesses de la firme	Identification des compétences organisationnelles
Choix d'une stratégie par rapport à la concurrence	Identifications des compétences organisationnelles stratégiques
Création d'un plan d'action	Maximisation de ces compétences
Elaboration d'un calendrier et d'outils de contrôle (ratios financiers)	Déploiement de ces compétences sur des nouveaux créneaux
Outils méthodologiques	
Analyse suivant les forces, faiblesses, opportunités, menaces Les cinq forces du champ concurrentiel Etude des barrières à l'entrée La chaîne de la valeur La planification Etude de marché, de positionnement	Réalisés au cas par cas
Unité d'analyse	
Produit, service	Compétences de l'organisation
Entreprise est définie comme un ensemble de segments stratégiques	L'entreprise est définie comme un portefeuilles de ressources stratégiques, de compétences fondamentales ...

Tableau 21 (Suite)
**Comparaison entre le paradigme stratégique classique
et le paradigme des Ressources**

PARADIGME CLASSIQUE	PARADIGME DES RESSOURCES
Cycle de vie de l'unité d'analyse	
Suivant le secteur d'activité, la création d'un produit est variable	De 5 à 10 ans pour constituer une compétence stratégique d'entreprise
Le cycle de vie varie de quelques mois à quelques années	Une compétence stratégique d'entreprise a une durée de vie supérieure à celle de tout produit
	Une compétence stratégique a une durée de vie de plusieurs années ce qui explique le fait qu'elle procure une rente dans le temps[b]
Enjeux stratégiques de l'unité d'analyse	
Relativement peu importants	« Les conséquences du succès ou de l'échec d'une compétences de l'entreprise dépasse la réussite ou l'échec de tel ou tel produit. Elle a des enjeux sur le potentiel de développement d'une entreprise entière »[b]
Groupes d'acteurs concernés	
Un chef de produit et un groupe d'acteurs définis	Les employés de l'entreprise sont tous concernés
Caractérisation de la stratégie	
La stratégie est basée sur une approche produit-marché	L'essence de la stratégie est basée sur une approche en terme de processus
	Les organisations créent des compétences organisationnelles stratégiques en adoptant une approche transversale

...

Tableau 21 (Suite)
Comparaison entre le paradigme stratégique classique et le paradigme des Ressources

PARADIGME CLASSIQUE	PARADIGME DES RESSOURCES
Performance	
La performance d'une entreprise dépend : • Du secteur d'activité dans lequel elle s'inscrit • Des différents environnements concurrentiels, (M. Porter, 1986, 1990) • Des ressources qu'elle possède Approche traditionnelle de l'économie industrielle L'objectif est de dégager du profit	Les entreprises d'un même secteur peuvent avoir des performances différentes La différence de performance s'explique par l'hétérogénéité des entreprises qui possèdent une combinaison spécifique de ressources stables dans le temps et l'espace (JB. Barney, 1991) L'objectif n'est pas seulement d'acquérir du profit mais des rentes dans le temps
La prise en considération de la concurrence	
La prise en compte de la concurrence fait partie des premières analyses Une grande importance lui est accordée	L'analyse interne de la firme est la priorité Dans un second temps est réalisée une comparaison des ressources stratégiques de la firme avec celles des concurrents
La prise en compte du client	
L'objectif est de connaître au préalable les attentes des clients afin de les satisfaire	En affirmant que le produit a une valeur perçue supérieure à ceux des concurrents, le client contribue à identifier les compétences de l'entreprise qui sont stratégiques
Caractéristiques de l'avantage compétitif	
Obtenir différents avantages compétitifs	Obtenir quelques avantages compétitifs durables

a. J.B. Barney, 1991, p 100
b. G. Hamel ; CK. Prahalad, 1995, p 214

C. Depuix
Éditions d'Organisation

3. LES LIMITES DE L'APPROCHE DE LA FIRME

par les Ressources

La théorie des Ressources a permis de progresser dans la réflexion stratégique. Mais nous y décelons néanmoins des lacunes. Nous insistons principalement sur les limites concernant les compétences organisationnelles car elles se situent au cœur de notre sujet de recherche.

1. L'hypothèse de départ de la théorie des Ressources repose sur l'idée que les entreprises sont différentes (hétérogènes), c'est pourquoi elles affichent des performances différentes mais cette approche n'explique pas pourquoi les firmes sont différentes et les raisons pour lesquelles elles affichent des performances différentes.

2. Cette théorie est bâtie sur des concepts (ressource, avantage compétitif durable, compétence organisationnelle) purement théoriques et pratiquement peu observables. Elle est de nature essentiellement conceptuelle dans la mesure où les validations empiriques restent peu nombreuses. L'existence des concepts sur lesquels elle est fondée ne peut être admise qu'à partir des effets qu'ils provoquent. Aussi, KM. Eisenhardt, 1994[1], suggère que si des études cliniques réalisées à plusieurs reprises dans des contextes différents produisent des résultats empiriques validant la théorie des Ressources alors il est réaliste et légitime d'affirmer que cette théorie correspond à la réalité.

1. KM. Eisenhardt ; « Building Theory from Case study Research », *Academy of Management Rreview*, Vol. 14, n° 4, 1994, pp. 532-550.

2. in G. Hamel ; A. Heene ; *Competence-based Competititon*, John Wiley, 1994.

3. Peu d'entreprises savent tirer parti de leurs compétences organisationnelles stratégiques pour créer un nouvel espace concurrentiel (G. Hamel et CK. Prahalad, 1995[2]).

4. L'entreprise qui ne parvient pas à se distinguer dans un domaine risque de se trouver exclue, non seulement du marché qui l'intéresse mais surtout des marchés du futur.

A. Klein, PG. Hickocks, 1994 [1], proposent une pano-
plie d'outils sous la forme de matrices afin d'aider les
décideurs à mettre en place une gestion des compétences stratégiques organisationnelles. Leur tentative
semble simple et opportune face à la demande crois-
sante des utilisateurs mais les auteurs précisent que l'efficacité de
leur instrumentation dépendra de la créativité que chaque utilisa-
teur apportera lors de la mise en place.

1. in G. Hamel ; A. Heene ;
Competence-based
Competititon, John Wiley,
1994.

R. Klavans, 1994 [1], propose, quant à lui, une démarche qui permet
de mesurer les compétences de l'entreprise des concurrents. Il développe une analyse bibliométrique qui correspond à une méthode
analytique quantitative développée dans les sciences de l'information pour évaluer l'activité d'une entreprise. Cette méthode semble
complexe et technique. Aussi, il nous semble, qu'elle nécessiterait
d'être plus longuement explicitée.

Ainsi, comme le montrent les développements précédents,
l'approche fondée sur les Ressources s'est bien développée
depuis quinze ans pour arriver actuellement à une phase de maturité qui doit mettre en avant son opérationalisation et sa validation empirique. Nous nous plaçons dans cet axe de recherche.

4. La théorie
DE LA COMPÉTENCE
représente un champ
de recherche en émergence

1. R. Sanchez ; A. Heene, « A system view of the firm in competence-based competition », in R. Sanchez ; A. Heene ; H. Thomas, *Dynamics of competence-based competition :theny and practice in the new strategic management*, Elsevier, Oxford, 1996.

Strategic learning and knowledge management, Jonh Wiley and Sons, Cluchester, 1996b.

« Reinventing strategic management : theny and practice for competence-based competition », *European management journal*, Vol. 15, n° 3, 1997, pp. 303-317.

« La théorie des Ressources » a été prolongée par la « théorie de la compétence » (R. Sanchez et A. Heene, 1996a, 1996b, 1997 [1]). Les fondateurs considèrent l'approche Ressource comme insuffisante dans ses applications empiriques. Aussi en partant d'une approche historique de l'évolution des théories du management, ils listent les insuffisances des outils stratégiques face à la complexité et à la rapidité des changements concurrentiels auxquels les entreprises doivent faire face. Pour mieux apprécier les conditions de développement de la « théorie de la compétence » par rapport aux autres courants stratégiques nous proposons le schéma suivant (cf. : Schéma n° 29).

Schéma 29
Présentation de « La théorie de la compétence » à partir des perspectives théoriques du management stratégique autour des pôles de polarisation et de fragmentation d'après R. Sanchez, A Heene, 1997

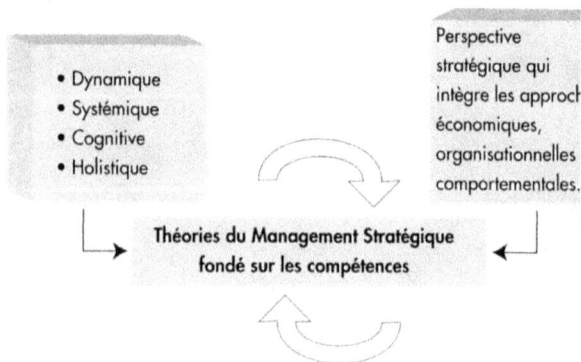

- Dynamique
- Systémique
- Cognitive
- Holistique

Perspective stratégique qui intègre les approch économiques, organisationnelles comportementales.

Théories du Management Stratégique fondé sur les compétences

Perspectives
économiques

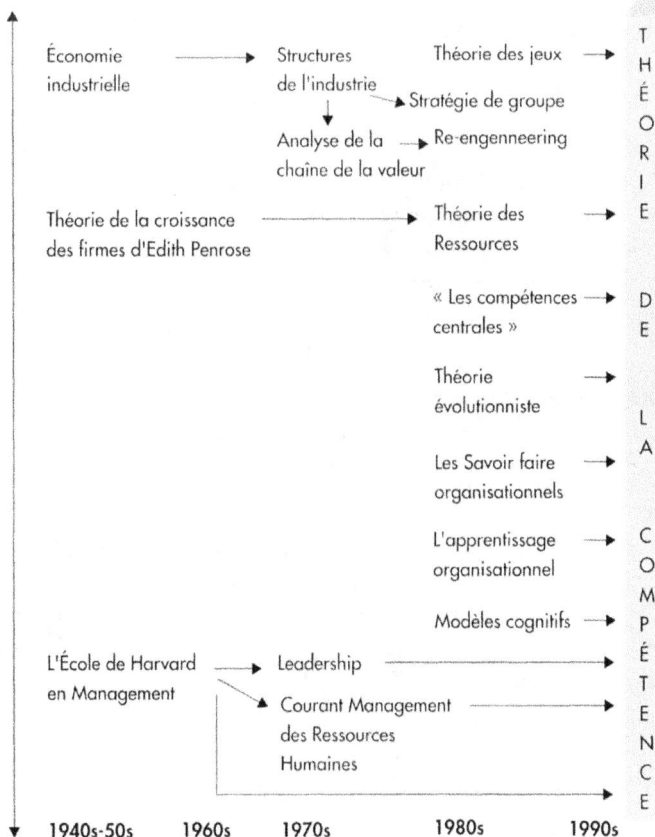

	1940s-50s	1960s	1970s	1980s	1990s	

Économie industrielle ┄┄┄➤ Structures de l'industrie   Théorie des jeux ➤

Stratégie de groupe

Analyse de la ➤ Re-engenneering
chaîne de la valeur

Théorie de la croissance des firmes d'Edith Penrose ┄┄┄┄┄➤ Théorie des Ressources ➤

« Les compétences ➤ centrales »

Théorie évolutionniste ➤

Les Savoir faire organisationnels ➤

L'apprentissage organisationnel ➤

Modèles cognitifs ➤

L'École de Harvard en Management ➤ Leadership ┄┄┄┄┄➤

Courant Management des Ressources Humaines ┄┄┄┄┄➤

T H É O R I E   D E   L A   C O M P É T E N C E

Perspectives
behavioristes et
organisationnelles

Ce schéma traduit de R. Sanchez, A Heene, 1997 positionne les théories de management stratégique entre deux extrêmes : un courant d'inspiration économique qui considère l'organisation comme une « boîte noire » et ignore ses aspects internes pour se focaliser sur une analyse externe, un courant d'obédience plus comportementale qui se focalise sur les processus internes de la firme en ne laissant aucune place aux interactions concurrentielles qu'elle peut subir.

A partir de ce constat, les auteurs reconnaissent au concept de « compétence » une dimension dynamique, cognitive et holistique. Ils fondent leur théorie sur la définition de l'entreprise en tant que système ouvert qui doit gérer des actifs tangibles tout en affrontant de façon proactive l'extérieur en privilégiant des stratégies de réseaux avec ses clients, ses fournisseurs, ses concurrents, les théoriciens et les praticiens.

« La théorie de la compétence » nous semble être une nouvelle voie de recherche qui appréhende le concept de compétence dans sa globalité en intégrant les niveaux d'analyse individuels, collectifs, stratégiques et structurels.

Conclusion

La stratégie est un art. Aussi, le dirigeant se doit-il d'avoir une connaissance élargie des approches proposées afin de concevoir son propre rituel à partir d'un mixage d'outils.

Depuis le milieu des années 80, des organisations ont commencé à intégrer l'approche par les Ressources, en complément de l'analyse stratégique classique. Fondée sur la détection et la maximisation des compétences organisationnelles clés, cette approche répond aux besoins d'évaluation et du capital immatériel de la firme. Elle permet de mettre en avant rapidement des perspectives de développement (par transfert de compétences ou exploitation maximale d'une compétence) qui procurent une rente dans le temps.

Aujourd'hui, les spécialistes de cette approche la font évoluer vers « la théorie des compétences » qui suggère d'intégrer tous les niveaux de compétences présents au sein de l'organisation. L'approche globale et agrégée déclinée tout au long de ce livre correspond à une volonté d'opérationnaliser cette idée.

La certification des compétences,
un outil du « Management de la Confiance »

La problématique

Le « Management de la Confiance » repose sur l'expression de « preuves de confiance ». Or face à une approche globale et agrégée des compétences, il est légitime de se poser la question suivante : « Comment reconnaître et valoriser l'engagement d'un individu ou de l'entreprise dans un processus de gestion des compétences ? »

Très récemment, force est de constater l'intérêt croissant des entreprises (cf : DISNEYLAND PARIS, CLUB MED, etc...) pour les systèmes de validation et de certification des compétences tels que les NVQs[1], le système de l'AFPA ou celui proposé par l'ACCP[2], émanation du réseau des Chambre de Commerce et d'Industrie et de l'ACFCI[3].

L'actualité de ce sujet est renforcée par la loi de janvier 2001, applicable en novembre 2001, sur « la modernisation sociale » qui refond le système de formation continue et de validation des acquis professionnels en France.

1. National Vocational Qualification, système anglais de validation de compétences professionnelles.

2. Association pour la Certification des Compétences Professionnelles.

3. Assemblée des Chambres Françaises de Commerce et d'Industrie.

Les idées-clé

La mise en place d'un processus de gestion des compétences peut constituer pour les collaborateurs actuels ou futurs, pour les actionnaires ou pour les consommateurs un avantage concurrentiel, une compétence organisationnelle clé.

La reconnaissance par un organisme extérieur des compétences individuelles ou organisationnelles représente une alternative choisie par les entreprises matures dans leurs processus de gestion des compétences.

Certifier les compétences représente une tendance de fond de la certification ISO 9000, version 2000 et plus généralement de l'approche qualité totale.

> *La forme de ce chapitre est très synthétique et s'adresse plus particulièrement aux dirigeants, DRH, ou aux personnes souhaitant mettre en place un système de reconnaissance extérieure des compétences individuelles ou organisationnelles.*

Les mots-clé de recherche pour internet

NVQs, certification des compétences, certification des ressources humaines

Chapitre V

la certification des compétences,
un outil du « Management de la Confiance »

*« Etre compétent. C'est se tromper
selon les règles »,*
P. Valery

A la suite de présentation des différents niveaux d'analyse du concept de compétence à partir de ses représentations et de ses déterminants, nous souhaitons proposer un exemple de pratique de gestion des compétences qui initie des relations de confiance entre l'entreprise et les collaborateurs. Il s'agit de systèmes de **validation et de certification des compétences professionnelles** appelés, plus généralement, **la certification des personnes**.

Celle-ci constitue une démarche parfaitement en phase avec un « Management de la Confiance » car elle réconcilie les objectifs de performance des entreprises et les besoins de reconnaissance des individus. Emergente en France mais tout à fait prometteuse, elle représente un outil de gestion à destination des entreprises quelles que soient leurs tailles. Ainsi, il est intéressant de remarquer que le concept de compétence individuelle peut être envisagé comme un continuum qui traverse le monde de la formation initiale, continue et le monde de l'entreprise.

1. PRÉSENTATION GÉNÉRALE DE LA CERTIFICATION
des compétences professionnelles

La certification des compétences individuelles professionnelles représente un procédé par lequel les compétences d'un salarié sont évaluées par un organisme tiers qui atteste par écrit la conformité de celles-ci par rapport à un résultat attendu. La validation offre des garanties de qualité car elle repose sur un référentiel national et international puisse y être attaché et qui permettent à l'individu de s'en prévaloir et à l'entreprise d'y attacher sa confiance. Ce référentiel est la démonstration d'un résultat que le salarié et/ou l'entreprise sont capables d'atteindre. Après un contrôle de la qualité et de la conformité des résultats, la certification est accordée (cf. : Schéma n° 30).

Nous retiendrons la définition suivante de la certification des compétences individuelles professionnelles : « *opération qui authentifie les compétences et savoir-faire d'un individu par rapport à une norme formalisée. Elle se concrétise par un document qui a une valeur juridique* »[1]. La certification porte sur des individus alors que l'habilitation garantit la qualité des institutions de formation. La certification est associée à la reconnaissance d'acquis.

1. O. Bertrand, *Evaluation et certification des compétences et qualifications professionnelles*, Institut international de planification de l'éducation (IIPE), 1997, p. 5

Schéma 30
**Présentation générale d'un système de validation
ou de certification des compétences professionnelles**

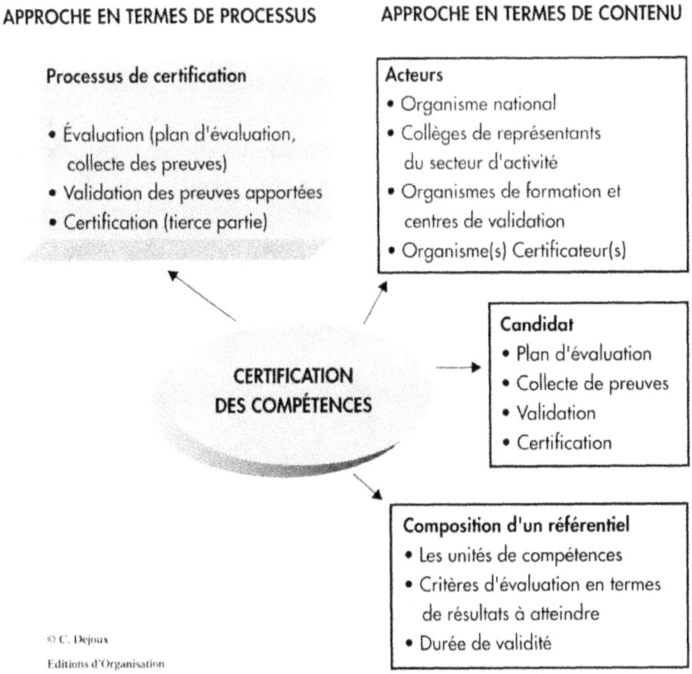

APPROCHE EN TERMES DE PROCESSUS   APPROCHE EN TERMES DE CONTENU

Processus de certification

- Évaluation (plan d'évaluation, collecte des preuves)
- Validation des preuves apportées
- Certification (tierce partie)

Acteurs
- Organisme national
- Collèges de représentants du secteur d'activité
- Organismes de formation et centres de validation
- Organisme(s) Certificateur(s)

CERTIFICATION DES COMPÉTENCES

Candidat
- Plan d'évaluation
- Collecte de preuves
- Validation
- Certification

Composition d'un référentiel
- Les unités de compétences
- Critères d'évaluation en termes de résultats à atteindre
- Durée de validité

© C. Dejoux
Éditions d'Organisation

1.1 Une approche en termes de contenu de la certification des personnes

Nommée également certification des personnes, cette démarche permet de valider les compétences d'un individu dans un champ d'activité précis (management, service, secrétariat...) en faisant intervenir une tierce partie (organisme certificateur) qui jugera les preuves apportées par le candidat. Cet outil fait référence à la composante « capital humain » de l'entreprise car il s'intéresse uniquement aux compétences individuelles et non organisationnelles. L'unité d'analyse correspond à l'individu en situation de travail qui met en œuvre les compétences acquises au cours de son expérience professionnelle.

Depuis 1986, la certification des personnes ou certification des compétences professionnelles a connu un vif succès au Royaume-Uni où elle concerne en 1996, 24 % des actifs et est utilisée dans plus de 40 pays[1]. En France, une deuxième approche initiée par l'Assemblée des Chambres de Commerce s'est concrétisée par la mise en place de l'ACCP[2]. Ce processus émergent s'inspire de la méthodologie des NVQs[3] tout en intégrant des particularités françaises. Il a été élaboré à la suite d'un besoin exprimé par les PME du secteur des services qui souhaitaient se différencier à partir du « capital connaissance et savoir-faire » de chacun des collaborateurs.

1.2 Une approche en termes de processus de la certification des personnes

La certification des compétences correspond à un processus engageant 5 types d'acteurs :
- un organisme national indépendant normalisateur ou certificateur garant de l'équité du système,
- un collège rassemblant les spécialistes de tous les horizons du secteur d'activité,
- un candidat,
- des centres de validation et d'accompagnement,
- un ou des centres de certification ou de reconnaissance.

D'un point de vue général, le but de la démarche consiste à obtenir un certificat ou une qualification pour une unité de compétence ou des unités de compétences relatives à un métier dans un domaine d'activité (par exemple : management, comptabilité…).

Le candidat s'inscrit auprès d'un organisme de validation qui l'accompagne d'une part, dans l'élaboration d'un « portefeuille de compétences »[4] et dans la collecte des preuves relatives à la pratique des compétences requises. Le rôle de cet organisme de validation consiste à mener une évaluation du candidat en situation de travail. L'organisme de reconnaissance ou de certification effectue une évaluation à la suite de laquelle il délivre le certificat ou une qualification.

Quelll que soit la méthodologie choisie, un certain nombre de points communs peuvent être dégagés (cf. Schéma n° 31) :
- les **étapes du processus** : élaboration du référentiel d'évaluation, évaluation et contrôle qualité, validation et certification,
- les **étapes pour le candidat** : le plan d'évaluation, la collecte de preuves, l'évaluation puis la certification des preuves,
- les **acteurs** : un organisme national indépendant, garant du processus, composé d'acteurs multi-disciplinaires représentant le secteur d'activité, des organismes de formation, un ou des organismes certificateurs.
- le **contenu du référentiel ou certificat**[1] : des standards de compétences (profils + unités de compétences), des critères d'évaluation en terme de résultats à atteindre, une durée de validité.

1. Dans le cas d'un certificat, le référentiel caractérise l'unité de compétence et les critères de performances.

Schéma 31

**De la gestion des compétences à la certification
des compétences professionnelles**

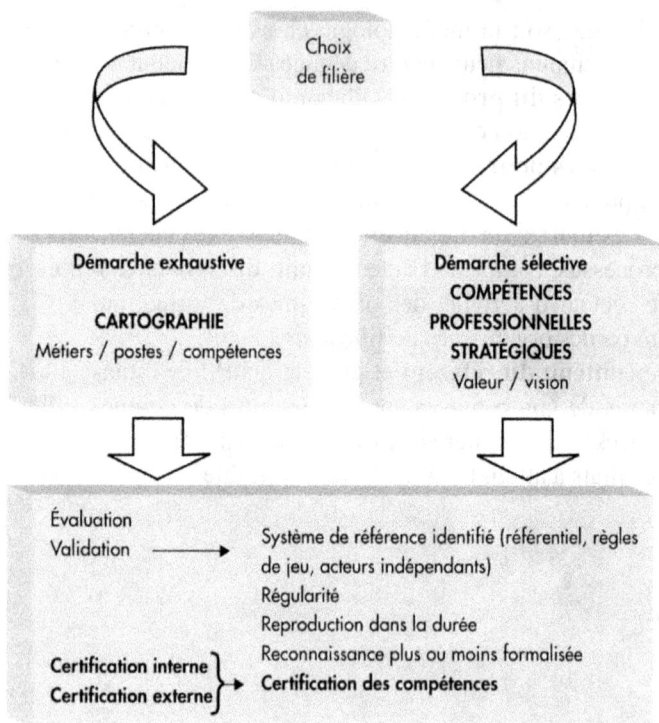

Choix
de filière

Démarche exhaustive

CARTOGRAPHIE
Métiers / postes / compétences

Démarche sélective
COMPÉTENCES
PROFESSIONNELLES
STRATÉGIQUES
Valeur / vision

Évaluation
Validation ⟶ Système de référence identifié (référentiel, règles
de jeu, acteurs indépendants)
Régularité
Reproduction dans la durée
Reconnaissance plus ou moins formalisée

Certification interne
Certification externe } ➤ **Certification des compétences**

© C. Dejoux
Éditions d'Organisation

Nous allons souligner les conditions d'émergence de la certification des compétences avant d'en présenter les différentes formes.

1.3 Les conditions d'émergence et les objectifs de la certification des compétences individuelles professionnelles ou certification des personnes

C. Wiley, 1995[1] présente une étude des différentes modalités qui coexistent dans la certification du management des ressources humaines et aborde la certification des compétences. Elle considère que cette pratique ne doit pas être confondue avec des procédures d'accréditation ou de licence qui portent sur des tâches, des opérations et non sur des hommes (cf. Schéma n° 32). Il est important de souligner que les organisations peuvent fonctionner sans être accréditées, que les individus peuvent travailler dans une profession sans être certifiés alors que personne ne peut exercer son métier sans posséder une licence dans certaines professions. La certification constitue un acte volontaire qui peut devenir un passage obligé lorsqu'un donneur d'ordre l'impose. Cette démarche reste avant tout un atout commercial qui possède un coût.

1. C. Wiley ; « Reexaminig professionnal certification in Human Ressource Management », *Human Ressource Management*, summer, n° 2, 1995, pp. 269-289.

Schéma 32
Certification du management des ressources humaines

Tableau 22
Concordance des enjeux de la validation et de la certification professionnelle entre l'entreprise et les salariés

ENJEUX POUR LE SALARIE		ENJEUX POUR L'ENTREPRISE
Valorisation sociale et professionnelle Développement de sa valeur marchande	←→	GRH plus qualitative
Construction d'une trajectoire professionnelle dans une filière professionnelle	←→	Développement d'une mobilité dans une filière professionnelle
Salarié « acteur »	←→	Réactivité par rapport au marché

© C. Dejoux
Éditions d'Organisation

Tableau 23
Pourquoi certifier les compétences ?
Adapté de O. Bertrand, IIPE, 1997

Pour les entreprises	Bonne communication entre employeur / employés Rôle de « signalisation »[a] Transferabilité des compétences entre collaborateurs
Pour les salariés	Garantie de qualité des formations Possibilité de passage à des formations supérieures Prestige social Développement des possibilités d'emplois Valorisation externe à l'entreprise
Pour les autorités éducatives	Harmonisation des qualités des formations initiales Facilitation du passage entre les formations Outil de régulation
Pour l'état[b]	Égalité entre les organismes de formation Politique d'incitation fiscale Possibilité de mesurer les progrès des systèmes de formation Mobilité de la main d'œuvre Intégration européenne

a. O. Bertrand, *Évaluation et certification des compétences et qualifications professionnelles*, IIPE, 1997, p. 8.
b. Considéré comme la société dans son ensemble

© C. Dejoux
Éditions d'Organisation

Pour l'entreprise,

- Un objectif de réactivité au marché

Dans un contexte d'incertitude, de pression concurrentielle, un des enjeux majeurs de l'entreprise consiste à disposer à temps des compétences dont elle a besoin pour conquérir et développer de nouveaux marchés. Des études ont montré que les entreprises qui entrent dans une démarche de gestion des compétences professionnelles sont, pour la plupart d'entre-elles confrontées à des changements organisationnels ou des pressions concurrentielles importantes[1]. La validation ou la certification des compétences met à la disposition de l'entreprise un volant de compétences reconnues et directement opérationalisables. Elle permet à l'entreprise d'être réactive au marché.

1. C. Dejoux, 1998 ;
MEDEF, tome 6, p. 11.

- Un objectif d'adéquation entre les individus et l'évolution des métiers

La GRH entre dans une phase qualitative dont l'objectif consiste à faire évoluer en même temps les salariés et les emplois qu'ils occupent. Se rapprochant de la thématique de l'organisation qualifiante élargie aux entreprises de service, l'idée consiste à « *articuler le potentiel professionnel de l'entreprise et son projet stratégique* »[2]. Cela signifie qu'il ne s'agit pas seulement de former les collaborateurs mais d'obtenir une reconnaissance en interne (par la satisfaction de l'employé qui a obtenu un certificat) et en externe une reconnaissance aux yeux des partenaires (le certificat est la preuve de la qualité des salariés[3]).

2. MEDEF, tome 6, p. 12.

3. JC. Tarondeau ; *Le Management des savoirs*, PUF, 1998.

- Un objectif structurel

Au sein des entreprises, compte tenu de l'affaiblissement des niveaux hiérarchiques, la certification des compétences peut être considérée comme une façon de promouvoir l'individu dans un poste fonctionnel transversal. La reconnaissance des compétences peut être vécue comme une alternative à la diminution des postes d'encadrement, à la reconnaissance des fonctions transversales ou la faible augmentation des salaires.

- Un objectif de délégation

« *La construction d'une trajectoire professionnelle* » est fondée sur une mobilité interne et externe. La gestion des compétences offre au salarié une opportunité de responsabilisation et d'acquisition d'un parcours professionnel au-delà de son entreprise. Lors de la conférence du MEDEF, une question de fond est soulevée : « *Jusqu'à quel point le salarié est-il responsable du maintient de sa compétence ? Quelle doit être la part de l'entreprise ?* »[1]. Cette thématique du salarié-acteur remet en cause la plupart des outils de GRH et valorise la certification des compétences professionnelles.

1. Actes du MEDEF, tome 6, p. 13.

Pour les collaborateurs, un objectif de mobilité dans une filière professionnelle

L'idée de « *faire carrière dans une filière professionnelle* » s'est substituée à celle de « *faire carrière dans une entreprise* ». C'est pourquoi de nombreuses branches professionnelles délivrent des certifications de compétences (secteurs de la soudure, GEST[2], Ministère de l'agriculture…). La mobilité externe par la portabilité et la transférrabilité d'une entreprise à une autre, d'une branche professionnelle à une autre, d'un pays à un autre est envisageable s'il existe une monnaie, un étalon de valeur. Le certificat de compétence peut jouer ce rôle.

2. MEDEF, tome 6, p. 79.

3. O. Bertrand, 1997, p. 1.

Un objectif majeur de la politique éducative de la France[3]

La certification des compétences au sein des systèmes de formations initiales et continues permet :
- d'accroître l'efficacité des systèmes de formation,
- de prendre en compte les nouvelles demandes du marché du travail,
- de développer la politique de décentralisation de l'état,
- d'adapter la formation continue,

- de satisfaire un besoin de reconnaissance personnelle (la gestion des compétences offre à l'employé une valorisation personnelle et une reconnaissance aussi bien interne qu'externe),
- de valoriser des opportunités professionnelles,
- de conférer une crédibilité et une employabilité élargie (cet atout marchand devient un argument de vente sur le marché du travail).

A présent, étudions les conditions qui ont favorisé l'émergence d'une telle démarche (cf. : Schéma n° 33) :

Schéma 33
**Conditions d'émergence d'une démarche de validation
ou de certification des compétences professionnelles**

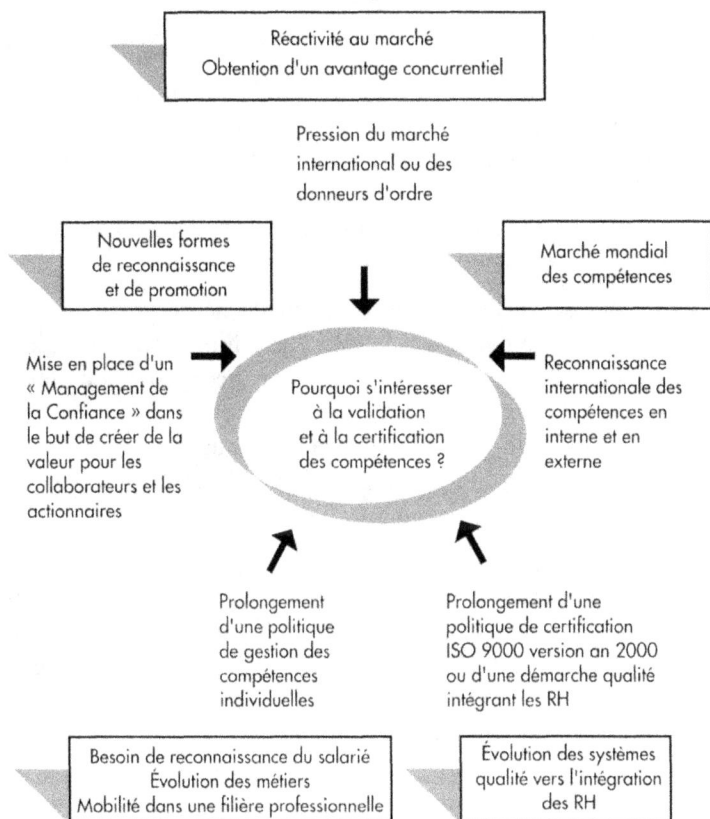

Réactivité au marché
Obtention d'un avantage concurrentiel

Pression du marché
international ou des
donneurs d'ordre

Nouvelles formes
de reconnaissance
et de promotion

Marché mondial
des compétences

Mise en place d'un
« Management de
la Confiance » dans
le but de créer de la
valeur pour les
collaborateurs et les
actionnaires

Pourquoi s'intéresser
à la validation
et à la certification
des compétences ?

Reconnaissance
internationale des
compétences en
interne et en
externe

Prolongement
d'une politique
de gestion des
compétences
individuelles

Prolongement d'une
politique de certification
ISO 9000 version an 2000
ou d'une démarche qualité
intégrant les RH

Besoin de reconnaissance du salarié
Évolution des métiers
Mobilité dans une filière professionnelle

Évolution des systèmes
qualité vers l'intégration
des RH

© C. Dejoux
Éditions d'Organisation

Deux courants se dessinent dans la certification des compétences :
- Une **approche anglo-saxonne (NVQs)** privilégiant la construction de référentiels par métiers, « les standards de compétences », qui valide les compétences individuelles professionnelles mais ne les certifie pas.
- Des **pratiques françaises isolées** qui concernent quelques secteurs d'activité et la démarche initiée par l'ACCP alliée au réseau des chambres de Commerce et d'Industries françaises. **L'approche de l'ACCP certifie les compétences individuelles professionnelles.**

1.4 Les NVQs, système anglo-saxon de validation des compétences des personnes

Le milieu des années 80 (1986) voit apparaître, un courant nommé NVQs au Royaume Uni. Conçu par des représentants de l'industrie et des services, ce système possède un rayonnement international et se propage actuellement en France à travers le débat sur la certification des compétences. Il concerne toute personne quel que soit son cursus initial.

Le système des NVQs a pour objectif de définir des standards internationaux de compétences en situation de travail, de spécifier les compétences requises dans une occupation ou métier donné, de couvrir systématiquement tous les domaines de compétences transversaux comme spécifiques à un métier, de donner un accès égal à tous au développement, à la reconnaissance et à la validation de ses compétences.

Les standards de compétences sont développés par des organisations regroupant des experts d'un domaine particulier. Chaque groupe de standards est alors validé par le Qualification and Curriculum Authority (QCA) qui agit comme le mécanisme de contrôle qualité du système. Ces standards sont les fondations de qualifications professionnelles délivrées par des organismes externes.

Cette démarche s'appuie sur des standards (référentiels) de compétences, ainsi que sur un système d'assurance qualité de la formation. A partir d'un dossier de preuves de compétences, les aptitudes du candidat sont évaluées en fonction d'un cadre de compétences structuré en unités et en critères de performance.

Ce mouvement de fond intègre les concepts d'entreprise apprenante, de reconnaissance et de validation d'acquis professionnels, mais aussi de transparence et de transférabilité des qualifications. L'idée majeure de cette approche est que la qualification devrait indiquer la compétence à atteindre par rapport à des référentiels, plutôt que par rapport à un parcours de formation. Le rapport M. de Virville [1] (réalisé en France, 1986) souligne ce point en remettant en question les modes académiques d'acquisition des qualifications.

1. M. de Virville, *Donner un nouvel élan à la formation professionnelle*, Documentation française, 1996.

Le système des NVQs a son origine aux Etats-Unis et a été totalement décliné dans les années quatre-vingts en Angleterre. Il se destine principalement à un public adulte. Pour le public scolaire, les GNVQs ont été mise en place. Elles ne correspondent pas à une activité professionnelle spécifique mais à un ensemble de compétences. Elles peuvent concerner des compétences communes à plusieurs domaines d'activités (« core skills »), elle ne nécessitent pas une période d'immersion en entreprise, elles concernent l'enseignement initial au niveau secondaire, (O. Bertrand, 1997).

Actuellement, ces standards compétences couvrent plus de 90 % des métiers dans les pays anglo-saxons. 20 000 managers britanniques ont obtenu en 1997 une reconnaissance de leur expérience professionnelle par une qualification en phase avec les standards de compétences du management. Aux Etats-Unis, quatre associations professionnelles dispensent des certifications dans le domaine des compétences (C.Willey, 1995[2]). Il s'agit de Human Certification Institute HRCI, American Compensation Association ACA, International Foundation of Employee Benefit Plans (IFEBP), The board of Certificatied Safety professionals (BCSP).

2. C. Willey,« Reexamining professional certification in human resource management », *Human resource management*, n° 2, 1995, pp. 269-289.

Le processus d'élaboration et de développement d'une NVQs passe par trois étapes incontournables dans le cadre de toute certification de compétences. Il s'agit de :

- l'élaboration d'une NVQ,
- la formation des candidats à la NVQs,
- la certification de la NVQ et des candidats.

Schéma 34
Processus de validation d'une NVQ

ÉTAPE ÉLABORATION DE LA NVQ	ÉTAPE FORMATION À LA NVQ	ÉTAPE CERTIFICATION DE LA NVQ

QCA, État
Garant du système
• Contrat avec NTO
• Nomme les organismes certificateurs
• Subventionne les centres de formation

NTO par secteur d'activité
Business School
Consultants
Syndicats
Professionnels, etc...

LEAD BODIES
Employeurs du secteur d'activité

Critères d'évaluation
En termes de résultats à atteindre

Référentiel de compétences

Centres de formation et de validation agrées

Formation et évaluation interne des candidats :

L'évaluateur réalise :
• Plan d'évaluation
• Collecte de preuves
• Évaluation des preuves

Le vérificateur réalise :
Vérification interne
Émission de la NVQ

Organismes certificateurs ou accréditeurs National Council

Participe aux critères d'évaluation NVQ
• Contrôle les centres de formation
• **L'auditeur** réalise une vérification externe
• **Le centre certifie le candidat**
• Vérifie que les NVQs satisfassent à des critères définis préalablement (tous les 5 ans)

NVQ pour un secteur d'activité

CANDIDAT

© C. Dejoux
Éditions d'Organisation

Schéma 35
Etape de la validation d'une NVQ dans un secteur d'activité

ETAPE 1 : ELABORATION D'UNE NVQ

ACTEURS		CHAMPS D'ACTION
NTO[a] **Organisme normalisateur**	Regroupent des représentants d'un secteur professionnel: employers, syndicats, business schools, consultants, gouvernement	Participe à la conception des NVQ en réalisant: 1. Les standards de compétences[b] = (Les profils + Les unités de compétences) 2. Les critères d'évaluation en termes de résultats Mise à jour pour nouvelle accréditation tous les 5 ans
LEADS BODIES Employeurs du secteur d'activité	Organismes ad hoc Représentant les entreprises des différents secteurs d'activités Non paritaire	Participe à l'élaboration des standards de compétences
ORGANISME de reconnaissance[c]	S'associe à un organisme normalisateur pour mettre au point une méthode d'évaluation des standards de compétence	Participe à la méthode d'évaluation des standards de compétence

ETAPE 2 : ACQUISITION D'UNE NVQ

ORGANISMES DE FORMATION[d] Centres de formation et d'évaluation agréés Organismes privés ou entreprises	Sont indépendants - pour la formation : Sont libres sur le contenu et les outils afin d'atteindre le niveau de compétence défini par les référentiels NVQs - pour l'évaluation : les évaluateurs doivent être certifiés[e]	L'évaluateur : - Négocie avec le candidat un plan d'évaluation - Collecte les preuves produites par le candidat - Evalue les preuves apportées par le candidat Le vérificateur : - Vérifie les preuves du candidat

ETAPE 3 : VERTIFICATION D'UNE NVQ

		Signature d'un contrat avec l'organisme normalisateur pour proposer au public la NVQs Nomme les organismes certificateur Subventionne les centres de formation

NATIONAL COUNCIL	Indépendants des leads bodies	Approuvent les NVQs en vérifiant qu'elles satisfont à un ensemble de critères définis préalablement (tous les 5 ans)
	Nommé par le QCA pour accréditer les NVQs[f]	Contrôlent les centres de formation
Organismes de reconnaissance		Vérification des preuves apportées par le candidat par un auditeur labelisé
		Certification du candidat pour une NVQ

a. National Training Organizations.
b. Ou « normes de compétences » ou « référentiels de compétences » ou « skill standards ».
c. Ou organismes accréditeurs.
d. Colleges of further éducation ou des entreprises avec des évaluateurs formés.
e. Ils peuvent également être formateur.
f. QCA labellise des organismes tels que : OCR, City and Guilds, Open University.

© C. Dejoux
Éditions d'Organisation

Tableau 24
Le système des NVQs : Objectifs d'après O. Bertrand, IIPE, 1997

OBJECTIFS DES NVQs	
Transparence	Evaluateur, évalués et tierces personnes doivent comprendre ce qui est évalué et les objectifs à atteindre
Priorité aux résultats	Chaque NVQs est déclinée en une liste de résultats à atteindre
Liberté de forme	Il n'est pas nécessaire de passer par un organisme de formation ou par une formation interne pour postuler à une NVQs
	Il n'est pas tenu compte dans l'évaluation de la NVQs de la façon dont les objectifs sont atteints

Tableau 25
Le système des NVQs : Principes, d'après A. Wolf, 1994[a]

Standardisation de l'organisation du travail	« il existe pour chaque secteur d'activité un seul modèle identifiable quant à ce que doit être une performance "compétente" »
Modularité	Les NVQs sont décomposées en une liste de compétences, chacunes déclinées en critères de performance détaillés
Indépendance	Les NVQs sont indépendantes entre elles, par rapport aux classifications, aux rémunérations

a. A. Wolf, « La mesure des compétences : l'expérience du Royaume-Uni », *Formation professionnelle*, n° 1

Tableau 26
Caractéristiques d'une NVQ

Indépendance entre référentiels et NVQs	Les référentiels peuvent être utilisés par tous pour une description de poste, un recrutement, des entretiens annuels, etc...	L. MAUREEN ; S. RAVET, 1998
Indépendance des programmes de formation et NVQs	La validation de compétences n'exige pas de formation, ni l'obtention de titres	L. MAUREEN ; S. RAVET, 1998
Durée de vie	5 ans	L. MAUREEN ; S. RAVET, 1998

Tableau 27
Les limites des NVQs, d'après O. Bertrand, 1997

Principes théoriques remis en question	Remise en cause de cette approche trop « behavioriste »	K.S. MARSHALL, 1994
Application à la formation initiale	La capitalisation des compétences acquises dans les NVQs n'est pas enrichie d'une approche globale	H. STEEDMAN, 1994
Rigidite du système	Les compétences retenues dans un secteur sont les seules possibles et ne laissent pas place à l'improvisation, l'évolution des modes de travail	A. WOLF, 1994
Subjectivité de l'évaluation	« Les subventions publiques à la formation sont liées à la réussite aux NVQs ce qui met les enseignants et les formateurs en porte à faux. S'ils sont trop sévères, leurs établissements auront moins de fonds	H. STEEDMAN, J. HAWKINS, 1994
	...	

Tableau 27 (suite)
Les limites des NVQs, d'après O. Bertrand, 1997

Niveau faible	Pas de formation générale obligatoire dans l'acquisition d'une NVQs	
Paradoxe d'un système centralisé dans un pays décentralisé	Cohérence entre un système très réglementé et une politique de libéralisation du marché du travail ?	OCDE, 1994
Coût de la certification	L'état s'est largement engagé financièrement. Les entreprises, après un bilan, mettent en avant le coût. Seuls les secteurs très structurés ont trouvé de réels avantages et soutiennent cette démarche.	

2. LE CAS DE LA CERTIFICATION DES COMPÉTENCES
individuelles
en France

2.1 Quelques pratiques isolées de certification de compétences individuelles

En France, la certification des compétences ne touche que quelques secteurs d'activité dont le plus ancien est celui de la soudure. Même si dans la pratique des expériences isolées sont tentées (CAP GEMINI, IFACI), elles n'ont pas donné lieu à une réflexion plus générale jusqu'au moment où l'ACFCI (Assemblée des Chambres Françaises de Commerce et d'Industrie) a décidé de proposer aux entreprises un véritable processus d'accompagnement dans une démarche de certification des compétences en créant l'ACCP.

Le tableau suivant présente les différentes voies d'accès à une certification de personne en entreprise.

Lexique des outils pour la certification des personnes
D'après le MEDEF, oct 1998, tome 6

- Référentiels de diplômes et titres
- Certificats de qualification professionnelle (CQP)
- Validation des Acquis professionnels (VAP)
- Diplôme par entreprise (DPE)
- Bilan de compétence
- Unités de compétences professionnelles (UCP)
- Portefeuille de compétence
- NVQs
- Système européen d'accréditation des compétences
- Qualification
- Certification interne
- Certification externe réalisée par les branches professionnelles
- Certification externe réalisée par l'état
- Certification externe réalisée par l'Union européenne
- GNVQs

EXEMPLE

L'entreprise **CAP GEMINI**, en 1998, a réalisé un projet de certification des compétences de ses architectes systèmes.

Face à une demande qui évolue vers le besoin d'une approche plus globale que technique, le groupe réfléchit sur un référentiel métier adapté. La définition des missions de mise en œuvre et de conception de systèmes est une première étape, ensuite les méthodes opératoires (Integrated Architecture Framework) font l'objet de formations spécifiques, enfin la certification des architectes systèmes sera lancée dans un avenir proche avec l'appui de l'International Architecture Workgroup (IAW).

Cas des entreprises de service

Les entreprises de service représentant 70 % de la population active française et fondent leur compétitivité essentiellement sur la compétence des personnes qui délivrent les prestations.

La certification constitue un choix stratégique pour la plupart des entreprises de service. Il est intéressant de constater que la norme ISO 9000, d'origine industrielle, conquiert les métiers de service. Sa version an 2000 intègre un nouveau chapitre spécifique à la gestion des compétences des collaborateurs qui représentent l'essence même d'une entreprise de service mais il n'y a pas de contraintes au niveau des indicateurs de contrôle ou au niveau du degré de performance à atteindre.

Cas AFPA

Le ministère du travail préconise aux AFPA, premier organisme de formation professionnelle, de délivrer non plus des diplômes mais des unités de compétences afin de pouvoir absorber différents publics. En effet, une même formation peut être suivie partiellement et donner lieu à un certificat de compétence alors que la formation dispensée dans son intégralité permet l'obtention du diplôme. Le succès de cette initiative pousse les pouvoirs publics à la propager dans l'enseignement universitaire français pour aller au-delà des processus de validation d'acquis déjà largement intégrés dans les systèmes de reconnaissance.

2.2 Le cas de la soudure avec deux niveaux de certification : le soudeur et les modes opératoires

Le cas du secteur de la soudure[1] a l'originalité d'exposer deux pratiques : la certification des compétence individuelles et la certification des compétences organisationnelles.

Ce secteur d'activité regroupe la chaudronnerie, la mécano-soudure, les charpentes métalliques, la tuyauterie et le soudage. A partir de 1992, sous l'influence d'EDF, une norme européenne (EN) concernant la certification des soudeurs, a émergé.

Des raisons historiques et économiques ont motivé cette étude. Tout d'abord, il semble que ce secteur soit l'un des premiers à s'être investi dans la certification des compétences en France. Ensuite, notre champ d'étude porte sur les entreprises de la région PACA nombreuses dans ce domaine d'activité. A titre d'exemple, la plus grosse PME de la région varoise, la CNIM, a une activité de soudure largement développée ; les parfumeurs de la région de Grasse utilisent ces procédés ; l'étang de Berre accueille des entreprises de pétrochimie ; les travaux publics maritimes sont concernés avec la COMEX. Les entreprises du secteur de la soudure se sont engagées dans des procédures de certification des compétences pour deux raisons majeures. Tout d'abord, elles doivent prendre en compte les demandes des compagnies d'assurance qui privilégient la sécurité et d'autre part, elles ont tendance à formaliser leurs procédures afin d'être en adéquation maximale avec les normes de sécurité exigées par les clients dans le but de leur proposer une grande visibilité en terme de responsabilités.

ı été exposé dans le cadre d'une ation réalisée par ux et C. Faure au ı de l'AIMS, Ecole rale Paris, 1999.

Tableau 28

Processus de certification des compétences professionnelles et organisationnelles dans le secteur de la soudure

	Etape 1	Etape 2	Etape 3	Etape 4
	Certification des compétences individuelles des soudeurs	Certification des compétences de l'entreprise	Contrôle des soudeurs par un contrôleur, formateur certifié par la COFREND**	Contrôle interne par le coordinateur
Normes NF	EN 287	EN 288	EN 473	EN 719
Validité	2 ans	A vie*	5 ans	A vie*
Organisme de certification	Institut de Soudure		Association Française du soudage	
	+ Agent d'inspection certifié, externe à l'entreprise mandaté par le client			

* sauf si changement interne et/ou externe (nouveaux matériaux, nouvel ordre dans les tâches, nouveaux fournisseurs, etc.)

** Comité Français pour les Essais Non Destructibles

Dans le secteur de la soudure, une organisation a le choix entre :
- ne pas être certifiée,
- être certifiée ISO,
- (et/ou) être certifiée EN 729 (norme européenne de la soudure),
- (et/ou) s'engager dans une démarche qualité totale.

La norme EN 729 est la norme standard dans le secteur d'activité de soudage. Dans la pratique, la norme EN 729 est une étape avant l'ISO.

L'IFS préconise une démarche traditionnelle s'enchaînant de l'étape 1 à 4. Toutefois, la pratique montre que les entreprises choisissent leur(s) voie(s) d'accès en fonction de leurs contraintes et opportunités commerciales. Le mode opératoire (étape 2) semble être au cœur de ce processus (cf. : Schéma n° 36).

Schéma 36
Système des différents niveaux de certification des compétences

3- Certification des
compétences des coordinateurs

1- Certification des
compétences individuelles

Mode opératoire

2- Certification des compétences
d'entreprise

4- Certification des compétences
des contrôleurs

La certification des compétences de l'entreprise ou certification des modes opératoires des opérations de soudage (étape 2) [1]

La compétence de l'entreprise est définie comme une reconnaissance technologique par rapport à une méthode de fabrication. Il s'agit d'une certification par rapport à un mode opératoire de soudage. La compétence sera contrôlée par le coordinateur interne puis le contrôleur externe avec une technique de contrôle connue au préalable.

1. Nous commençons par l'étape 2 car elle est au centre du dispositif de certification.

Le mode opératoire d'une entreprise prévoit :
- le procédé de soudage (électrodes, digues),
- la tôle ou le tube,
- le type d'assemblage (le joint),
- le mode d'assemblage,
- les matériaux de base utilisés,
- le gaz utilisé,
- les dimensions de la soudure (épaisseur et diamètre),
- la position de soudage,
- le code de construction.

L'entreprise sélectionne le procédé qu'elle utilisera en fonction de critères liés au cahier des charges mais aussi au coût et à la rapidité de l'exécution.

L'objet de la certification est le mode opératoire qui constitue la compétence d'entreprise. Pour être certifiée, l'organisation fait appel à des soudeurs qualifiés à la fois pour le matériau et pour la technique de soudage. Le soudeur qualifié peut être certifié si l'entreprise lui en a donné la possibilité. C'est un acte volontaire.

La certification des compétences individuelles des soudeurs (étape 1)

Un certificat valide la compétence d'un soudeur à effectuer une soudure selon le mode opératoire prédéterminé. Par ailleurs, il est prévu une évaluation de la compétence technologique (les savoirs techniques).

L'évaluation porte sur l'appréciation du produit fini qui doit correspondre au cahier des charges de la norme EN287. La soudure est ensuite soumise à un contrôle visuel et/ou radiographique et/ou magnétoscopique pour s'assurer que la compacité du matériau ne pose aucune ambiguïté. Il est important de souligner que l'évaluation concerne le résultat du soudage.

Qu'elle concerne l'entreprise ou le soudeur, chaque certification de compétence comporte un domaine de validité, nommé marge de réglage. Il est à noter que la certification des compétences d'un soudeur et la certification d'un mode opératoire peuvent être acquises simultanément.

La certification des évaluateurs internes (coordinateur) et externes (contrôleur) (étape 3 et 4)

Le dispositif de certification des compétences s'élabore en relation avec un centre d'évaluation des compétences. L'entreprise qui souhaite faire évaluer ses compétences doit faire appel à une société externe vérificatrice. Une véritable démarche de certification repose sur deux piliers principaux : un ou plusieurs contrôleurs externes responsables de l'évaluation (étape 3) et des coordinateurs internes (étape 4). Des raisons économiques, pratiques et politiques font qu'il est plus intéressant de former son propre coordinateur interne. Les avantages sont les suivants :
- réduire les coûts du processus d'évaluation,
- contrôler la qualité du processus de formation et d'évaluation,
- maintenir la confidentialité de certaines informations,
- ne pas dépendre totalement d'un organisme de formation,
- développer son propre système de gestion des compétences.

La présentation de ce cas a pour objectif :
- de montrer que la certification des personnes n'est pas une pratique récente,
- qu'elle s'accompagne logiquement, dans le cadre d'une démarche qualité globale, d'une certification de compétences organisationnelles bien que les deux démarches aient des spécificités caractéristiques. (cf. Tableau n° 29) :

Tableau 29
Comparaison entre la certification des compétences professionnelles et organisationnelles du secteur de la soudure

	Certification des compétences professionnelles	Certification des compétences organisationnelles
Niveau d'analyse	Compétences individuelles = Soudeurs	Compétences organisationnelles = Processus opératoires
Qu'est-ce qui est certifié ?	Le résultat d'une soudure réalisée selon un mode opératoire prédéterminé Une liste des caractéristiques que la soudure devra posséder est déterminée a priori	Les modes opératoires de soudage Les techniques de contrôle sont connues au préalable L'entreprise a le choix du procédé en fonction des critères liés au cahier des charges, au coût, à la rapidité souhaitée

2.3 L'approche de l'ACCP et la certification des compétences des personnes

La démarche et la méthodologie

En 1998, la certification des compétences professionnelles est inscrite dans les priorités du réseau des Chambres de commerce et d'industrie. L'ACCP (Association pour la Certification des Compétences Professionnelles) est créée afin de permettre aux entreprises qui le souhaitent de certifier leur employés. Cette

1. cf. Le Livre Blanc, Enseigner et apprendre - Vers la société cognitive (Commission Européenne, 1996) et les débats de la réunion des Ministres de l'Education des pays de l'OCDE repris dans « Apprendre tout au long de la vie », (OCDE, 1996).

démarche s'inscrit dans le processus de formation tout au long de la vie qui conduit à repenser les missions de l'éducation, de la formation et des apprentissages[1]. L'ACCP veut être reconnue comme proposant un dispositif de certification des compétences original, se distinguant des NVQs et pouvant par la suite faire référence au niveau européen.

L'idée générale consiste à associer à chaque individu un portefeuille de compétences grâce à l 'aide d'un évaluateur. *« Le portefeuille de compétences rassemble les preuves utilisées pour évaluer les compétences de l'individu. Après acceptation du portefeuille de compétences et contrôle qualité, l'individu se voit attribuer un certificat de compétences : le Certificat de Compétences en Entreprise – CCE. »*[2]

2. Document interne de l'ACCP, p. 7.

3. C. Colardyn ; P. Lebourlay, « Certifier pour valoriser » *Personnel*, ANDCP, n° 389, mai 1998, pp. 68-70.

Ce système repose sur trois principes fondamentaux (D. Colardyn, P. Lebourlay, 1998[3]). Le premier principe correspond à la validation des compétences et à la reconnaissance de leur valeur indépendamment du lieu où elles sont acquises et sans référence à un parcours de formation. La validation se fonde sur la démonstration d'un résultat que le salarié est capable d'atteindre. Le deuxième principe fait état de l'évaluation qui est réalisée par une tierce partie. Le troisième principe fait référence à l'implication de l'entreprise. Le candidat ne peut pas faire certifier ses compétences de façon autonome et individuelle. Il a besoin, au minimum, de l'accord de l'organisation dans laquelle il exerce son activité professionnelle. Cette position se justifie par le fait que les preuves fournies par le candidat sont issues de l'entreprise.

Pour le coordinateur national de l'ACCP, cette démarche constitue un véritable outil de valorisation de la gestion des compétences bien qu'elle possède quelques limites. En effet, la performance dans une compétence n'est pas prise en compte, elle est laissée à l'appréciation de l'entretien individuel. L'entreprise peut, à terme, obliger indirectement ses collaborateurs à être certifiés. D'autre part, seules les compétences mises en œuvre de manière régulière peuvent être certifiées. Les compétences à caractère exceptionnel ne rentrent pas dans le processus d'évaluation. Enfin, il n'y a pas de relation directe et systématique entre l'acquisition d'une certification de compétences et une augmentation de salaire. Cette décision est laissée à l'initiative de la firme.

Ces principes sont exposés dans la norme européenne EN 45013 signée par dix huit pays européens dont la France [1]. Cette norme concerne les organismes de certification des compétences des personnes. Elle régit la certification des compétences proposée par l'Association pour la Certification des Compétences Professionnelles (ACCP).

Le réseau des CCI propose à toutes les organisations (entreprise, syndicats professionnels, ministères, etc...) et plus particulièrement aux PME/PMI de les accompagner dans cette démarche (cf. schéma n° 37). En effet, celle-ci répond à des besoins exprimés en termes de mobilité professionnelle interne et externe à l'entreprise mais aussi en terme de reconnaissance des salariés et développement d'outils fondés sur la confiance avec les partenaires de l'entreprise.

1. Le fonctionnement de l'ACP, en application de cette norme, assure : la qualité du processus de certification des compétences des individus ; la confiance pour les individus et les entreprises ; la valeur nationale et la reconnaissance par les pays signataires de la qualité de la certification proposée

Schéma 37
La démarche de certification des compétences individuelles par l'ACCP

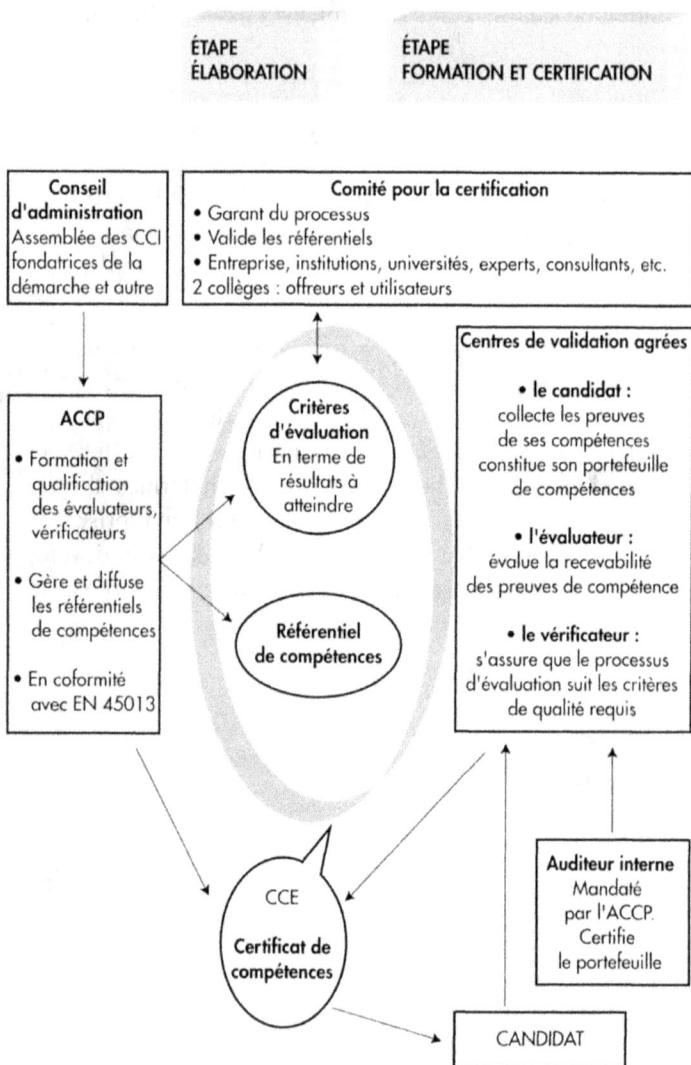

| ÉTAPE ÉLABORATION | ÉTAPE FORMATION ET CERTIFICATION |

Conseil d'administration
Assemblée des CCI fondatrices de la démarche et autre

Comité pour la certification
- Garant du processus
- Valide les référentiels
- Entreprise, institutions, universités, experts, consultants, etc.
2 collèges : offreurs et utilisateurs

ACCP
- Formation et qualification des évaluateurs, vérificateurs
- Gère et diffuse les référentiels de compétences
- En coformité avec EN 45013

Critères d'évaluation
En terme de résultats à atteindre

Référentiel de compétences

Centres de validation agrées

- **le candidat :**
collecte les preuves de ses compétences constitue son portefeuille de compétences

- **l'évaluateur :**
évalue la recevabilité des preuves de compétence

- **le vérificateur :**
s'assure que le processus d'évaluation suit les critères de qualité requis

CCE
Certificat de compétences

Auditeur interne
Mandaté par l'ACCP.
Certifie le portefeuille

CANDIDAT

Tableau 30

Etape de la certification des compétences individuelles par l'ACCP [a]

ETAPE 1 : ELABORATION D'UN CERTIFICAT DE COMPETENCES

ACTEURS		CHAMPS D'ACTION
CONSEIL D'ADMINISTRATION	Composé des CCI et autres à l'initiative de la démarche	Gère l'ACCP en tant qu'association loi 1901
ACCP [b]	En conformité avec EN 45013 Assure un contrôle qualité Ouverte à tous les acteurs intéressés par la certification des compétences	- Produit, gère et diffuse les référentiels de compétences et les guides d'évaluation [c] - Forme, qualifie les évaluateurs et vérificateurs, nomme les auditeurs et agrée les centres de validation [d] - Emet les certificats
Comité pour la certification	Composé de deux collèges d'experts : - Les offreurs - Les utilisateurs Présent à toutes les étapes du processus et garant de celui-ci	- Gère le processus de certification - Valide les référentiels de compétences et les guides d'évaluation

ETAPE 2 et 3 : ACQUISITION ET VALIDATION D'UN CERTIFICAT DE COMPETENCES

CENTRES DE VALIDATION AGREES		
Organismes privés		**L'évaluateur** [e] **certifié :** - Négocie avec le candidat un portefeuille de compétences - Evalue la recevabilité des preuves produites par le candidat **Le vérificateur certifié** [f] **:** - S'assure du respect de la procédure qualité dans l'évaluation

a. Réalisé à partir du document « Orientations et positions », 1999.

b. Association pour la Certification des Compétences Professionnelles. L'ACCP est une association de loi 1901 gérée par un conseil d'administration. Ce n'est pas un organisme public.

c. Les référentiels de compétences et les guides d'évaluation sont élaborés par les entreprises et présentés à un organisme certificateur composé de deux collèges représentant les offreurs et les demandeurs. Il y a coexistence de ces deux parties intéressées sans prédominance d'aucune d'entre elles.

d. A l'avenir, l'ACCP n'aura qu'un rôle : certifier. La formation se réalisera dans d'autres organismes conformément à la norme EN 45013.

e. Professionnel du métier qui appartient qui peut appartenir à l'entreprise dans laquelle évolue le candidat.

f. Le vérificateur n'est pas un professionnel du métier. C'est le « monsieur qualité de l'entreprise ».

Atouts de la démarche « certification des compétences professionnelles » de l'ACCP

La démarche proposée par l'ACCP se démarque de celle des NVQS. Elle possède un certain nombre **d'atouts qui lui sont propres** :
- Il s'agit d'une méthodologie qui se place dans le cadre d'une norme européenne.
- Les UC (unités de compétences) n'ont pas d'implication sociales dans l'entreprise. Même si par la suite, il pourra être envisageable pour les syndicats professionnels d'agréger les unités de compétences et de les mettre en relation avec des indices de rémunération.
- Les critères d'évaluation sont réactualisés en fonction de l'évolution du contenu des emplois.
- Les référentiels par UC et le guide d'évaluation sont utilisables quel que soit le secteur d'activité.
- Il est possible d'effectuer un rapprochement du système avec les systèmes ROME (ANPE) et VAP (éducation nationale).

Un certain nombre d'entreprises se sont engagées dans ce dispositif. Il s'agit principalement de **DISNEYLAND PARIS ®, PROMOD, ACCOR, BERTRAND FAURE, PROMODES, MANPOWER, CLUB MED**.

Pour l'entreprise, la certification des compétences présente des intérêts comme par exemple :
- obtenir des indications précises quant aux compétences actuelles de ses salariés ; déterminer leurs points forts et faibles,
- contribuer à mettre en œuvre des parcours professionnels,
- améliorer les parcours de formation continue,
- enrichir les outils de gestion des ressources humaines,
- apporter un constat externe sur les compétences en complément des procédures d'évaluations annuelles internes,
- alimenter les réflexions internes sur les améliorations de l'organisation du travail,
- finaliser un engagement qualité de l'entreprise,

- valoriser les compétences des ressources humaines dans le cadre de marchés, de fusions, d'ouvertures des capitaux en bourse, etc.

La certification des compétences représente également des opportunités pour les collaborateurs (à partir du document ACFCI) :

- faire le point sur ses compétences (la certification de nouvelles compétences s'ajoutera ou remplacera des qualifications initiales inexistantes à ce jour),
- développer le rôle de l'individu comme acteur responsable de ses compétences,
- valoriser l'évaluation des compétences.

Le portefeuille de compétences est une démarche souple et positive. Dans le cas où une issue négative à l'obtention d'un certificat de compétences est envisagée, le candidat peut interrompre le processus et prendre le temps d'améliorer ses compétences.

Le résultat du portefeuille de compétences n'est pas une sanction mais une reconnaissance qui prend plus ou moins de temps. Avec des populations en situation scolaire, professionnelle et sociale difficiles et défavorisées, la démarche du portefeuille de compétences peut être plus ou moins longue mais elle est possible, positive et évite les traumatismes engendrés par des situations d'examen).

- déterminer le parcours professionnel (les descriptifs de compétences, les listes de preuves et les articulations au Répertoire Opérationnel des Emplois et des Métiers (ROME) donnent au portefeuille de compétences un rôle de « guide » à utiliser pour s'approprier et mettre en œuvre les étapes possibles de son parcours),
- renforcer les bases pour négocier son parcours professionnel dans l'entreprise et à l'extérieur de l'entreprise,
- faciliter l'insertion dans une démarche de formation qualifiante ;
- poser les prémices plus ou moins lointains d'une démarche de reconnaissance des compétences acquises hors du milieu de travail (association, famille, etc),

- offrir au salarié la possibilité de gérer sa mobilité professionnelle. En effet, celle-ci, qu'elle soit interne ou externe est une considération fondamentale qui préside à la conception et à la mise en œuvre du dispositif de l'ACCP. En effet, les référentiels d'évaluation sont articulés au ROME pour « visualiser » des parcours professionnels possibles dans et hors entreprise. Les liens entre les référentiels et les aires de mobilité du ROME [1] vont aider l'entreprise et le salarié à établir une mobilité professionnelle. Les articulations au ROME structurent les compétences décrites dans les référentiels d'évaluation. La structuration que donne le ROME est liée à l'emploi, à des logiques professionnelles, de métiers ou à des logiques transversales.

1. L'aire de mobilité : représente la proximité des emplois/métiers et a pour objectif d'aider les salariés et les demandeurs d'emploi à choisir une mobilité dans laquelle ils aient le maximum de chances de réussir (Répertoire Opérationnel des Métiers et des Emplois, ROME, volume 4, p. 1, 1993).

Il nous semble important de souligner un certain nombre de pièges à éviter :
- l'entreprise doit veiller à l'allégement des procédures afin d'éviter de construire des systèmes inexploitables,
- l'entreprise pour réellement augmenter la valorisation de son capital humain, doit anticiper les motivations du personnel certifié afin de limiter les fuites chez les concurrents,
- l'entreprise doit veiller à ce que cette démarche ne soit pas considérée comme une limite à l'innovation et à l'élasticité qu'un employé peut développer dans son activité.

3. COMPARAISON DU SYSTÈME DE VALIDATION DES NVQs
et du système de Certification des Compétences Professionnelles de l'ACCP

Bien que l'approche française et anglaise soient très proches, elles possèdent des points de divergences qui nous semblent importants à souligner car ils constituent des critères de choix sur lesquels les entreprises doivent se positionner. Des différences majeures coexistent au niveau du contrôle qualité et au niveau de l'objet de la certification. En effet, seule la démarche de l'ACCP délivre une certification autorisée par la norme EN 45013. Le système des NVQs valide des qualifications. Il n'est pas certifié par une norme bien qu'il soit reconnu au niveau international. La deuxième différence majeure au niveau du contrôle qualité correspond aux champs d'application des centres de validation. Le système anglais possède des centres qui dispensent à la fois de la formation et de la validation. Dans une certaine mesure, ils peuvent être « juges et parties ». Dans cette approche, seule l'ACCP certifie le référentiel. Les centres de validation ne font pas de certification. Au niveau de l'objet de la certification, il faut souligner une différence de fond : L'ACCP certifie une unité de compétence. Alors que les NVQs reconnaissent des qualifications professionnelles qui peuvent être déclinées en plusieurs niveaux (par exemple pour le domaine Management : NVQ management 3 (opérationnel niveau 3), NVQ management 4 (opérationnel niveau 4), NVQ management 5 (opérationnel niveau 5), NVQ Management stratégique, NVQ management de l'exercice, NVQ management de la qualité). Enfin, les NVQs intègrent des critères de connaissances générales dans leur plan d'évaluation alors que l'ACCP ne se fonde que sur la pratique en milieu professionnel sans évaluer un corpus de données théoriques.

Des différences mineures peuvent être énoncées : tout d'abord, le système français a pour vocation d'être une étape dans une démarche qualité plus générale alors que le système anglais est autonome et peut très bien être décliné dans des entreprises qui ne se sont jamais intéressées à la qualité. D'autre part, dans le système français l'intérêt collectif représenté par les deux collèges du comité pour la certification sans prédominance d'aucune d'entre elles constitue un objectif fondamental alors qu'il est source de distorsion dans le système anglais qui au fil des ans a vu apparaître des tensions entre les différents leads bodys. Dans sa conception, le système français se veut collégial et participatif alors que le système anglais se situe dans un objectif de rentabilité à court terme. Soulignons, également, la volonté du système français à établir des passerelles avec des systèmes pré-existants tels que le ROME[1] utilisé comme une base de données de compétences dans les ANPE et la VAP. Enfin, le système anglais est plus proche de la notion de qualification alors que l'approche des CCI se fonde sur le concept de compétences dans sa globalité.

1. Répertoire Opérationnel des Métiers et des Emplois.

Ces deux approches offrent de réels avantages (cf. : Tableau n° 31). Bien que la démarche de l'ACCP se soit inspirée au niveau méthodologique de celle des NVQs, elle tente d'intégrer dans l'élaboration des référentiels les spécificités françaises en diminuant les procédures. Les NVQs possèdent une reconnaissance internationale qui permet une réelle mobilité professionnelle.

Tableau 31
Critères de choix concernant la démarche NVQ ou CCE

Critères de choix	Système NVQ	Système CCE
Origine	Système anglais	Système français en émergence
Historique	1986	1997
Portée internationale	Existe dans plus de 30 pays Totalement intégré aux systèmes de formation continue des pays anglo-saxons	Possibilité d'une ouverture européenne à terme par l'intermédiaire du réseau des euro-chambres
Coût	De 2000 à 4000 ffrs par NVQs par personne selon la validation	Environ 2 000 ffrs par CCE par personne et par unité de compétence

...

Tableau 31 (suite)
Critères de choix concernant la démarche NVQ ou CCE

Critères de choix	Système NVQ	Système CCE
Champ d'application	Tous les métiers, toutes les fonctions (> 70 NVQs)	Une dizaine en 2000 (Service client, secrétariat, management opérationnel, vente, vente à distance, maintenance, communication, résolution de problèmes..)
Objet certifié	Qualification en situation de travail GNVQs : qualification en formation initiale	Compétences en situation de travail
Processus de validation	Validation des qualifications	Certification des compétences professionnelles par l'ACCP, organisme certificateur accrédité COFRAC selon la norme EN 45013
Correspondances		Avec le ROME, L'ISO, la VAP
Avantages comparés	Reconnaissance internationale Etendue des référentiels dans tous les métiers Prise en compte des connaissances générales Existence de niveau par unité	Inspiration méthodologique des NVQs Certification et non validation Allégement des procédures Pas d'évaluation des connaissances

© C. Dejoux
Editions d'Organisation

Tableau 32
Mise en parallèle de la validation des compétences par le système NVQ et de la certification des compétences par le systèmes de l'ACCP

	Système anglais NVQs Validation des compétences	Système français de l'ACCP Certification des compétences[a]
Objet de la certification	La qualification liée à un métier ↓ indice de classification ↓ indice de rémunération	Unité de compétence[b]
Caractéristiques	Induit un dialogue social	Se veut non polémique
Type de certification	NVQ non accrédité EN 45013	ACCP, EN45013

Tableau 32
**Mise en parallèle de la validation des compétences par le système NVQ
et de la certification des compétences par le systèmes de l'ACCP**

	Système anglais NVQs Validation des compétences	Système français de l'ACCP Certification des compétences[a]
Objectif	Certifie l'aptitude à exercer un métier	Donner une valeur aux compétences certifiées
Caractéristiques	Processus intégrant presque toujours des formations	Certification de compétence indépendante de la formation Inspiré des NVQs mais intègre un niveau supérieur
Etapes	Construction de référentiel par métier : « les standards de compétences » Liste de preuves et de critères définis préalablement qui représentent le standard Durée de validité 5 ans Evaluation par rapport aux standards Validation interne Certification	Construction de référentiels de compétences nationaux d'Unités de Compétences et de guide d'évaluation Liste de preuves non exhaustives Durée de validité Description des UC en fonction de tâches Evaluation des UC[c] Validation interne Certification
Acteurs	Leads bodies[d] National Council Organismes de formation	ACFCI (processus en cours de certification) Initiatives isolées (soudure, cap gemini…)

a. Réalisé à partir de la démarche de certification des compétences professionnelles engagée par l'ACCP qui sert de référence dans ce domaine en France car elle concerne différents secteurs d'activités.

b. Evaluation et la certification se font sur la preuve et le résultat de la compétence. Le niveau de performance n'est pas évalué.

c. Unité de Compétences.

d. Les leads bodies ont des objectifs propres, historiques. Ils sont concurrents entre eux, ce qui affaiblit le système.

© C. Dejoux

Editions d'Organisation

4. ANALYSE DES PROCESSUS DE VALIDATION
et de certification des compétences professionnelles

Quel que soit le dispositif choisi, qu'il s'agisse des NVQs, de la démarche ACCP ou autre, il nous semble important de dresser un premier bilan qui permet de positionner la phase de lancement de ce courant. Des axes de réflexion sont également proposés et permettent de répondre à deux thématiques :

- Dans quels cas la validation ou la certification des compétences de personnes constitue-t-elle une réponse aux intentions stratégiques de la firme ?
- En quoi la validation ou la certification des compétences permet-elle de créer de la valeur ?

4.1 Bilan des premiers dispositifs de validation et de certification des compétences mis en œuvre

Un Tableau de synthèse (cf. Tableau n° 33) va permettre de dresser un panorama non exhaustif des premières tentatives en France de certification des compétences. Ce travail n'est pas achevé car il nécessite plus de retour d'expériences et un recul plus approfondi pour proposer l'objectivité qui s'impose.

Tableau 33
Etat des lieux des premiers dispositifs de validation et de certification des compétences (Analyse SWOT[a])

FORCES	FAIBLESSES
Outils qui permettent de garder les meilleurs collaborateurs s' ils sont dans une relation de confiance avec l'entreprise.	Coût du dispositif.
Outils d'« un Management par la Confiance » : l'entreprise démontre qu'elle a confiance dans ses collaborateurs car elle accepte un risque, celui de les perdre.	Remise en cause du caractère d'inimitabilité d'une compétence stratégique[b].
Outils pertinents avec le marché de l'emploi qui s'ouvre à des preuves autres que les diplômes.	Caractère émergent des démarches actuelles en France.
Sources de motivation pour les salariés qui voient reconnues leurs expériences professionnelles.	Augmentation de la volatilité des meilleurs collaborateurs.
Maillons du processus de gestion des compétences qui accompagnent le salarié tout au long de sa formation continue.	Coûts liés à la formation des évaluateurs internes.
Démarches en phase avec la politique éducative des pays occidentalisés : la certification des compétences est encouragée par l'Etat français qui souhaite diversifier les modes de reconnaissance des savoirs et des compétences et intégrer plus largement les entreprises et les organisations syndicales dans ces nouveaux modes de reconnaissances.	Temps de formation du portefeuille de compétence pris sur le temps de travail. Difficultés d'élaborer les référentiels métiers ou référentiels compétences.
OPPORTUNITES	**MENACES**
Indicateurs significatifs d'une politique de gestion des compétences par les actionnaires[c].	Concurrence des différents systèmes de validation et de certification entre eux (NVQs versus CCE).
Création de valeur pour le salarié et l'entreprise à terme.	Pas de passerelle entre les systèmes CCE et NVQs.
Harmonisation des référentiels par secteurs d'activité au niveau européen.	Démarches qui peuvent tendre vers l'élaboration « d'usines à gaz ».

a. L'analyse SWOT est un outil de diagnostic stratégique qui permet de rendre compte des Forces (Strenghts), Faiblesses (Weaknesses), Opportunités (Opportunities) et Menaces (Strengths).

b. La certification amène la transparence de la formation d'une compétence. Or, une compétence organisationnelle, si elle tend à devenir stratégique, aura pour caractéristique d'être inimitable. Mais, une compétence peut-elle être inimitable si elle fait état de son processus de création ?

c. Compte tenu de son objectivité puisqu'il est délivré par un organisme externe.

4.2 Axes de réflexions

Nous avons envisagé deux types de questions que les entreprises peuvent se poser sur la validation ou la certification des compétences des personnes. Nous en aborderons deux auxquelles nous tenterons d'apporter des éléments de réponse :

1re question : « Dans quels cas la validation ou la certification des compétences de personnes constitue-t-elle une réponse aux intentions stratégiques de la firme ? »

Le schéma suivant (cf. Schéma 38) résume les différents aspects des enjeux liés à la certification des compétences des personnes. Cette pratique, quelle que soit la méthodologie empruntée, CCE ou NVQ répond à un certains nombre de besoins et apporte un avantage concurrentiel dans quatre domaines : le social, le commercial, la qualité et la stratégie.

Schéma 38
Validation ou certification des personnes et intentions stratégiques de la firme. « Dans quels cas la certification des compétences s'impose-t-elle à l'entreprise ? »

RÉPONSE SOCIALE	RÉPONSE COMMERCIALE
• Mise en place d'un « Management de la confiance » • Référent dans le cadre d'une GRH mondiale • Évolution logique de la GPEC de l'entreprise	• Requête des clients • Caractéristique obligatoire de l'environnement concurrentiel • Élaboration d'un facteur de différenciation autour des compétences • Politique de gestion globale des compétences

VOLONTÉ POLITIQUE DE L'ÉTAT

RÉPONSE QUALITÉ	RÉPONSE STRATÉGIQUE
• Symbole de l'évolution des certifications : produits, services, hommes • Prise en compte de la GRH et de la compétence dans les outils qualité • Articulation ISO 2000 et certification compétences	• Valorisation de l'image de l'entreprise compétitive fondée sur les compétences et les savoirs • Volonté de gérer le capital immatériel • Transparence vis à vis des actionnaires • Indicateurs de création de valeur

Le bénéfice attendu par la certification des compétences a différents aspects. En effet, cette pratique correspond simultanément à une réponse dans des domaines aussi complémentaires que la GRH, la Qualité, la stratégie ou la politique commerciale.

Les enjeux de la validation et de la certification des personnes au niveau de la politique GRH

Lorsqu'elle est décidée dans le cadre d'une gestion du personnel, l'engagement de l'entreprise dans la certification des personnes peut être motivé par plusieurs raisons.

Face à la réduction du temps de travail, les organisations se restructurent et doivent être innovantes dans leurs gestion du personnel. En effet, pour maintenir un degré de motivation élevé des collaborateurs qui doivent se responsabiliser, être flexible et développer leur leadership, l'entreprise doit trouver des outils de gestion de ressources humaines périphériques à la rémunération des compétences. La certification de personne permet de valoriser les compétences professionnelles du salarié par rapport à un marché du travail international.

D'autre part, cette pratique peut également être considérée comme une application de la mondialisation des ressources humaines dans les multinationales. En effet, celles-ci, privilégient les standards de compétences au métier. La certification des personnes favorise leur mobilité car elle affecte à chacun un critère objectif et comparable au niveau international. On peut voir dans cette démarche une nouvelle forme de standardisation des hommes. Après la standardisation des tâches, la mondialisation impose la standardisation des compétences professionnelles.

Enfin, dans le cadre d'une GPEC, la certification des compétences peut être vécue comme une étape logique de la maturité d'un système de gestion des hommes. Arrivé à un certain niveau de développement dans la création et la mise en œuvre d'outils de gestion des compétences, la certification permet de mettre en place une communication à la fois interne et externe des résultats obtenus. Elle libère le salarié des contraintes de GPEC interne puisqu'elle lui permet d'obtenir une reconnaissance au-delà de l'entreprise sur le marché du travail national et international.

Dans ce cas, la certification des compétences peut être vécue comme un aboutissement d'une GPEC réussie.

Les enjeux de la validation et de la certification des personnes au niveau de la politique QUALITE

Les démarches qualité (certification ISO, prix qualité, qualité totale) dans leurs dernières versions agrandissent la place de la GRH et celle de la gestion des compétences sans imposer de critères contraignants. Par exemple, dans l'ISO 9000 version an 2000, le chapitre sur le management des ressources concerne l'efficacité de la formation et le développement des compétences. Il s'agit d'une part, de prouver que la formation a été efficace pour l'entreprise et d'autre part, de mettre en place des outils dans un souci d'amélioration permanente des compétences des salariés.

Bien que l'entreprise fasse des choix dans ses outils qualité pour éviter la redondance et le surcoût, elle peut également rechercher des synergies. Dans ce cadre, la certification des personnes peut être une réponse au développement continu de la gestion des compétences individuelles.

L'évolution des objets de certification montre le passage de la certification produit, à la certification de service pour arriver à la certification de personne. Cette progression se justifie par le fait que la qualité démontrée par rapport à des normes est devenue une donnée incontournable du commerce international. La qualité peut être considérée comme un ensemble de balises ou de repères dans un système de plus en plus mondialisé.

Les enjeux de la validation et de la certification des personnes au niveau de la politique commerciale

Au-delà des objectifs stratégiques de l'entreprise, la certification des personnes peut être imposée par l'environnement. En effet, dans le cadre d'appels d'offre ou de cahier des charges, les clients sont de plus en plus sensibles à ce qu'une entreprise possède une main d'œuvre certifiée.

Par exemple, dans le cas de la **filière soudure**, depuis plus de trente ans, la pression internationale et les compagnie d'assurance ont imposé à ce secteur d'activité de faire certifier par l'Institut de Soudure les soudeurs suivant la norme EN 287. Certaines sociétés sont allées plus loin dans leur démarche en certifiant les compétences de l'entreprise suivant la norme EN 288. Il s'agit d'une certification par rapport à un mode opératoire de soudage qui comprend : le procédé de soudage (électrodes, digues) ; le matériau soudé (la tôle ou le tube) le type d'assemblage ; le gaz utilisé ; le matériau de base utilisé ; les dimensions de la soudure (épaisseur et diamètre) ; la position de soudage ; le code de construction. L'entreprise sélectionne le procédé qu'elle utilisera en fonction de critères liés au cahier des charges mais aussi au coût et à la rapidité de l'exécution. Pour certifier cette compétence d'entreprise, à savoir, le mode opératoire, la société devait faire appel à des soudeurs certifiés.

En effet, si on se place dans une approche globale de la gestion des compétences, cet exemple montre que la certification peut être envisagée comme un lien de rapprochement entre les compétences des individus et les compétences organisationnelles.

Les enjeux de la validation et de la certification des personnes au niveau de la mise en place de la stratégie

En s'engageant dans une politique de certification des personnes, l'entreprise valorise son image de marque, la valeur de la qualité perçue par le client. Elle se positionne en tant qu'entreprise qualifiante et apprenante. Elle peut décider de communiquer vers ses clients et ses partenaires sur la qualité « démontrée » de ses collaborateurs. Cette spécificité peut également faire partie de son avantage concurrentiel.

Mais au-delà de tout prolongement communicationnel interne ou externe, la mise en place de cet outil est représentatif d'une préoccupation de gestion du capital immatériel. Elle symbolise la volonté de l'entreprise de rendre transparents et lisibles les outils qui fonctionnent en GRH dont la démarche compétence.

Son objectif stratégique peut être tourné vers les actionnaires. Ainsi, la certification des personnes peut être considérée comme une volonté de l'entreprise de mettre à disposition de ses parte-

naires financiers un indice de performance de ses pratiques RH.
Ce type d'indicateurs est rare et quasi inexistant dans les rapports
d'activité alors que se dessine dans les entreprises de service une
tendance à communiquer sur les outils de gestion qui permettent
au capital immatériel de créer de la valeur (cf. l'entreprise
SKANDIA, L. Edvinson, M. Malone, 1999).

La validation et la certification des compétences professionnelles est une priorité de la politique de formation de la France

xpression « création
ur » est entendue au
sens large et non
ient financier ce qui
streindrait le propos
de la question de la
n de valeur pour les
nnaires, c'est-à-dire
aximiser de manière
able le cours de leur
t de leur dividende.
ous plaçons dans la
on de la création de
aleur au sens de G.

oyen, « Stratégie et
e : approche par la
réation de valeur »,
clopédie de gestion,
Economica, 1997,
pp. 3087-3088 qui
e que celle-ci est un
mode de gestion
ratégique qui a des
onséquences sur les
les actionnaires, les
s et les dirigeants et
roduit une évolution
ante de la fin de ce
. Selon l'auteur, une
es limites et piste de
recherche était la
ation de l'objectif de
sation de la richesse
onnaires et l'intérêt
alariés, ce que nous
s interpréter comme
cile réconciliation de
omique et du social.

Les états des pays industrialisés ont choisi pour l'avenir d'axer leurs politiques éducatives sur la délivrance d'unités de compétences en complément des diplômes. Cette démarche favorise la portabilité entre le monde de la formation initiale et continue et le monde du travail. Ainsi les formations pourraient être modularisées avec des contenus progressivement développés et donner lieu à la fois à des unités de compétences et des diplômes en fonction des modules acquis. L'avantage d'une telle formule consisterait à intégrer des publics hétérogènes, à permettre à chacun d'obtenir une validation de compétences reconnues par les entreprises, à redéfinir le marché de la formation en favorisant une diversité financière.

2e question : « En quoi la validation ou la certification des personnes permet-elle de créer de la valeur ? »

La démarche fondée sur la création de valeur [1] représente aujourd'hui un véritable enjeu pour l'organisation au point où elle tend à devenir une nouvelle norme de gestion. En effet, au-delà de son ancrage historique ancien fondé sur la théorie économique, les droits de propriétés et de l'agence, un courant managérial s'est érigé autour de la « gestion de la valeur ».

THEORIE

1. J. Caby ; G. Hirigoyen, *La création de valeur de l'entreprise*, Economica, 1997.

Raisonner en termes de création de valeur, c'est placer l'actionnaire au centre des décisions (J. Caby ; G. Hirigoyen, 1997[1]). La globalisation de l'économie, la libéralisation des échanges, l'innovation technologique et l'accès à l'information ont remis en question la relation de causalité qui liait l'acquisition d'une position stratégique et la création de valeur.

Un des objectifs actuels de la stratégie consiste à trouver des gisements de valeur pour accéder aux positions stratégiques les plus profitables et à communiquer en direct aux actionnaires leurs potentialités afin que la décision stratégique s'accompagne d'une valorisation boursière. Par conséquent, l'entreprise d'aujourd'hui doit privilégier des outils transparents qui offrent aux actionnaires des indications objectives.

La certification des compétences peut apporter une réponse à ce dilemme. En effet, elle semble constituer un facteur de lisibilité de l'intégration de la gestion des compétences au sein de l'entreprise. Symbolique d'un engagement de l'entreprise dans la valorisation de son capital humain, cette pratique semble significative de l'existence de création de valeur pour l'entreprise et pour les salariés. Aussi, pourait-elle faire partie des critères pris en compte par l'observateur extérieur tel que l'actionnaire qui souhaite avoir un jugement sur les pratiques RH de l'organisation.

Le cadre d'analyse **proposé pour répondre à la question de l'impact de la certification des compétences professionnelles sur la création de valeur s'est construit autour de deux axes (cf. : Schéma n° 39) :**
- *L'axe GRH – QUALITE* permet de positionner la certification des compétences comme un moyen de valorisation de la qualité des ressources humaines de l'entreprise. Aussi, dans cette perspective théorique, l'interrogation portera sur les gisements de valeur créés par cette approche pour l'entreprise et ses salariés.
- *L'axe GRH - GESTION DE L'IMMATÉRIEL* offre la possibilité de situer la certification des compétences comme une réponse envisageable à un objectif de lisibilité des actifs

immatériels. Dans ce contexte, la question de la possibilité pour que cette pratique constitue un indicateur de création de valeur à destination des financiers (actionnaires) est posée.

Schéma 39
Certification des Compétences Professionnelles et création de valeur

Cadre théorique :
AXE GRH-QUALITÉ

Besoin :
Intégrer le capital humain dans les démarches qualité et prouver qu'il progresse

Objectifs :
• Au niveau de l'organisation, mettre en place des outils à double fonctionnalité :
Démarche qualité et pratique GRH
• Au niveau des individus mettre en place des outils qui valorisent leurs compétences

Cadre théorique :
AXE GRH-IMMATERIEL

Besoin :
Lisibilité par les financiers des facteurs immatériels (dont facteur RH)

Objectif :
Élaborer des indicateurs de performance

Réponse :
H1 : L'existence d'une politique d'accompagnement de l'entreprise dans l'élaboration de certificats de compétences professionnelles est un indicateur d'une « GRH engagée » au niveau des employés et des clients.

H2 : La certification des compétences professionnelles est un indice de performance en GRH apprécié par les financiers.

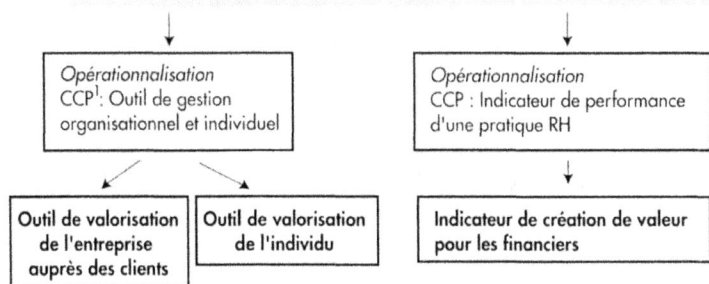

Opérationnalisation
CCP[1]: Outil de gestion organisationnel et individuel

Opérationnalisation
CCP : Indicateur de performance d'une pratique RH

Outil de valorisation de l'entreprise auprès des clients

Outil de valorisation de l'individu

Indicateur de création de valeur pour les financiers

1. CCP : Certification des compétences professionnelles

© C. Dejoux
Éditions d'Organisation

La certification des compétences professionnelles, une opportunité pour développer la confiance des salariés

Pour l'entreprise, il nous semble qu' intégrer les compétences professionnelles dans une procédure de certification lui permet de proposer des solutions créatives à la valorisation du capital humain.

Les organisations possèdent des enveloppes d'augmentation de salaire limitées, les pyramides hiérarchiques s'aplatissent, les progressions de carrière s'envisagent plus en termes de trajectoires transversales que d'ascension hiérarchique, la nouvelle donne de la loi sur la réduction du temps de travail remet en cause les principes de promotion acquis au fil des ans, toutes ces raisons incitent l'entreprise à proposer à ses collaborateurs des « solutions périphériques créatives » pour continuer à les motiver et à faire en sorte qu'ils s'engagent naturellement dans un processus de développement et d'acquisition de nouvelles compétences professionnelles. Dans ce contexte, l'acquisition de « certificat de compétences » validés par un organisme extérieur à l'entreprise constitue une plus value pour le salarié qui augmente son employabilité sur le « marché des compétences » à l'intérieur et à l'extérieur de l'entreprise. Quant à l'entreprise, cela lui permet, d'une part, de faire la preuve de la qualité de son personnel auprès de ses partenaires et d'autre part, de proposer au salarié une autre forme de promotion sociale en l'accompagnant dans la valorisation de ses compétences.

Pour le salarié, la certification des compétences devient une voie d'investissement personnel dans le but de développer son employablité.

Pour faire face à la rapidité des changements, chacun doit entretenir en permanence ses savoir-faire acquis tout en développant de nouvelles compétences. Un courant à l'échelle des pays occidentalisés prône « la formation tout au long de la vie » ou « le développement professionnel continu » (D. Colardyn, 1996[1] ; rapport de M. de Virville). Il s'agit de concevoir la formation initiale et continue sous la forme de diplômes alliés à des certificats de compétences. L'objectif recherché consisterait d'une part à augmenter la portabilité de la formation sur le marché du travail

1. D. Colardyn, *La gestion des compétences. Perspectives internationales*, PUF, 1996.

et d'autre part à concevoir la formation comme un continuum prenant en compte toutes les étapes de la vie scolaire et professionnelle. Le MEDEF (actes du colloque de Deauville, octobre 1998) encourage l'investissement personnel et favorise les initiatives dans lesquelles le salarié est « pro-acteur » de sa formation. La certification des compétences constitue pour le salarié une façon de prendre en charge sa formation puisqu'elle est déclenchée à l'initiative du candidat accompagné par l'entreprise.

La certification des compétences, un gage de service pour les clients

En s'engageant dans une politique de certification des personnes, l'entreprise valorise son image de marque. Elle se positionne en tant qu'entreprise qualifiante et apprenante. Elle peut décider de communiquer vers ses clients et ses partenaires sur la qualité « démontrée » de ses collaborateurs.

L'étude de l'entreprise DYNESLAND Paris® (p. 267) montre que cette société leader dans le domaine des services a choisi la certification des compétences pour répondre à des objectifs stratégiques en matière de GRH et de satisfaction client. La société a testé deux méthodologies, tout d'abord les NVQs en management et service client puis les CCE de l'ACFCI d'une population de team manager (managers de 30 à 50 personnes).

A ce jour, la certification a répondu aux objectifs de reconnaissance interne et de valorisation de l'image externe. Imposée comme une décision stratégique interne et non dictée par la pression de l'environnement concurrentiel comme le cas de la filière soudure (C. Dejoux, C. Faure, 1999[1]), il semble que *la certification des compétences professionnelles permette de garantir un niveau de service optimum aux clients.*

1. C. Dejoux, C. Faure, « La certification des compétences : un avenir à construire ?, IX AIMS, Ecole Centrale, Paris, 1999.

La certification des compétences, un indicateur du capital immatériel, au service des financiers et actionnaires

Comme le souligne L. Edvinson et M. Malone, 1999[2], les chefs d'entreprises sont confrontés à une interrogation fondamentale : Comment expliquer la

2. L. Edvinson, M. Malone, *Le capital immatériel,* Maxna, 1999.

différence entre la valeur comptable et la valeur réelle de leur société ? Prenons l'exemple de Microsoft dont la valeur de marché est égale à plus de 16 fois sa situation nette. Il semble dorénavant admis, que cette différence s'explique par la montée en puissance d'un nouveau facteur : le capital immatériel.

Le capital immatériel rassemble un ensemble d'éléments intangibles qui n'apparaissent pas au bilan des entreprises. Ceux-ci ne sont pas tous traduits en indicateurs quantitatifs d'où la difficulté d'une évaluation globale. Selon la définition de L. Edvinson et M. Malone, 1999, le capital immatériel de l'entreprise est constitué :
- d'un capital structurel : ensemble des systèmes d'organisation (technologies, bases de données, concepts organisationnels, documentation) pour transmettre et stocker le savoir,
- d'un capital humain : ensemble des compétences professionnelles, des capacités à innover, des éléments de créativité.

Les compétences professionnelles représentent l'un des constituants fondamentaux du capital immatériel. Or, il s'avère que c'est un des actifs immatériels qui à donné lieu à de nombreux outils de gestion bien que l'évaluation des compétences professionnelles et leur contribution à la création de valeur constituent toujours un champ de recherche.

Dans la problématique sur la gestion du capital immatériel, et par conséquent dans celle de la gestion des compétences, une étape essentielle concerne la communication interne et externe.

En effet, le rapport d'activité, en tant que principal outil de communication externe, présente les actifs corporels et incorporels dans les différents documents comptables et financiers. Mais ce document devient insuffisant pour faire Etat de tous les éléments créateurs de richesse dans l'entreprise. Des organisations innovantes sur ce sujet, telle que SKANDIA, une société de commercialisation de produits financiers a élaboré dès 1995 un rapport d'activité sur des données immatérielles en complément du rapport d'activité comptable et financier. Cette entreprise a mis au point un outil nommé « le navigateur » pour repérer ses actifs intangibles, les mesurer et les articuler entre eux afin de créer de la valeur. Sa méthodologie s'appuie sur une longue liste de ratios quantitatifs et de données plus qualitatives qui lui permet de cibler précisément les éléments de progression et les axes d'amélioration. D'autres expériences s'élaborent autour de groupe de projets sur les actifs immatériels afin d'engager une stratégie de communication vis-à-vis des partenaires financiers (banques, actionnaires, partenaires commerciaux, etc...). Par exemple, DOW CHEMICAL a créé un groupe de travail sur le repérage des données immatérielles de l'entreprise en 1997.

Cette question concerne également la gestion des compétences professionnelles en tant qu'indicateur de GRH. Nous souhaitons étudier l'impact de la certification des compétences professionnelles actionnaires en posant l'hypothèse que cette pratique constitue un indicateur fiable et apprécié permettant de créer de la valeur. *La certification des compétences offre la possibilité aux financiers d'intégrer une variable RH objective et transparente dans leurs analyses.* En effet, les financiers (analystes financiers, les actionnaires, etc.) reprochent aux disciplines sociales et plus particulièrement à la GRH, leur manque de transparence et de visibilité. Il existe des tentatives de mesures de pratiques RH, telle que le « rating social » élaboré par CH. d'Arcimoles, 1995[1], ou plus généralement le « bilan social » mais ces indicateurs ne reflètent pas suffisamment la richesse de la diversité des RH de l'entreprise. L'article de S. Mavrinac et G.A. Siesfeld, 1998[2] intitulé « la délicate mesure de l'immatériel » expose les attentes des investisseurs, le besoin de valoriser des données non-financières, leur impact sur le cours de l'action. En attendant une homogénéisation des indices RH reconnus par les financiers, la solution actuelle semble être la multiplication des signaux RH rendant compte de la dynamique des pratiques RH de l'organisation. La certification des compétences des salariés va dans ce sens. Il peut être envisageable dans un rapport d'activité sur le capital immatériel[3] de mettre en avant le ratio « nombre d'employés certifiés / nombre d'employés ». Citons une autre approche, celle de N. Bontis et al[4], qui proposent une série d'indicateurs permettant de mesurer les ressources immatérielles. Il s'agit d'indicateurs de ressources humaines, des tableaux de bord, de l'EVA et d'un nou-

1. CH. D'Arcimoles ; « Risque social et allocation optimale des fonds pour la création d'un rating social », *Analyse financière*, 1995, pp. 86-90.

2. S. Mavrinac ; AS. Siesfeld ; « La délicate mesure de l'immatériel », *l'Expansion Management Review*, déc 1998, pp. 31-38.

3. cf. : Cas SKANDIA, EDVINSON, MALONE, 1999.

4. N. Bontis ; N. Gragonetti ; K. Jacobsen ; G. Roos ; « Les indicateurs de l'immatériel », *l'Expansion Management Review*, Dec 1999, pp. 37-45.

vel index du capital intellectuel. Selon les auteurs, la première catégorie d'indicateurs rencontre des problèmes de subjectivité, les tableaux de bord rassemblent des indicateurs financiers et non financiers autour de 4 axes (la communication interne, la planification, le feedback et la formation, la vision générale), L'EVA (notion de valeur ajoutée économique) « *peut servir à mesurer le taux de profit du capital intellectuel* ». Enfin, la quatrième catégorie d'indicateurs est constituée par l'évaluation du capital intellectuel qui représente « *l'ensemble des ressources intangibles ainsi que les liens qui unissent ces différentes ressources. Selon cette définition, le capital intellectuel correspond donc simplement à l'ensemble des ressources immatérielles et à leur flux. Et nous entendons par ressources immatérielles tous les facteurs qui entrent dans les processus générateurs de richesse et qui, de près ou de loin, subissent son influence.* »

Pour conclure sur la question de la création de valeur dégagée par la certification des compétences, nous retiendrons que :

- **Pour l'entreprise**, au-delà de l'aspect purement valorisant vis-à-vis de l'extérieur d'accueillir des collaborateurs certifiés par un organisme indépendant, la certification des compétences permet de rendre visible une partie du capital immatériel. En effet, la valeur d'une entreprise ne se fonde plus uniquement sur des indicateurs strictement financiers (R. Teller, 1999[1]). La plupart des études sur ce sujet montrent qu'ils sont insuffisants pour rendre compte de l'aspect humain et informationnel d'une organisation. Nombreuses sont les sociétés cotées en bourse dont la valeur financière diffère largement des performances boursières. Il est admis que ce décalage est dû à la création de valeur dégagée par le capital immatériel. Or, il n'existe que des tentatives isolées de méthodologies d'évaluation du capital immatériel. La certification des compétences professionnelles va dans ce sens et constitue une piste à explorer de façon empirique.

1. R. Teller, *Le contrôle de gestion*, Litec, 1999.

- **Pour le client**, la certification des compétences des personnes constitue un gage de qualité. Même si cette opinion peut être considérée au départ de la relation commerciale comme une « présomption de professionnalisme », il semble que les entreprises qui ont testé cette démarche (PME ou MN) l'inscrivent tout naturellement dans une approche qualité totale.

- **Pour le salarié**, s'engager avec l'accompagnement de l' entreprise dans une certification des compétences lui permet de développer son employabilité. En acquérant cette reconnaissance extérieure, il reste en phase avec l'évolution du marché du travail au niveau international. Même si cet outil n'est pas pour l'instant directement lié à sa rémunération, il va dans le sens d'une responsabilisation et d'une reconnaissance de l'expérience professionnelle.

- **Quant à l'actionnaire**, avec la certification des compétences, il possède un outil d'évaluation d'une pratique RH créatrice de valeur pour l'entreprise. Compte tenu du faible nombre d'indicateurs immatériels reconnus, il nous semble opportun de donner à la certification des compétences professionnelles ce rôle de facteur de lisibilité de l'intégration de la gestion des compétences au sein de l'entreprise.

A l'avenir, une recherche compréhensive sur les liens de causalité entre la certification des compétences et la création de valeur reste à effectuer. Un certain nombre de questions restent en suspend : cette pratique n'est-elle pas le symbole d'une GRH individualisée qui irait à l'encontre d'un partage et d'une capitalisation des connaissances ? N'est-ce pas un outil élitiste proposé seulement aux dirigeants de l'entreprise ? La mise en place d'une certification des compétences n'est-elle qu'une déclinaison de la démarche qualité ou un acte de management à part entière ?

DISNEYLAND PARIS ® : une GRH fondée sur la confiance :
Un exemple réussi de certification des compétences des personnes.
Le cas suivant a deux objectifs :
- présenter le contexte stratégique qui a initié l'engagement de DISNEYLAND PARIS ® dans une démarche de certification de personnes (NVQs puis CCE),
- expliciter les avantages et les apports de cette démarche.

1. Les conditions d'émergence de la validation des acquis professionnels puis de la certification des compétences à DISNEYLAND Paris ®

DISNEYLAND PARIS ® représente la première destination touristique européenne. Elle accueille chaque année plus de 12 millions de personnes ce qui représente une moyenne journalière de 33 000 personnes.

Cette société de renommée internationale a l'image d'une entreprise leader dans le monde des services. Le niveau élevé de ses prestations fait d'elle un standard de qualité reconnu comme tel au-delà de son secteur d'activité. En effet, des entreprises de l'industrie ou de la grande distribution n'hésitent pas à « benchmarker » ses pratiques. Cette firme a la réputation d'être précurseur dans la mise en place d'outils de gestion permettant d'allier le développement des collaborateurs et la performance économique. Aussi, son engagement dans le choix d'un système de reconnaissance de compétences professionnelles par un organisme extérieur révèle un tournant majeur dans ses pratiques de GRH et peut être analysé comme un symbole d'une nouvelle tendance de la GRH en général.

L'expérience avant-gardiste de DISNEYLAND PARIS ® dans la certification des personnes illustre la volonté d'instaurer une « GRH fondée sur la confiance ».

Dès 1997, l'entreprise s'est engagée dans un programme de validation des acquis professionnels reposant sur des qualifications de type NVQs. Elle a progressé très récemment vers la mise en place de la démarche de certification des compétences en entreprises (CCE) proposée par l'ACCP. Cette évolution s'explique d'une part par les atouts des CCE versus les NVQs et d'autre part par la volonté des organismes anglo-saxons de ne plus dispenser de NVQs en France.

La certification des personnes de type NVQs puis CCE constitue un élément de réponse aux enjeux internes et externes auxquels l'entreprise est confrontée.

• Un enjeu interne : la reconnaissance d'un nouveau métier : « les team leaders »

L'entreprise souhaitait reconnaître les compétences professionnelles spécifiques au métier de « team leaders » et à son secteur d'activité, celui des services. Pour une meilleure compréhension de cet enjeu interne, rappelons que la configuration organisationnelle de la firme se structure en 4 étages :

- La direction,
- Les « Small World Manager » qui gèrent des centres de coût (par exemple des boutiques, des restaurants) et peuvent encadrer jusqu'à 120 personnes. Ils sont relayés par les « team leaders ».

- Les **800 « team leaders »** qui peuvent assurer certaines fonctions de direction par délégation. Ils possèdent pour la plupart un niveau d'agent de maîtrise. Leur fonction est transversale. Ils encadrent jusqu'à une vingtaine de personnes. Leur métier s'articule autour d'une spécificité technique (en relation avec l'un des 7 métiers de base de l'entreprise), de la formation, du service client et du management opérationnel.

- Les « cast members » qui représentent les 10 000 employés de l'entreprise tous métiers confondus intégrant le personnel saisonnier.

Les **« team leaders »** ont pour mission essentielle de garantir le niveau des prestations de service à la clientèle afin que celui-ci reste en conformité avec l'exigence des standards de qualité qui contribuent à l'image de l'entreprise. Dans la pratique, les « team leaders », quels que soient leur secteur d'activité (hôtellerie, restauration, attraction, boutique…) sont en charge de la gestion opérationnelle, du développement professionnel du personnel encadré et de l'animation à la fois d'une vingtaine de cast members essentiellement permanents et des saisonniers.

Compte tenu de ces éléments, l'enjeu de l'organisation au niveau de sa politique de GRH consiste à valoriser le travail de formation et de leadership des « team leaders » qui assurent la mise en cohérence du personnel avec les niveaux d'exigence de l'entreprise.

Face à cet enjeu, l'objectif de l'entreprise a consisté à trouver un outil de GRH qui permette de valider en interne les compétences professionnelles liées à la formation et au management opérationnel des « team leaders ».

L'entreprise a alors décidé que la reconnaissance des compétences par les NVQs (puis par les CCE depuis une date récente) devait être une piste à explorer. Plus précisément, les NVQs ont permis une reconnaissance externe des capacités de « coaching » et de « leadership » de ce nouveau métier dont le rôle est pivot au sein de l'organisation.

- **Un enjeu externe : Le « relookage » d'une image de marque autour du concept « d'entreprise leader, novatrice et formatrice aux métiers de service »**
La deuxième spécificité de l'entreprise correspond à l'évolution des composants de son image de marque. En externe, DISNEYLAND PARIS ® souhaite être associée à une « entreprise leader, novatrice et formatrice aux métiers du service ». Cette entreprise se définit comme une organisation multi-culturelle fondée sur la composition de sa clientèle essentiellement européenne (environ 40 % de français) et sur le bilinguisme de ses collaborateurs.

Et pour cette raison, elle cherche à devenir la référence incontournable en tant qu'entreprise formatrice aux métiers de service tout en acceptant l'hétérogénéité des diplômes et des cultures.

Pour les jeunes européens bilingues, intégrer cette entreprise, dans le cadre, par exemple, d'un contrat saisonnier, comporte des ouvertures professionnelles qui placent le critère de la rémunération en second plan. En effet, DISNEYLAND PARIS ® leur offre la possibilité d'acquérir une formation spécifique aux métiers des services reconnue sur le marché du travail et qui se décline à la fois par des valeurs, une culture d'entreprise et des responsabilités opérationnelles sur le terrain. Cet acquis, unique par sa forme et par le professionnalisme qui y est dispensé, représente une opportunité. Celle-ci peut être considérée comme un tremplin dans une carrière professionnelle dans le secteur des services qui connaît une montée en puissance exceptionnelle et intègre la plus grande partie des offres d'emploi.

L'enjeu stratégique de l'organisation consiste à asseoir cette image « d'entreprise leader, novatrice et formatrice aux métiers du service » auprès des jeunes européens afin de pouvoir recruter les meilleurs d'entre eux et développer ainsi la qualité des prestations. Or, l'image de marque de l'entreprise sera renforcée si celle-ci communique en externe sur ses pratiques de gestion telle que la certification des personnes qui lui permet de valoriser la formation et le management dispensés à tous les collaborateurs.

2. Les apports de la certification des compétences

A ce jour, l'entreprise a testé les NVQs pour le management et le service client. Le coût de l'opération et le temps engagé par les candidats se sont avérés être des points qui pourraient être améliorés dans le futur. Mais, les NVQs ont répondu aux objectifs de reconnaissance interne et de valorisation de l'image externe. Actuellement DISNEYLAND PARIS ® s'intéresse au système français des CCE qui n'existait pas à l'époque. La certification des compétences s'est avérée positive et fructueuse. Imposée comme une décision stratégique interne et non dictée par la pression de l'environnement concurrentiel comme dans le cas de la filière soudure, cet exemple a pour objectif de montrer comment la certification des compétences (par la méthodologie des NVQs) peut constituer une réponse à un besoin de gestion des ressources humaines (reconnaissance de la formation interne) et à une valorisation de l'image de l'entreprise pour un besoin de recrutement sans pour cela que l'entreprise soit certifiée par un organisme extérieur de type ISO.

> La certification des personnes peut être considérée comme **un outil de gestion qui a développé la confiance en interne** (Les « team leaders » ont vu leur métier reconnu par un organisme extérieur) **et en externe** pour les candidats potentiels, les actionnaires et les acteurs du secteur des services qui voient se structurer des métiers spécifiques émergents caractérisés par la maîtrise de compétences transversales.
>
> Face au succès de ces approches, DISNEYLAND PARIS ® a décidé d'expérimenter à l'horizon 2001, les certificats de compétences pour les maîtres d'apprentissage (CCE).

Les deux méthodologies exposées, les NVQs (qualification des acquis professionnels) et les CCE (certificats de compétences en entreprise) représentent à ce jour les deux déclinaisons majeures de la certification des personnes. La première tend à disparaître en France alors que la deuxième est en pleine émergence, en structuration, au cœur de la loi sur la modernisation sociale de 2001.

Ces deux approches ont de nombreux points de rapprochement méthodologiques. Dans les deux cas, le candidat doit faire les preuves de ses compétences en situation de travail afin d'obtenir une reconnaissance par un organisme extérieur à son entreprise. Ce principe de l'évaluation externe (audit externe) d'une composante de la GRH est un tournant a souligner. Il serait intéressant d'en analyser les limites et les dangers.

Nous considérons la certification des compétences comme un outil de nouvelle génération : « un outil du Management de la Confiance ».

En effet, la certification des personnes développe des relations de confiance entre l'entreprise et les différents acteurs de l'organisation :
- les dirigeants qui acquièrent un nouvel outil de gestion pour répondre aux différents objectifs stratégiques, qualité, GRH ou commerciaux de la firme,
- les clients à qui l'entreprise prouve que les personnes qui vont effectuer le service ont été reconnues pour leurs compétences,
- les salariés qui acquièrent une reconnaissance de leur activité professionnelle valorisable sur le marché du travail,
- les actionnaires qui possèdent un nouvel indicateur de GRH.

Conclusion

La validation ou la certification des compétences professionnelles est au cœur des problématiques de la GRH, de la QUALITE et de la gestion de l'immatériel. Elle constitue un outil de gestion qui permet de visualiser et valoriser un facteur RH. L'approche anglaise et l'approche française montrent qu'il existe un consensus autour du processus, de la définition du référentiel, des acteurs et des étapes à suivre par le candidat.

Au niveau des organisations, la validation ou la certification des compétences correspond à une tendance de plus en plus prégnante. Elle va dans le sens de la responsabilisation et de la prise en main par le salarié de son employabilité. En effet, tout salarié, avec ou sans l'aval de son entreprise, peut s'inscrire auprès d'un centre agréé afin d'envisager un certificat de compétence dans un domaine précis. Ce processus existe dans les pays anglo-saxons sous le nom de NVQs. Il commence à être introduit en France sous l'impulsion de l'ACFCI. Pour les candidats, cette démarche leur assure une crédibilité professionnelle auprès des employeurs. Pour les entreprises qui soutiennent et favorisent la certification des compétences de leurs collaborateurs, cela leur permet d'asseoir leur engagement dans une politique de qualité auprès de leurs partenaires, de valoriser leurs ressources humaines tout en rationalisant leurs budgets de formation.

La validation ou la certification des compétences semblent incontournables. Elles symbolisent un certain niveau de maturité dans la gestion des compétences. Elles sont également la preuve que la gestion des compétences est une donnée stratégique quantifiable. L'existence d'employés certifiés dans une organisation doit être considérée comme un signal positif. L'engagement de l'entreprise dans un processus de validation ou de certification des personnes devient un avantage concurrentiel décisif dans les marchés où la différenciation stratégique reste à l'origine d'une rentabilité dans le temps.

Chapitre 6
Approches méthodologiques
Synthèse

« Le rôle du management, c'est de sauvegarder le capital
de l'institution. Qu'est-ce que cela veut dire lorsque les
connaissances de chaque travailleur du savoir représentent
un actif, et de plus en plus l'actif principal de l'institution ?
Qu'est-ce que cela suppose pour la politique du
personnel ? Que faut-il faire pour attirer et retenir les
travailleurs du savoir les plus productifs ? Pour accroître
leur productivité, et pour convertir cette productivité accrue
en progrès potentiel de l'entreprise ? »

L'avenir du Management, P. Drucker, 1999

Ce chapitre, à vocation opérationnelle (en opposition de forme avec les chapitres précédents), s'adresse plus particulièrement aux dirigeants, à la recherche de synthèse et d'outils directement applicables.

Il présente de façon essentiellement schématique une lecture rapide de la problématique du livre : « **Comment développer la confiance des collaborateurs, des actionnaires et des clients ? Par une gestion globale et agrégée des compétences individuelles, collectives et organisationnelles de l'entreprise** ».

Il vise à montrer l'opportunité de la mise en place d'une approche globale et agrégée des compétences en rappelant que celle-ci s'appuie sur :
- L'acceptation de la transversalité du concept de compétence qui se décline en entreprise en compétence individuelle, collective et organisationnelle.
- La mise en place progressive ou parallèle de trois processus de gestion des compétences (la gestion des compétences individuelles, la gestion des compétences collectives et la gestion

des compétences organisationnelles) qui chacun d'eux possèdent des gisements de création de valeur et constituent des outils pour développer la confiance avec les partenaires internes et externes de la firme.

- L'existence de relations synergiques entre ces trois processus qui composent l'approche globale et agrégée des compétences.

Ce chapitre commence par synthétiser la méthodologie de **l'approche globale et agrégée des compétences**, puis il est rythmé par cinq questions qui sont explicitées pour chacun des trois niveaux de gestion des compétences :

- **Qu'est-ce que la gestion des compétences ?**

- **Pourquoi faire de la gestion des compétences ?**

- **Comment faire de la gestion des compétences ?**

- **Quels sont les indicateurs internes et externes qui permettent d'évaluer le niveau de maturité du processus de gestion des compétences ?**

- **Comment un processus de gestion des compétences permet-il de créer de la valeur ?**

- **En quoi la mise en place d'un processus de gestion des compétences permet-il de développer la confiance avec les partenaires de l'entreprise ?**

Qu'est-ce qu'une approche globale et agrégée des compétences ?

L'approche globale et agrégée se compose de trois étapes (cf. chapitre 2)

Etape 1 : Accepter l'idée et la mise en œuvre des trois principaux niveaux du concept de compétence en entreprise : La compétence individuelle, la compétence collective, la compétence organisationnelle.

Définitions des compétences en situation de travail

Compétence individuelle **Compétence professionnelle**	La connaissance et l'expérience d'un domaine dans lequel l'individu a obtenu une reconnaissance collective grâce à la mise en œuvre de son savoir-faire Exemple : Etablir et faciliter la relation avec le client, offrir et maintenir un service au client (cf référentiel ACCP du « service client »)
Compétence collective	Agrégat entre les compétences que possèdent les individus augmentées « d'un effet groupe » provenant de la dynamique collective des acteurs. Ces compétences sont reproductibles si il y a les mêmes acteurs et les mêmes facteurs de contexte. Exemple : Création d'un cahier des charges dans le cadre d'appels d'offre européens (mise en relation de compétences juridiques et commerciales compte tenu de la spécificité du projet)
Compétence organisationnelle **Compétence d'entreprise**	Ce que l'entreprise sait faire par opposition à ce qu'elle possède. Exemple : la miniaturisation chez SONY, l'animation au CLUB MÉDITERANNÉE.
Compétence stratégique[a]	Elles possède les caractéristiques suivantes[b] : - sont indispensables à la survie de l'individu, du groupe ou de l'entreprise - invisibles pour les concurrents - difficiles à imiter - propres, uniques à l'individu, au groupe ou à l'organisation - composées de capacités, de ressources, de processus - représentent un avantage concurrentiel dans le temps - sont peu nombreuses - ont une valeur négociable et commercialisable (DJ. Collis, 1994) - ont de la valeur (Barney, 1991) - sont rares et pas imitables (Barney, 1991) - ne sont pas substituables (Barney, 1991) Exemple : capacités, savoirs, attitudes, image de marque, culture d'entreprise, engagement de la DIRECTION GÉNÉRALE, routines organisationnelles, orientations stratégiques.

a. Nous élargissons la définition et les caractéristiques des compétences stratégiques au niveau individuel et collectif.

b. D'après M. Tampoe, : « Exploiting the core Competences of your organization », *Longue Range Planning*, Vol 27, n° 24, 1994, pp. 66-77.

Fiche proposant l'identification d'une compétence individuelle, collective ou organisationnelle

La méthodologie proposée a été élaborée par l'ACCP pour les compétences individuelles en situation de travail dans le cadre de la certification des personnes. Nous l'avons élargie pour les compétences collectives et organisationnelles. Chaque compétence, quelle que soit son niveau d'analyse (individuel, collectif ou organisationnel) peut être définie par trois domaines :
- les critères d'évaluation,
- les exemples de preuves,
- les informations complémentaires.

Ceux-ci ont les caractéristiques suivantes :

Identification et évaluation d'une Compétence individuelle

Evaluation	Exemples de preuves	Informations complémentaires
Un évaluateur (DRH, responsable hiérarchique) a en charge l'évaluation de la compétence individuelle d'un salarié. Le candidat constitue un « portefeuille de compétences » dans lequel se trouvent les éléments relatifs à la CI évaluée. La CI est évaluée en situation de travail à partir des preuves apportées par le candidat	Les preuves représentent une liste non exhaustive constituée d'exemples pour chaque CI.	Il s'agit « d'informations additionnelles » (terminologie de l'ACCP) qui permettent d'appréhender la CI en situation de travail Ex : témoignages, observations, liens qui permettent d'évaluer l'authenticité de la preuve

Identification et évaluation d'une compétence collective

Evaluation	Exemples de preuves	Informations complémentaires
Un évaluateur interne, acteur du projet ou du groupe évalue la compétence collective créé par deux acteurs par exemple. La CC doit être décrite en fonction des CI mises en œuvre, des « éléments de contexte » qui jouent un rôle positif. La description de la CC et de ses caractéristiques doit être approuvée par le groupe.	Exemples de situations vécues par le groupe qui révélaient l'existence de cette CC.	Identification des facteurs potentiels de destruction de cette CC. Identification des éléments qui ont eu une influence positive ou négative sur cette CC pendant la durée de vie du groupe ou du projet. Nombre de fois où cette CC a été mise en œuvre spontanément et de façon provoquée pendant le projet. Exemples de valeur ajoutée apportée pendant la vie du groupe ou du projet.

Identification et évaluation d'une compétence organisationnelle stratégique

Evaluation	Exemples de preuves	Informations complémentaires
Un évaluateur (responsable de la GCO ou consultant externe) identifie la Compétence Organisationnelle stratégique (COS) en fonction des processus de l'entreprise. Il la décrit comme un savoir faire de l'entreprise et ce qu'elle n'est pas. Il dessine la cartographie de tous les métiers, CI, fonctions et autres processus qui la concernent directement et indirectement.	Identification qualitativement et quantitativement des situations collectives dans lesquelles la COS a été mise en œuvre.	Analyse des facteurs de risques liés à la mise en œuvre de la COS. Repérage des facteurs favorisant le développement dans le temps. Bilan de la valeur ajoutée créée lors de chacune de ses manifestations. Etude de la mobilité de la COS entre les fonctions et déclinaison des situations de transfert réalisées et réalisables.

Etape 2 : Mettre en place parallèlement ou successivement 3 démarches (processus + outils) de gestion des compétences.
- la gestion des compétences individuelles,
- la gestion des compétences collectives,
- la gestion des compétences organisationnelles.

Schéma 40
Approche globale et intégrée des compétences

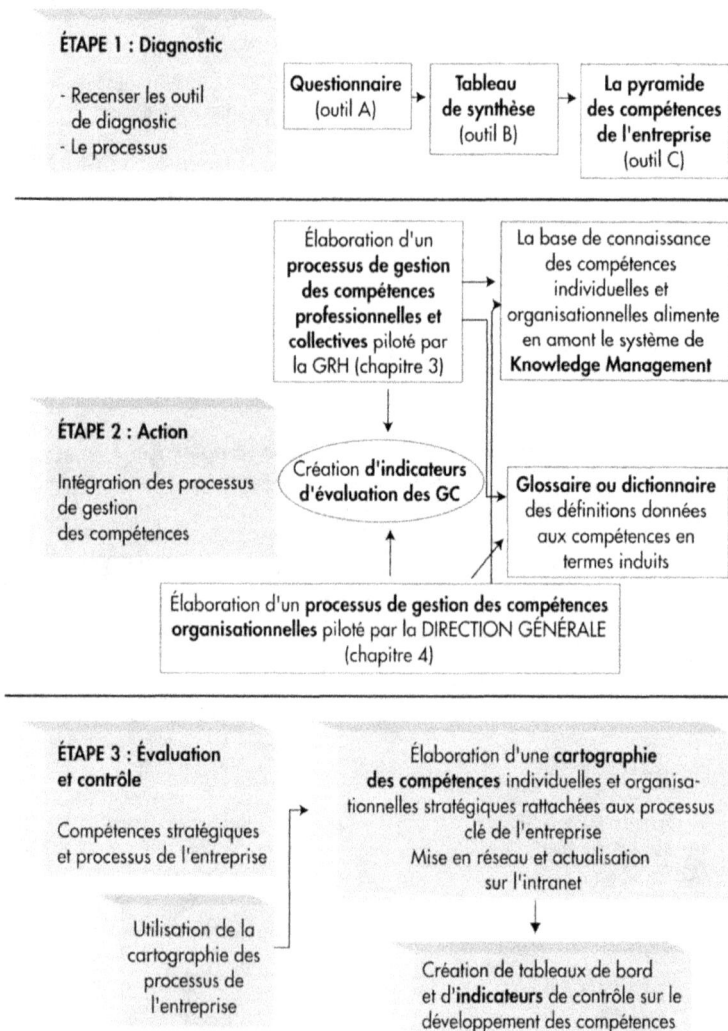

ÉTAPE 1 : Diagnostic

- Recenser les outil de diagnostic
- Le processus

Questionnaire (outil A) → Tableau de synthèse (outil B) → La pyramide des compétences de l'entreprise (outil C)

Élaboration d'un **processus de gestion des compétences professionnelles et collectives** piloté par la GRH (chapitre 3)

La base de connaissance des compétences individuelles et organisationnelles alimente en amont le système de **Knowledge Management**

ÉTAPE 2 : Action

Intégration des processus de gestion des compétences

Création **d'indicateurs d'évaluation des GC**

Glossaire ou dictionnaire des définitions données aux compétences en termes induits

Élaboration d'un **processus de gestion des compétences organisationnelles** piloté par la DIRECTION GÉNÉRALE (chapitre 4)

ÉTAPE 3 : Évaluation et contrôle

Compétences stratégiques et processus de l'entreprise

Élaboration d'une **cartographie des compétences** individuelles et organisationnelles stratégiques rattachées aux processus clé de l'entreprise
Mise en réseau et actualisation sur l'intranet

Utilisation de la cartographie des processus de l'entreprise

Création de tableaux de bord et d'**indicateurs** de contrôle sur le développement des compétences

Etape 3 : Agréger ces trois démarche afin de :
- faire des synergies au niveau des outils de gestion,
- créer de la valeur,
- créer de confiance.

Schéma 41
**Comment une approche globale et intégrée des compétences
permet-elle de créer de la valeur et de la confiance ?**

En proposant une démarche en **phase avec l'évolution des organisations** caractérisée par la recherche de rapidité, de flexibilité et de reconnaissance

En tissant des relations entre **la stratégie, la GRH et le management** grâce à un concept transversal et opérationnel

En intégrant une démarche fondée sur **la qualité ou la certification** qui mise sur le développement des performances organisationnelles et humaines

Approche globale et agrégée des compétences, création de valeur, création de confiance

En développant la **motivation et la qualité de service des employés** par un système de reconnaissance extérieure (la certification des personnes) de l'expérience professionnelle acquise dans l'entreprise

En proposant aux actionnaires des **indicateurs** évaluant la performance d'une partie du **capital immatériel** de l'entreprise

En demandant à un organisme indépendant de créer un **baromètre** sur le niveau de maturité de la gestion globale des compétences qui peut servir de signal aux clients

© C. Depars
Éditions d'Organisation

Schéma 42
Qu'est-ce que la gestion des compétences individuelles ?
(cf. chapitre 3)

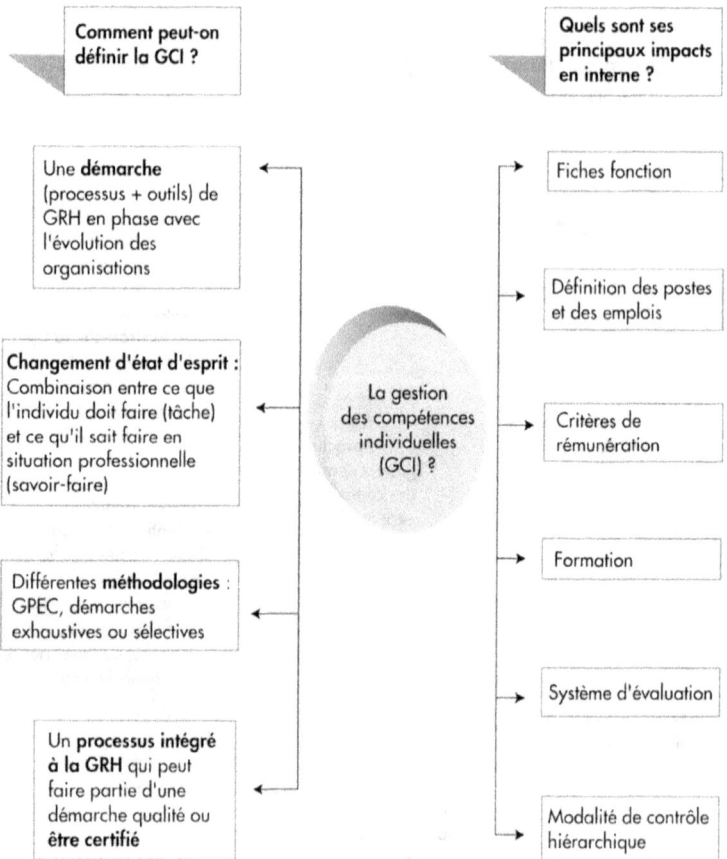

Comment peut-on définir la GCI ?		Quels sont ses principaux impacts en interne ?

Une **démarche** (processus + outils) de GRH en phase avec l'évolution des organisations

Changement d'état d'esprit : Combinaison entre ce que l'individu doit faire (tâche) et ce qu'il sait faire en situation professionnelle (savoir-faire)

Différentes **méthodologies** : GPEC, démarches exhaustives ou sélectives

Un **processus intégré à la GRH** qui peut faire partie d'une démarche qualité ou **être certifié**

La gestion des compétences individuelles (GCI) ?

Fiches fonction

Définition des postes et des emplois

Critères de rémunération

Formation

Système d'évaluation

Modalité de contrôle hiérarchique

Schéma 43
Pourquoi faire de la gestion des compétences individuelles ?
(cf. chapitre 3)

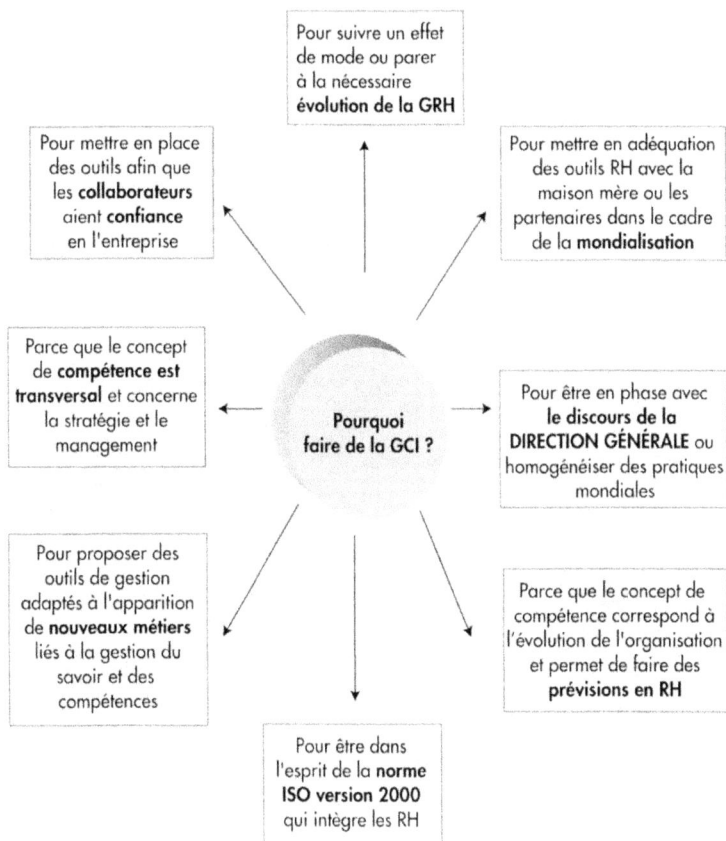

Pour suivre un effet
de mode ou parer
à la nécessaire
évolution de la GRH

Pour mettre en place
des outils afin que
les **collaborateurs**
aient **confiance**
en l'entreprise

Pour mettre en adéquation
des outils RH avec la
maison mère ou les
partenaires dans le cadre
de la **mondialisation**

Parce que le concept
de **compétence est
transversal** et concerne
la stratégie et le
management

**Pourquoi
faire de la GCI ?**

Pour être en phase avec
**le discours de la
DIRECTION GÉNÉRALE** ou
homogénéiser des pratiques
mondiales

Pour proposer des
outils de gestion
adaptés à l'apparition
de **nouveaux métiers**
liés à la gestion du
savoir et des
compétences

Parce que le concept de
compétence correspond à
l'évolution de l'organisation
et permet de faire des
prévisions en RH

Pour être dans
l'esprit de la **norme
ISO version 2000**
qui intègre les RH

© C. Dejoux
Éditions d'Organisation

Schéma 44
**Comment faire la gestion des compétences individuelles
(cf. chapitre 3) ?**

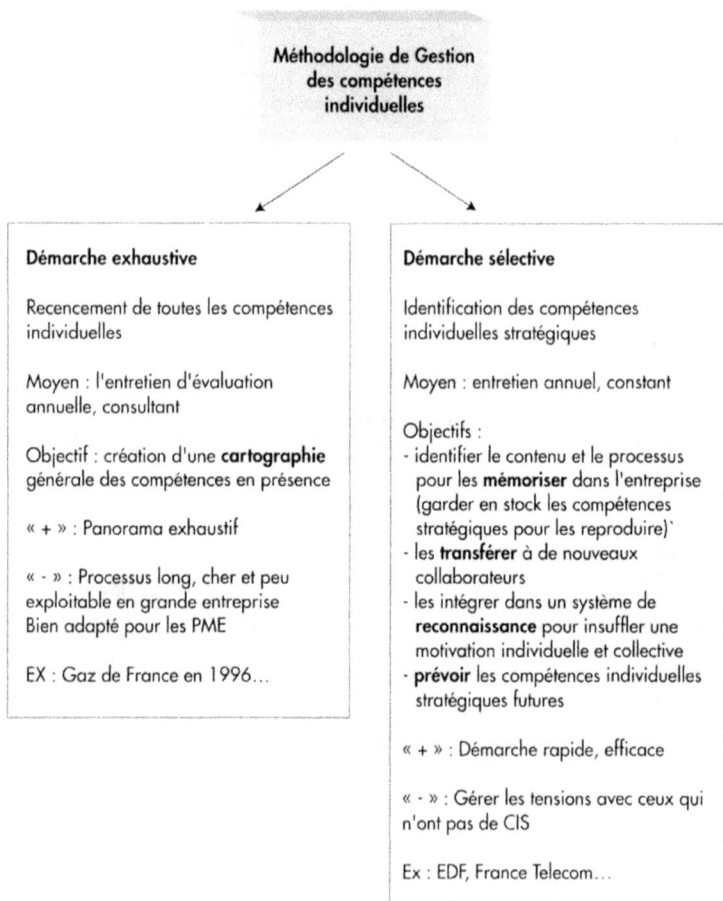

**Méthodologie de Gestion
des compétences
individuelles**

Démarche exhaustive

Recencement de toutes les compétences
individuelles

Moyen : l'entretien d'évaluation
annuelle, consultant

Objectif : création d'une **cartographie**
générale des compétences en présence

« + » : Panorama exhaustif

« - » : Processus long, cher et peu
exploitable en grande entreprise
Bien adapté pour les PME

EX : Gaz de France en 1996...

Démarche sélective

Identification des compétences
individuelles stratégiques

Moyen : entretien annuel, constant

Objectifs :
- identifier le contenu et le processus
  pour les **mémoriser** dans l'entreprise
  (garder en stock les compétences
  stratégiques pour les reproduire)`
- les **transférer** à de nouveaux
  collaborateurs
- les intégrer dans un système de
  reconnaissance pour insuffler une
  motivation individuelle et collective
- **prévoir** les compétences individuelles
  stratégiques futures

« + » : Démarche rapide, efficace

« - » : Gérer les tensions avec ceux qui
n'ont pas de CIS

Ex : EDF, France Telecom...

Quels sont les indicateurs qui permettent d'évaluer le niveau de maturité du processus de gestion des compétences individuelles ?

Indicateurs internes	Indicateurs externes
Contenu des **fiches fonction**, ou métier Ces descriptifs sont-ils liés à des tâches à faire ou des compétences à avoir ?	**Communication institutionnelle de la direction Générale et GCI** Existence dans le rapport d'activité ou en conseil d'administration face aux actionnaires d'un discours sur l'importance du capital humain et des savoirs de l'entreprise ?
Système d'évaluation Existence d'une évaluation relative aux seuls résultats obtenus ou complétée par une réflexion sur les compétences mises en situation qui n'ont pas abouti ?	**Rapport d'activité ou plaquette de présentations** Quels sont les ratios ou les données qualitatives relatives à la GRH et à la GCI ?
Critères de rémunération Existe-t-il dans les critères de rémunération, l'intégration du développement des compétences individuelles ou collectives ?	**Démarche qualité ou certification** Quels sont les améliorations apportées au chapitre sur la formation et la gestion des hommes ? Existe-t-il un processus de GCI écrit, mis en place et auditable dans le cadre d'une démarche qualité ?
Formation Existence d'une possibilité d'être accompagné par l'entreprise dans un processus de certification de compétences professionnelles acquises en situation de travail ?	**Approche globale de la gestion des compétences** Existence de relations entre différents niveaux de compétences dans l'entreprise ?
Communication interne Existence d'une volonté de communiquer sur la gestion des compétences en intranet ou journal interne ?	**Gestion du capital immatériel** Mise en place de systèmes de gestion des connaissances par l'informatique, du type Knowledge Management ? Comment la GCI est-elle rattachée au KM dans un but de stockage et de transfert ?

© C. Dejoux
Éditions d'Organisation

Schéma 45
Comment un processus de gestion des compétences permet-il de créer de la valeur ?

En identifiant les salariés créateurs de valeurs

En développant la mobilité géographique et fonctionnelle

En initiant des diplômes d'entreprise

En influençant positivement certains indicateurs stratégiques

En acquérant des Certificats de compétences

GCI ET CRÉATION DE VALEUR

En favorisant l'Employabilité

En élaborant des compétences réseaux

En élaborant une base de données mondiale

En créant des clubs de compétences professionnelles

En transferrant des compétences dans de nouveaux projets ou chez un client

En favorisant la flexibilité du système de rémunération

© C. Dejoux
Éditions d'Organisation

En quoi la mise en place d'un processus de gestion des compétences individuelles permet-elle de développer la confiance avec les partenaires de l'entreprise ?

Exemples de preuves de confiance vers les employés	Exemples de preuves de confiance vers les actionnaires	Exemples de preuves de confiance vers les clients
Face au discours sur le développement de l'employabilité, l'entreprise peut : - **reconnaître** les compétences - **rémunérer** les compétences - **certifier** les compétences - proposer des formations individualisées sur le net **(e-learning)** pour développer ou acquérir de nouvelles compétences[a]	Mettre en place un processus de GCI signifie pour les actionnaires une bonne gestion car l'entreprise s'engage à : - **prévoir les compétences individuelles stratégiques** nécessaires dans le futur - **rémunérer de façon individualisée** et non plus seulement collective - **maîtriser la cohésion sociale** avec la possibilité de faire valider l'expérience professionnelles acquise dans l'entreprise	Les clients attendent un service et un accueil dispensé par des personnes qui prennent leurs responsabilités et apportent des réponses face aux problèmes. Donc des employés compétents constituent un **facteur de différenciation**. Les partenaires d'un projet ont de plus en plus tendance à définir les domaines mis en commun en utilisant pour **unité d'échange** dans le partage des collaborateurs : les compétences individuelles.

a. Le e-learning s'adapte très bien à la gestion des compétences individuelles car c'est un système de formation individualisé et la compétence est propre à l'individu, d'autre part, une partie de la formation peut être dispensée dans l'entreprise et une autre partie chez le collaborateur, ce qui permet de partager l'investissement-temps entre les deux bénéficiaires.

Schéma 46
Qu'est-ce que la gestion des compétences collectives ?
(cf. chapitre 3)

Comment peut-on définir la GCC ?

Quels sont ses principaux impacts en interne ?

Démarche (processus + **outils**) qui gère les compétences qui se créent dans un travail de groupe ou un projet et qui se reproduisent à chaque séance si il y a des conditions identiques

Sur la **gestion de projet**
Sur le **management opérationnel**

La gestion des compétences collectives (GCC) ?

Sur l'application d'une **culture de partage** d'informations et de compétences

Sur des **systèmes de gestion informatique des connaissances** organisationnelles et humaines (knowledge Management)

Volonté stratégique de **capter des « savoir-faire » collectifs** pour les analyser, les stocker (« constituer la mémoire de l'entreprise »), les transférer en interne ou dans de nouveaux créneaux, les réutiliser

Sur le mode de création et de développement des CI acquises au sein d'un groupe et projet

La GCC permet le **développement de CI**

Système d'évaluation
Prise en compte des CC ?

Schéma 47
Pourquoi faire de la gestion des compétences collectives ?
((cf. chapitre 3)

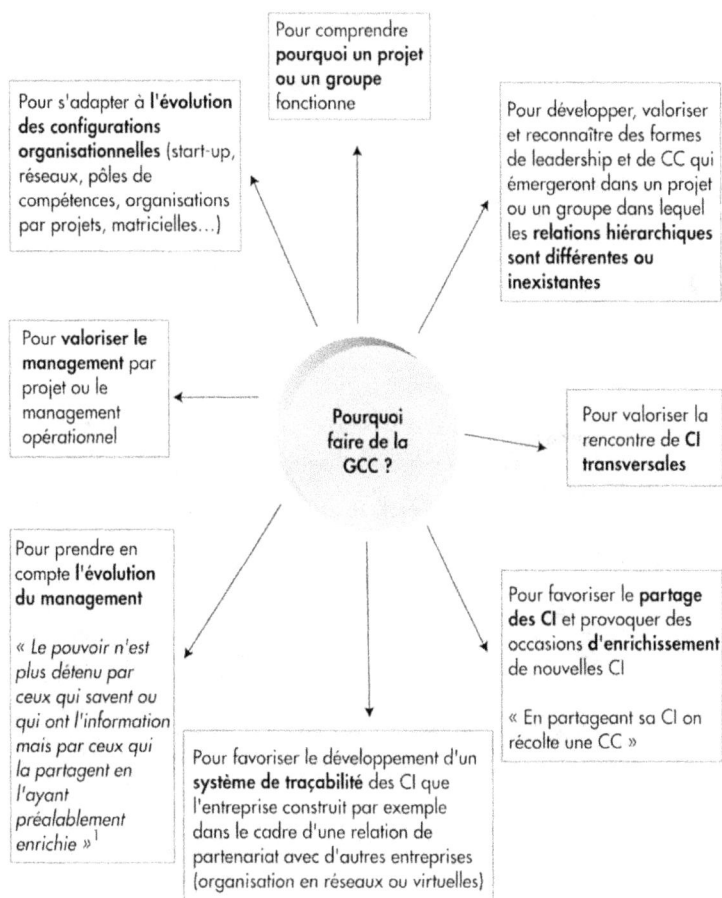

Pour comprendre **pourquoi un projet ou un groupe** fonctionne

Pour s'adapter à **l'évolution des configurations organisationnelles** (start-up, réseaux, pôles de compétences, organisations par projets, matricielles…)

Pour développer, valoriser et reconnaître des formes de leadership et de CC qui émergeront dans un projet ou un groupe dans lequel les **relations hiérarchiques sont différentes ou inexistantes**

Pour **valoriser le management** par projet ou le management opérationnel

Pourquoi faire de la GCC ?

Pour valoriser la rencontre de **CI transversales**

Pour prendre en compte **l'évolution du management**

« *Le pouvoir n'est plus détenu par ceux qui savent ou qui ont l'information mais par ceux qui la partagent en l'ayant préalablement enrichie* »[1]

Pour favoriser le **partage des CI** et provoquer des occasions **d'enrichissement** de nouvelles CI

« *En partageant sa CI on récolte une CC* »

Pour favoriser le développement d'un **système de traçabilité** des CI que l'entreprise construit par exemple dans le cadre d'une relation de partenariat avec d'autres entreprises (organisation en réseaux ou virtuelles)

1. P. Drucker, *L'avenir du management*, Village Mondial, 2000.

Schéma 48
Comment faire de la gestion des compétences collectives ?
(cf. chapitre 3)

> **Méthodologie de Gestion des compétences collectives**

Désigner un **responsable de GCC** en charge de l'élaboration du processus de GCC et des outils

Phase d'identification des CC dans un groupe ou un projet
- Y a t-il création de CC ?
- De quelles CI émergent-elles ?
- Quels sont les facteurs de contexte qui les favorisent ?
- Sont-elles reproductibles aux mêmes conditions ?

Phase de matérialisation
- Écrire la définition (acteurs et facteurs de contexte) et les caractéristiques des CC avec des mots-clé
- Faire valider par le groupe et signer la fiche qui présente la CC

Phase de stockage
- Si un système de gestion des connaissances informatisé de type Knowledge Management existe en profiter pour que les compétences individuelles et collectives soient intégrées de la même façon que les compétences (utilisation de mots-clé)
- Sinon, imaginer un système d'archivage informatique facilement utilisable

Phase de réutilisation, de transfert
- En fonction des besoins et des objectifs, identifier les CC potentielles à partir des mots-clé
- Vérifier que les acteurs et les conditions de contexte sont identiques
- Tester sur une petite échelle la faisabilité de la CC « décongelée »
- Exporter cette CC dans un nouveau projet interne ou dans le cadre d'un partage de compétences avec des entreprises collaboratrices

Phase de reconnaissance
- Intégrer dans l'évaluation annuelle, la participation du collaborateur à la création d'une CC
- Valoriser la participation à la création d'une CC (multitude de formes : bons cadeaux, article, classement, etc...)
- Reconnaître le salarié à chaque fois qu'une CC est réutilisée

© C. Dejoux
Éditions d'Organisation

Quels sont les indicateurs qui permettent d'évaluer le niveau de maturité du processus de gestion des compétences collectives ?

Indicateurs internes	Indicateurs externes
L'existence d'une **GCI précède** dans la plupart des cas l'existence d'une **GCO** Existe-t-il une GCI ? Une GCO ? Comment sont gérés les projets ?	**Communication institutionnelle** L'entreprise communique-t-elle et commente-elle les résultats d'un baromètre (questionnaire annuel auprès des salariés)sur le style de management ? Y-a-t-il des informations sur le management des CC ?
Indicateurs GCI et indicateurs GCO Possibilité d'étendre les **indicateurs de GCI à la GCO** Quels sont les indicateurs de GCI	**La mémoire de l'entreprise** L'entreprise est-elle capable d'assurer aux actionnaires qu'elle a mis en œuvre les moyens de capitaliser sur l'expérience des collaborateurs qui partent par exemple à la retraite ? Si non, n'est-on pas en face d'un gaspillage de compétences ?
Passerelle avec les NTIC L'existence d'une volonté de **gérer les connaissances** favorise la gestion des CI et des CC Existe-t-il un système de gestion des connaissances ? du Knowledge Management ?	**Transfert de compétences** Existe-t-il des collaborateurs qui travaient au sein d'entreprises partenaires ? Et réciproquement des collaborateurs d'entreprises partenaires qui participent à des projets au sein de l'entreprise ?
Responsabilité La GCC ne peut fonctionner que si il existe un **responsable clairement identifié**, tel que le responsable de la gestion de projet ou le responsable du Knowledge Management Management ou le DRH. Qui est en charge de la GCC ?	
Reconnaissance Sans parler de rémunération liée à la GCC, identifier l'existence de systèmes liés à la reconnaissance des CC Quel intérêt a le collaborateur a partager ses CI afin de réer une CC ?	

Schéma 49
**Comment un processus de gestion des compétences
collectives permet-il de créer de la valeur ?**

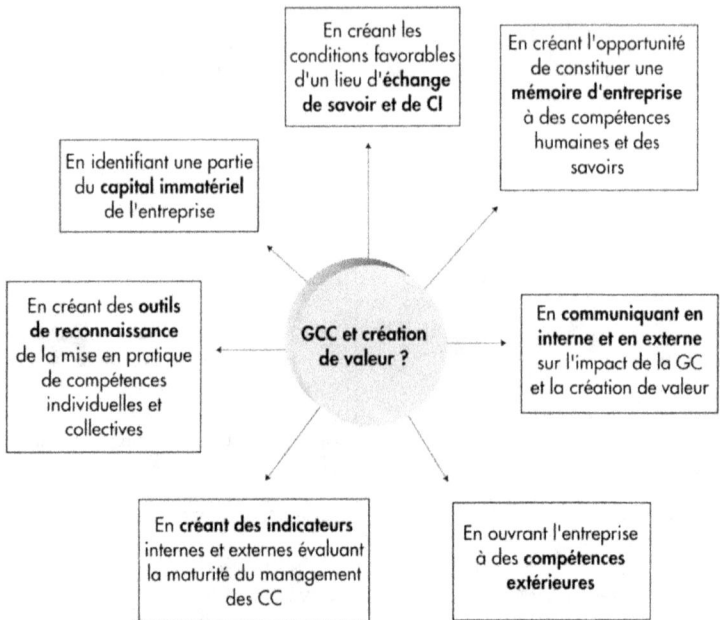

En créant les
conditions favorables
d'un lieu d'**échange
de savoir et de CI**

En créant l'opportunité
de constituer une
mémoire d'entreprise
à des compétences
humaines et des
savoirs

En identifiant une partie
du **capital immatériel**
de l'entreprise

En créant des **outils
de reconnaissance**
de la mise en pratique
de compétences
individuelles et
collectives

**GCC et création
de valeur ?**

En **communiquant en
interne et en externe**
sur l'impact de la GC
et la création de valeur

En **créant des indicateurs**
internes et externes évaluant
la maturité du management
des CC

En ouvrant l'entreprise
à des **compétences
extérieures**

En quoi la mise en place d'un processus de gestion des compétences collectives permet-elle de développer la confiance avec les partenaires de l'entreprise ?

Exemples de preuves de confiance vers les employés	Exemples de preuves de confiance vers les actionnaires	Exemples de preuves de confiance vers les clients
La GCC est une opportunité offerte au salarié pour **élever son niveau de compétence.** Dans un groupe, le salarié voit se construire des CC. Il peut tenter d'imiter les CI qu'il voit en action et développer ainsi par une mise en œuvre personnelle de nouvelles CI.	Vouloir élaborer **la mémoire de l'entreprise** autour des connaissances et des compétences individuelles et collectives est un gage de la non volatilité du savoir. Les actionnaires privilégient les sociétés qui gèrent leur savoir dans le temps et non au coup par coup.	L'assurance d'un **meilleur service client.** Par exemple, des **réclamations réglées rapidement** grâce à un groupe de travail efficace qui est géré par un management des CC peut constituer un exemple.
La GCC s'inscrit dans une culture du partage du savoir.		Pour des actions ponctuelles, les **clients peuvent être sollicités** pour participer à des projet ou des groupes de travail pour fédérer les relations commerciales existantes.
Sans relations de confiance, il y aura peu de création de CC car le partage ne peut pas être vécu à l'infini sans un retour sur investissement (quelque soit la nature du retour)		

Schéma 50
Qu'est-ce que la gestion des compétences organisationnelles?
(cf. chapitre 4)

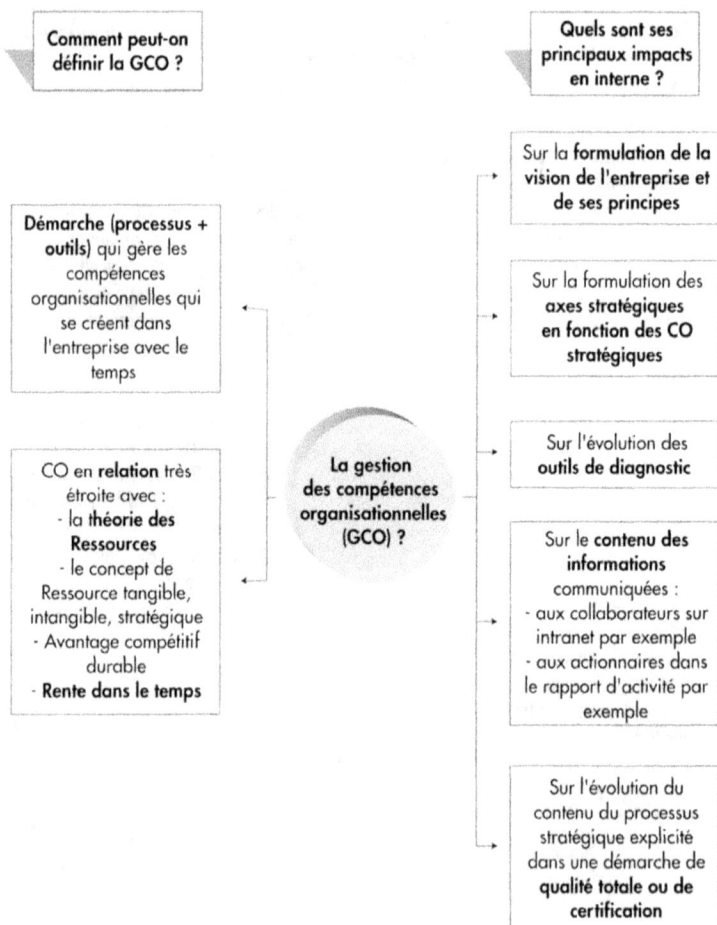

Comment peut-on définir la GCO ?

Quels sont ses principaux impacts en interne ?

Sur la **formulation de la vision de l'entreprise et de ses principes**

Démarche (processus + outils) qui gère les compétences organisationnelles qui se créent dans l'entreprise avec le temps

Sur la **formulation des axes stratégiques en fonction des CO stratégiques**

Sur l'évolution des **outils de diagnostic**

CO en **relation** très étroite avec :
- la **théorie des Ressources**
- le concept de Ressource tangible, intangible, stratégique
- Avantage compétitif durable
- **Rente dans le temps**

La gestion des compétences organisationnelles (GCO) ?

Sur le **contenu des informations** communiquées :
- aux collaborateurs sur intranet par exemple
- aux actionnaires dans le rapport d'activité par exemple

Sur l'évolution du contenu du processus stratégique explicité dans une démarche de **qualité totale ou de certification**

Schéma 51
Pourquoi faire de la gestion des compétences organisationnelles?
(cf. chapitre 4)

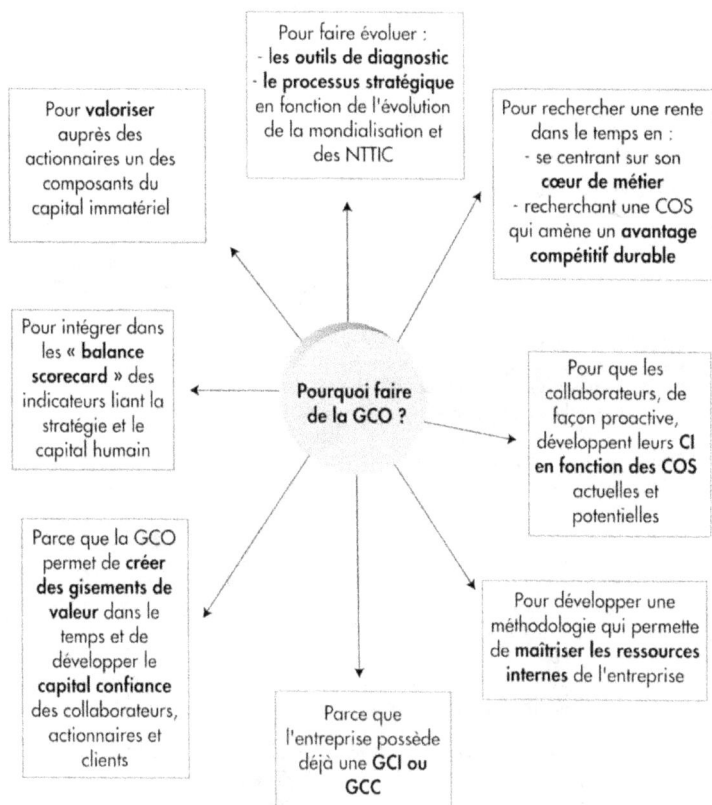

Pour faire évoluer :
- **les outils de diagnostic**
- **le processus stratégique**
en fonction de l'évolution de la mondialisation et des NTTIC

Pour **valoriser** auprès des actionnaires un des composants du capital immatériel

Pour rechercher une rente dans le temps en :
- se centrant sur son **cœur de métier**
- recherchant une COS qui amène un **avantage compétitif durable**

Pour intégrer dans les « **balance scorecard** » des indicateurs liant la stratégie et le capital humain

Pourquoi faire de la GCO ?

Pour que les collaborateurs, de façon proactive, développent leurs **CI en fonction des COS** actuelles et potentielles

Parce que la GCO permet de **créer des gisements de valeur** dans le temps et de développer le **capital confiance** des collaborateurs, actionnaires et clients

Pour développer une méthodologie qui permette de **maîtriser les ressources internes** de l'entreprise

Parce que l'entreprise possède déjà une **GCI ou GCC**

© C. Dejoux
Éditions d'Organisation

Schéma 52
Comment faire de la gestion des compétences organisationnelles ?

> Méthodologies de Gestion
> des compétences
> organisationnelles

Phase d'identification des CO
- Qu'est-ce que la firme sait mieux faire que ses concurrents ?
- Quel est le contenu et le degré de complexité de chaque CO ?
- Quels sont les facteurs qui favorisent l'émergence, le développement d'une CO ?
- Quels sont les facteurs de risque et leur niveau de prévisibilité pour chaque CO ?

Phase d'identification des processus de l'entreprise, des COS et des CIS associées
- Quelles sont les COS qui se rattachent aux principaux processus de l'entreprise ?
- Quelles sont les CO prioritaires actuellement et dans le futur ?
- Les COS identifiées correspondent-elles aux caractéristiques théoriques d'une COS ?
- Quelles sont les CIS qui les sous-tendent ?
=> **Représentation de la cartographie des processus de l'entreprise, des COS et des CIS** (cf. schéma 15 p. 118)

Phase de traçabilité des COS
- Quels sont les indicateurs qui permettent d'identifier l'existence et le niveau de développement des COS ?
- Quels sont les indicateurs et les informations qualitatives communiquées aux actionnaires ? aux collaborateurs ? aux clients ?
- Existe-t-il un système informatique (intranet ou autre) qui permette à chacun, en temps réel, de mettre en correspondance ses CI et les COS de l'entreprise ?

Phase d'association des COS et de leur rente relative
- Quel type d'avantage concurrentiel durable les COS développent-elles ?
- Quelle est l'estimation de leur potentiel de développement ?
- Quelle est l'estimation du retour sur investissement ?

Phase du déploiement de la stratégie de l'entreprise en fonction des COS
- Lesquels sont les axes stratégiques déterminés à partir des COS ?
- Quels sont les COS à l'initiative d'axes stratégiques ?
- Quels sont les plans d'action associés à chaque COS en fonction de leur niveau de priorité et d'urgence stratégique ?

Quels sont les indicateurs qui permettent d'évaluer le niveau de maturité du processus de gestion des compétences organisationnelles ?

Indicateurs internes	Indicateurs externes
Système de communication Quels types de documents mettent en perspective la stratégie de l'entreprise et les besoins en C O ? Quelle est la fréquence d'actualisation de ces documents ?	**Direction générale et GCO** Le discours de la DIRECTION GÉNÉRALE s'appuie-t-il sur le concept de CO ? Quelle en est la définition dispensée par la DIRECTION GÉNÉRALE ? Est-ce une volonté de la DIRECTION GÉNÉRALE de définir la stratégie à partir des COS ?
Les nouvelles fonctions (par exemple NTIC) ou les nouveaux métiers (« en charge de la veille stratégique ») Sous quelle forme sont rattachés les nouveaux métiers transversaux aux différentes fonctions de l'entreprise ?	**Rapport d'activité ou plaquette de présentation** Quel sont les types de ratios ou de données qualitatives dispensés aux actionnaires ? Comment les résultats et les perspectives stratégiques sont-ils présentés ? Quels sont les indicateurs des tableaux de bord communiqués ?
Knowledge Management Comment sont intégrés les CO dans le système de gestion des connaissances ?	**Démarche qualité ou certification** Existe-t-il un processus de GCO écrit, mis en place et auditable dans le cadre d'une démarche qualité ?
Communication interne Comment l'entreprise communique–elle ses axes stratégiques à ses collaborateurs ? Met-elle en perspective les CIS et les COS développées ou à développer ? Si oui, sous quelle forme ? intranet, discours à public restreint ou élargi ? Dans son **séminaire annuel de lancement** d'année (ou discours de la DIRECTION GÉNÉRALE), combien de fois est-il fait référence au terme compétence ?	**Approche globale de la gestion des compétences** L'entreprise est-elle décomposée en processus? Existe-t-il une cartographie des processus au sein de l'entreprise? Existe-t-il une représentation des liens entre processus de l'entreprise et COS ? **Gestion du capital immatériel** Existe-t-il une volonté de la DIRECTION GÉNÉRALE de gérer le capital immatériel de l'entreprise ? Comment les CO sont-elles rattachées au capital immatériel de l'entreprise ?

Schéma 53
Comment un processus de gestion des compétences organisationnelles permet-il de créer de la valeur ?

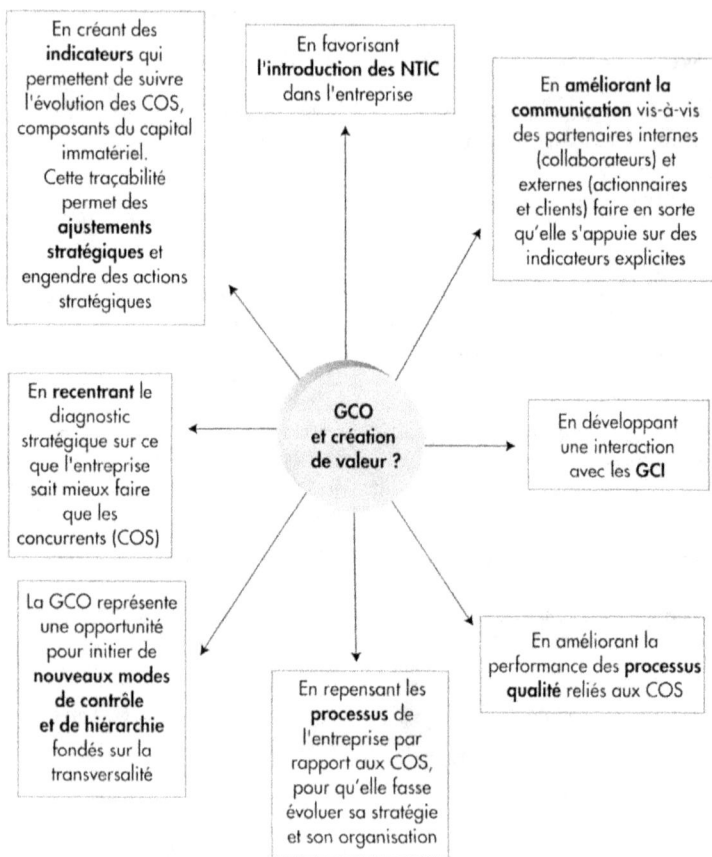

En créant des **indicateurs** qui permettent de suivre l'évolution des COS, composants du capital immatériel.
Cette traçabilité permet des **ajustements stratégiques** et engendre des actions stratégiques

En favorisant **l'introduction des NTIC** dans l'entreprise

En **améliorant la communication** vis-à-vis des partenaires internes (collaborateurs) et externes (actionnaires et clients) faire en sorte qu'elle s'appuie sur des indicateurs explicites

En **recentrant** le diagnostic stratégique sur ce que l'entreprise sait mieux faire que les concurrents (COS)

GCO et création de valeur ?

En développant une interaction avec les **GCI**

La GCO représente une opportunité pour initier de **nouveaux modes de contrôle et de hiérarchie** fondés sur la transversalité

En repensant les **processus** de l'entreprise par rapport aux COS, pour qu'elle fasse évoluer sa stratégie et son organisation

En améliorant la performance des **processus qualité** reliés aux COS

© C. Dejoux
Éditions d'Organisation

En quoi la mise en place d'un processus de gestion des compétences organisationnelles permet-elle de développer la confiance avec les partenaires de l'entreprise ?

Exemples de preuves de confiance vers les employés	Exemples de preuves de confiance vers les actionnaires	Exemples de preuves de confiance vers les clients
L'entreprise ennonce **clairement ses orientations stratégiques** et ses perspectives en empruntant le concept de COS. Elle **relie les axes stratégiques** à la GRH et **aux CI**. Les **informations** dispensées par l'entreprise sur la stratégie sont actualisées en temps réel sur intranet et non annuelles. Les collaborateurs sont **valorisés** lorsqu'ils proposent des **actions correctives** par mail par exemple. Les collaborateurs sont **valorisés lorsqu'ils s'auto-forment** (dans ou hors l'entreprise) dans le sens du développement d'une COS.	Mettre en place un processus de GCO signifie pour l'actionnaire que l'entreprise a su **évoluer dans son éventail d'outils stratégiques** et que ceux-ci prennent en compte leurs nouveaux besoins, à savoir : - l'identification de l'évolution de la performance du capital immatériel - la volonté d'intégrer les salariés dans un processus d'appropriation de la stratégie	Si les clients ou partenaires ont une GCO ou déploient fortement le concept de compétence dans leur entreprise, cela permet d'avoir des **référents stratégiques communs** sur lesquels bâtir des relations de confiance.

ANNEXES

Annexe I
Présentation théorique
des champs disciplinaires
s'intéressant au concept
de compétence individuelle

L'approche linguistique de la compétence

Historiquement, le concept de compétence a d'abord été utilisé par un linguiste, N. Chomsky, 1970, fondateur de la grammaire générative. Celui-ci s'est particulièrement intéressé au couple compétence-performance. Selon lui, dans cette dialectique, la compétence représente la capacité d'un locuteur à produire une langue alors que la performance correspond à l'usage effectif de la langue dans des situations concrètes (N. Chomsky et M. Halle, 1973).

D'une façon plus générale, N. Chomsky, 1973, définit la compétence comme un « *système de règles intériorisées par les sujets parlant et constituant leur savoir linguistique, grâce auquel ils sont capables de prononcer ou de comprendre un nombre infini de phrases inédites* ». Cette définition fait ressortir d'une part, le caractère structurant du concept, opposé à l'idée d'addition d'éléments et d'autre part, le caractère adaptatif de la compétence qui ne se réduit pas à une reproduction d'un comportement mais réinvente à chaque fois une nouvelle conduite en fonction du contexte dans lequel elle se situe.

A. Dietrich, 1995, approfondit le thème de la compétence, en tant que « producteur de nouvelles règles » d'organisation et de gestion des hommes. Selon elle, la compétence produit des classifications et des rubriques qui rationalisent la gestion des hommes (bilan de compétences, grilles d'entretiens, programmes de formation). Elle pense que « *la compétence est l'instrument d'un processus de codification qui met à jour, met en forme et met en ordre la réalité sociale du travail* ». Elle considère que les outils dérivés de la compétence s'appuient sur le postulat de l'observation possible du travail de l'homme et qu'ils n'intègrent pas les aspects mentaux non visibles mis en œuvre.

Il est possible de se demander s'il n'existe pas une contradiction entre la compétence en tant que producteur de règles et le caractère adaptatif qui caractérise ce concept.

G. Le Boterf, 1994, a réalisé une analogie entre la compétence linguistique et la compétence professionnelle. Cette comparaison lui permet de montrer que la compétence n'est assimilable ni aux connaissances, ni aux procédures, ni aux règles, ni à la performance. « *Elle est dans le savoir-intégrer qui les dépasse* ».

L'auteur utilise le concept de performance, afin de saisir la manifestation de la compétence et de la mesurer. Ce critère semble judicieux pour l'évaluation de la compétence linguistique mais nous émettons des réserves quant à l'évaluation de la compétence professionnelle. En effet, la performance est une variable qui ne prend pas en compte la complexité de la notion de compétence liée au contexte de la situation de travail.

L'approche ergonomique de la compétence

L'ergonomie étudie les comportements de l'homme en situation de travail. Cette discipline autonome se trouve à la croisée de la sociologie du travail (approche centrée sur l'activité) et de la psychologie cognitive (approche centrée sur l'individu). Comme la linguistique, elle aborde la compétence de l'individu.

C'est avec les travaux de M. de Montmollin, 1984, que l'ergonomie s'est intéressée à la compétence. En effet, l'organisation du travail est aujourd'hui telle que les opérations routinières sont prises en charge par les automatismes[1] et il est demandé aux opérateurs, même les moins qualifiés, de résoudre des problèmes de nature intellectuelle. Ainsi, face à l'aléa et à l'imprévu, l'opérateur fait face et domine des situations nouvelles grâce à ses compéten-

1. M. de Montmollin, 1986, p. 75.

ces. Dans un souci de compréhension des différentes formes du travail, l'ergonomie aborde la compétence « en termes d'intelligence de la pratique ».

Deux courants structurent ce champ disciplinaire. Le premier, d'origine américaine, s'intéresse aux caractéristiques (anatomiques, physiologiques, psycho-physiologiques) des opérateurs afin d'adapter au mieux les machines. Il s'agit de l'approche behavioriste. Le second courant, nommé « l'ergonomie de l'activité humaine », ou l'ergonomie cognitive, plus récent, né en Europe et largement répandu en France, a pour but d'étudier le travail humain sous un angle plus psychologique que physiologique afin de rendre l'employé plus performant.

L'approche béhavioriste se concentre sur l'étude de l'individu, ses savoir-faire, caractérisés par ses comportements, ses attitudes, sans prendre en compte ses motivations, ses désirs ou ses états affectifs. La conception béhavioriste définit la compétence par les tâches que le sujet sait exécuter. Son expression est liée au contexte.

Ce courant s'intéresse à la partie visible de la compétence sans prendre en compte la partie mentale qui entre en jeu dans la mise en œuvre de la compétence. Cette position de l'ergonomie définit la compétence comme celle d'un savoir-faire opérationnel validé. Comme le souligne G. Malglaive, cette approche comporte des limites par exemple en ingénierie pédagogique où les référentiels compétences se construisent à partir de listes de capacités, sans faire référence aux processus d'acquisition ou aux modalités de fonctionnement. *« C'est dire qu'organiser le travail d'ingénierie pédagogique sur la base des seuls " être capable de... " ne suffit pas... En d'autres termes, la description des tâches doit se compléter d'une compréhension de ce qui permet leur réalisation ».*

L'approche cognitive intègre la compréhension des mécanismes mentaux qui se tissent en amont de la mise en œuvre de la compétence et permet de palier ce biais. En effet, elle s'attache principalement à étudier les processus, les activités mentales qui sous-tendent l'action. La conception cognitive de la compétence est représentative d'« un système de connaissances qui permettra d'engendrer l'activité ». Dans cette approche, la compétence est abordée comme une stratégie de résolution de problèmes.

A. Grimand, 1996, étudie les apports au concept de compétence de la conception cognitive à la conception behavioriste. Selon lui, la représentation cognitive de la compétence, en tant que « système abstrait sous-tendant la performance », « *marque un progrès certain par rapport à l'approche béhavioriste dans la mesure où elle évite de confondre dans le même registre compétence et performance se refusant à réduire la compétence à la reproduction de séquences de traitement d'information, l'application de règles et de procédures standards, elle contribue à restaurer la complexité réelle du travail... Mettant l'accent sur les dimensions de la variabilité inter et intra- individuelle de la compétence, elle donne à voir différents " états " possibles de la compétence, soit différents degrés de réussite dans une situation donnée* ».

Néanmoins, il est possible de signaler les limites relatives à une utilisation extensive de l'approche cognitiviste. Comme le note A. Grimand, 1996, on peut se demander si à la lumière d'une grille de lecture cognitive, les compétences ne deviennent pas spontanément plus abstraites et complexes. D'autre part, cette approche se prête plus difficilement à l'évaluation et à la hiérarchisation (S. Michel et M. Ledru, 1991).

M. de Montmollin, 1984, qui se situe dans une approche cognitiviste, propose deux définitions opératoires de la compétence en vue de son utilisation en ergonomie. Il la décrit comme « *l'articulation des connaissances, représentations de lois et de structures concernant les appareils et les phénomènes dont ils sont le siège, ainsi que les règles qui permettent de les utiliser, des raisonnements, opérations de traitement des informations qui surviennent au cours du travail, et des stratégies cognitives, organisation à un niveau supérieur des conduites intelligentes* » ou comme, « *un ensemble stabilisé de savoirs, de savoir-faire, de conduites-types, de procédures standard, de types de raisonnements, que l'on peut mettre en œuvre sans apprentissage nouveau* ».

Ces définitions mettent l'accent sur les activités mentales mises en œuvre dans le travail, sur les stratégies de résolutions de problèmes mobilisées par les salariés (au lieu de raisonner sur une logique de tâches séquentielles) et sur les phénomènes d'apprentissage qui intègrent la compétence dans un processus temporel dynamique.

Dans sa conception générale de la compétence, M. de Montmollin, 1991, distingue trois composants : les connaissances, les savoir-faire et les méta-connaissances. Il accorde une attention particulière aux méta-connaissances car elles représentent une voie d'approche et d'explication des compétences. « *Les méta-connaissances sont des connaissances que le sujet a de ses propres savoirs et capacités, des démarches qu'il met en œuvre, de sa " façon de s'y prendre pour "... Elles permettent au sujet de gérer et contrôler ses propres savoirs* ». Elles sous-tendent les connaissances et ne sont acquises que par l'expérience.

M. DeMontmollin, 1994, considère que la compétence doit rester un concept de description et non d'évaluation. En effet, un ergonome a pour finalité de comprendre comment l'opérateur exécute sa tâche. Autrefois, il se référait à des descripteurs physiologiques. Aujourd'hui, il utilise des descripteurs cognitifs. En aucun cas, l'ergonome ne cherche à connaître la personnalité de l'employé et à l'évaluer. Comme le souligne, à juste titre, A. Dietrich, 1995, l'ergonome « *s'attache à la compétence finalisée par l'exécution d'opérations et non à la compétence en générale* ».

L'approche par les sciences de l'éducation et de la formation de la compétence

L'ingénierie de formation représente « *le travail pédagogique d'organisation des connaissances en vue de leur transmission ordonnée à des fins qu'il faut déterminer* » [1].

1. G. Malglaive, 1994, p. 162.

Le concept de compétence est largement utilisé dans les sciences de l'éducation et de la formation où il revêt plusieurs formes :

La première approche concerne la construction des compétences qui est directement rattachée à la construction des connaissances en fonction d'objectifs de formation. Cette manière d'aborder le concept de compétence s'inscrit dans les recherches concernant le sujet apprenant et les milieux dans lesquels il évolue. Elle donne lieu à des modèles.

Une des approches les plus utilisées correspond à l'étude de la compétence sous l'angle de l'action. Cet axe de recherche est plus spécialement décrit pas G. Malglaive, 1994, qui qualifie la compétence de « savoir en usage » désignant « *une structure dynamique dont le moteur n'est autre que l'activité* ». Ce spécialiste de l'ingénierie de la formation intègre délibérément les concepts de compétence et de capacité dès lors qu'il s'agit de désigner les ingrédients de toutes natures (physiques, cognitifs et conatifs) et de toutes origines (innées, biographiques, éducatifs). Selon lui, deux aspects sont à prendre en considération dans l'analyse de la compétence ou capacité: l'aspect structurel et l'aspect dynamique. Tout d'abord, l'aspect structurel est constitué d'une part, de savoirs formalisés, tels que le savoir théorique (ensemble de connaissances qui ne tiennent pas compte du contexte ou des objectifs à atteindre), le savoir technique (ensemble de savoirs tournés vers l'action pour atteindre le but visé) et le savoir méthodologique (ensemble de procédures, de conduite de l'action) et d'autre part, du savoir pratique, imprévisible, peu codifiable, qui surgit de l'action. Ensuite, l'aspect dynamique est impulsé par « l'intelligence humaine » comprise au sens large, puisque l'auteur[1] fait référence aussi bien à l'appareil cognitif qu'au fonctionnement global du corps (moteur, sensoriel et psychique).

1. Idem, p. 158.

En conséquence, G. Malglaive, 1994, propose une représentation de la compétence construite autour de ces quatre savoirs complémentaires dont l'interaction représente « le savoir en usage ».

L'infrastructure statique de la compétence est sans cesse remise en question par l'intelligence humaine. Deux types d'intelligence se complètent: l'intelligence pratique à circuit court qui se révèle essentiellement dans l'action et l'intelligence formalisatrice ou dynamique à circuit long qui concerne les capacités de réflexion, la prise de recul, la construction de nouvelles connaissances.

G. Malglaive, 1994, complète son approche statique et descriptive de la compétence par un modèle dynamique. La représentation de l'auteur positionne « l'action » comme le cœur de la dynamique structurelle des compétences ainsi que comme « *un moteur dont les mécanismes sont constitués des opérations de l'intelligence pratique et de l'intelligence formalisatrice* ».

Le deuxième champ d'application de la compétence dans les sciences de l'éducation concerne l'élaboration d'une taxinomie. La première a été réalisée par B.S. Bloom, en 1956, pour le domaine cognitif de l'éducation. Elle a été élaborée à partir d'une enquête auprès d'organismes de formation et propose une classification des objectifs de formation en six niveaux (connaissance, compréhension, application, analyse, synthèse et évaluation).

Plus récemment, A. D'Iribarne, 1989, propose une échelle constituée de trois niveaux de compétences :
*   « Les compétences d'imitation » qui permettent de reproduire à l'identique des actions sans en comprendre les principes.
*   « Les compétences de transposition » qui utilisent le principe de l'analogie dans une situation nouvelle.
*   « Les compétences d'innovation » qui face à une situation nouvelle puisent dans le stock de connaissances pour construire une solution adaptée.

Les pédagogues proposent ainsi une approche élargie de la compétence, où celle-ci se définit en référence aux rôles sociaux, au delà des rôles professionnels. G. Trembaly, fait appel à la définition proposée par SPADY, où les compétences sont comprises *« comme les indicateurs d'une maîtrise qu'un individu réussit à démontrer dans l'exercice des différents rôles qu'il est appelé à jouer tout au long de sa vie (que ce soit à titre de producteur, de consommateur, de citoyen, d'automobiliste, de membre d'une famille, d'ami, de partenaire au jeu ou d'étudiant adulte) »* [1]. Elles se distinguent des *« capacités cognitives, motrices ou sociales qui sont généralement identifiées séparément [...] mais qui, lorsqu'elles sont intégrées et adaptées à des contextes sociaux particuliers, servent de relais ou de bases sur lesquelles s'appuient en définitive les compétences »* [1].

1. in V. Rault-Jacot et al, 1994, p. 590.

L'approche par la sociologie du travail de la compétence

La psychologie, la pédagogie, et la sociologie traitent des compétences collectives. Nous étudierons principalement la sociologie du travail.

La sociologie est « *l'étude, sous leurs divers aspects, de toutes les collectivités humaines qui se constituent à l'occasion du travail* »[1]. La sociologie du travail s'intéresse à l'aspect collectif de la compétence professionnelle. Elle l'étudie par rapport à une situation de travail en examinant les rapports sociaux qui se construisent au sein des organisations.

Les questions de recherche explorées en sociologie du travail se réfèrent la plupart du temps au taylorisme pour en critiquer les principes ou les enrichir.

1. G. Friedmann ;
P. Naville, 1962, p. 26.

La sociologie du travail a largement contribué à enrichir la problématique de la compétence. Cette discipline aborde de longue date la relation compétence-organisation. Elle a permis de l'étudier au niveau collectif à travers la compétence professionnelle. Avec M. Stroobants, 1993, la sociologie a permis de mettre en évidence le caractère subjectif de la notion de compétence qui se trouve investi par les conceptions des agents sociaux (cf : courant de la sociologie concernant les « représentations »), de souligner le glissement sémantique de la qualification vers la compétence tout en mettant en avant l'utilisation d'approches essentialistes, centrées sur l'individu. Un autre apport concerne l'étude de la dimension de la reconnaissance de la compétence. Sur ce thème, les auteurs sont partagés. Nous signalons l'approche originale de C. Paradeise, 1987, qui se place dans la lignée des économistes du travail définissant la qualification comme « l'articulation entre valeur d'usage et valeur d'échange de la force de travail »[2]. Cet auteur considère que l'évaluation de la reconnaissance peut venir aussi bien des entreprises, de l'état ou des travailleurs eux-mêmes par l'action collective et/ou individuelle.

2. J. Aubret et al, p. 34.

Annexe II
Exemples de processus de gestion des compétences

Processus de gestion des compétences individuelles fondés sur une approche exhaustive

Avant de détailler quelques processus de gestion des compétences individuelles, nous rappelons qu'une première étape, dans ce type d'approche, consiste à observer l'état des compétences des employés au sein de l'entreprise. Trois situations particulières peuvent coexister (F. Merle, 1988) :

Des compétences utiles existent et sont disponibles

Il est possible de distinguer le cas des compétences utilisées et le cas des compétences non utilisées.

Des compétences existent mais sont partiellement ou totalement indisponibles

Il peut s'agir d'une absence de gestion des compétences ou d'une mauvaise localisation des compétences (le salarié ne veut pas travailler dans un service). Les autres situations envisageables peuvent correspondre à un sous effectif de personnes compétentes pour réaliser certaines tâches (par exemple : les compétences de haut niveau de qualification), à l'existence d'un cloisonnement des systèmes de gestion du personnel, à l'ingratitude de l'entreprise liée à un système d'évaluation déficient ou à la contestation des critères d'évolution.

Des compétences n'existent pas, l'entreprise gère l'incompétence et les manques de compétences

Si les compétences n'existent pas, l'entreprise peut être en situation d'acquisition, de production ou de renouvellement des compétences.

Cette première étape de recensement réalisée, il est possible d'observer que chacune des méthodes exposées ci-dessous possède des avantages et des inconvénients qui lui sont propres.

Le répertoire des emplois

« La réalisation d'un répertoire des emplois est souvent considérée comme un préalable indispensable à toute gestion des compétences » [1]. Cette méthodologie a été élaborée par le CEREQ vers 1975, à partir de la notion d'emploi-type, défini comme un *« regroupement de situations de travail présentant des activités proches, et donc des compétences similaires. Les emplois vont être à leur tour agrégés en des ensembles plus vastes à partir desquels la gestion des compétences sera organisée »* [1]. Utilisé par Développement et Emploi à partir de 1983, l'emploi-type permet d'élaborer des grilles de lecture des postes de travail de l'entreprise en se référant à des critères d'activités et de compétences. *« La réalisation d'un répertoire des emplois par groupes de travail est, en définitive, la formule qui semble la plus répandue, car elle réalise une bonne implication des responsables, permet ainsi de gagner du temps et garantit l'adaptation du répertoire aux situations concrètes »* [2].

1. P. Gilbert ; R. Thionville, 1990, p. 46.

3. P. Gilbert ; R. Thionville, 1990, p. 48.

Dans la plupart des cas, la DRH commence par élaborer une ébauche de nomenclature des emplois. Puis des groupes de travail sont organisés pour étudier les familles professionnelles et produire le répertoire des emplois d'une famille professionnelle.

L'apport de cette méthode est de diffuser au travers des groupes les principes de la gestion des compétences et d'impliquer les participants dans son application. Cette méthodologie repose sur une analyse du travail et s'appuie sur la reconnaissance par des groupes d'employés d'un échantillon d'emplois types à partir d'une liste de situations concrètes de travail. La méthode d'investigation comprend des interviews avec les différents membres de l'organisation et une observation des situations de travail. Le résultat obtenu est une liste descriptive des emplois.

Il faut noter que ce type d'outil est très difficilement transférable d'une organisation à une autre et qu'il est préférable qu'il soit élaboré avec des membres de l'organisation car, comme le signale P. Gilbert et R. Thionville, 1991, son efficacité réside en grande partie dans le travail fourni pour son élaboration.

Quatre autres limites peuvent être signalées :
- Le coût reste difficilement chiffrable à l'avance et peut atteindre des montants importants.
- Les délais de réalisation peuvent être longs.
- L'indispensable implication de la hiérarchie n'est pas toujours une réalité.
- La scientificité de la démarche reste relative, bien qu'il existe des références, telle que la méthodologie de N. Mandon du CEREQ.

La méthode ETED[1]

1. N. Mandon, 1990, p. 3

La méthode ETED (Emploi Type Etudié dans sa Dynamique) a été pilotée par N. Mandon du CEREQ pour actualiser le Répertoire Français des emplois. Elle a été réalisée à partir d'une description de l'activité professionnelle suivant 4 axes : la technicité, le traitement de l'information, les communications et la contribution économique. Cette ligne de conduite s'oppose aux classifications des postes à vocations rémunératrices (X. Baron, 1987).

La méthode ETED « *visera à cerner les compétences, entendues comme savoir-mobiliser des connaissances et des qualités pour faire face à un problème donné. Autrement dit, les compétences désignent les connaissances et les qualités mises en action* » [1]. La méthodologie est centrée autour de la notion « d'emploi type » qui représente une norme construite de façon théorique comme une variété de situations concrètes. Cette notion possède un caractère dynamique qui lui permet d'anticiper la gestion et la production des compétences individuelles.

Son originalité repose sur l'utilisation de la « variabilité des emplois » liée aux caractéristiques de l'environnement et à leur « élasticité » liée aux personnes qui les occupent.

La méthode ETED a été largement adoptée par les organisations et s'est révélée relativement efficace. Néanmoins, il est possible de lui reprocher d'utiliser le concept de compétence pour proposer en résultat final une classification fondée sur des descriptions de postes. Aussi, cette approche qui fut l'une des premières à se référer à la notion de compétence, n'en exploite pas toutes les richesses.

Le courant de « Développement et Emploi » et « Entreprise et Personnel »

Révélé au grand public par les écrits de M. Parlier et P. Gilbert, 1992, ce courant a donné naissance à des rencontres entre chercheurs et praticiens de la GRH centrées autour d'échanges d'expériences sur les processus de gestion des compétences individuelles. Une méthodologie a été élaborée et est expérimentée dans ses grands principes par les organisations membres de l'association. Nous accordons une place privilégiée à cette démarche, car dans le cadre de l'étude empirique que nous avons menée, de nombreuses entreprises y ont fait référence.

Cette association définit la compétence comme un « *ensemble de savoir-faire opérationnels, de connaissances [...] et de comportements professionnels, structurés, mobilisés et utilisables en fonction d'objectifs, dans des situations de travail* »[1]. Cette approche de la compétence est centrée sur l'individu qui est défini par ses capacités à faire quelque chose par rapport à une situation de travail qui peut être détaillée objectivement. Le contexte social, l'évaluation ou la reconnaissance des compétences ne sont pas pris en compte.

1. Développement et Emploi, document interne, 1993.

« Développement et Emploi », rappelle, pour sa part le double caractère psychopédagogique et économique des compétences. « *De par leur caractère psychopédagogique, les compétences relèvent de processus d'acquisition. Elles obéissent en cela aux lois de l'apprentissage. D'un point de vue économique, elles apparaissent comme un bien de production et sont, comme telles, soumises à un contexte technique et organisationnel »* [2].

2. P. Gilbert ; R. Thionville, 1990, p. 40.

Les concepts théoriques qui sous-tendent cette représentation de la gestion des compétences individuelles ont pour vocation d'être directement exploités au sein des organisations. C'est dans ce sens que le directeur de projet de cette association, M. Parlier, souligne que *« la compétence est au service d'objectifs de gestion »*. Il la lie aux notions :

- De performance, qui selon lui est une expression de la compétence en tant que matérialisation d'une action.
- De comportement, notion largement développée par le behaviorisme comme objet de science car observable et évaluable et remis en cause par le courant cognitiviste.
- D'activité, concept qui permet d'appréhender l'individu dans une situation de travail et qui regroupe les comportements et les processus mentaux.

Entre ces trois notions il est possible de constater une gradation : le comportement est l'expression visible de l'activité. La performance est la manifestation de la compétence. L'activité représente le contexte qui permet la mobilisation de la compétence.

Les échanges constants qui se tissent entre les praticiens et les théoriciens permettent de palier aux difficultés rencontrées et de surmonter les limites éventuelles de la méthode. Il s'agit d'une approche progressive qui semble convenir aux besoins des organisations.

Le modèle de S. Michel et M. Ledru, 1990

La méthodologie élaborée par S. Michel et M. Ledru, 1991, se positionne dans un courant à application empirique qui peut être considéré comme une approche utilitariste (V. Rault-Jacquot et al, 1994). Ce courant définit la compétence comme la capacité à résoudre des problèmes efficacement dans un contexte professionnel. Il n'hésite pas à faire référence au triptyque « savoir, savoir-faire, savoir-être ».

Le modèle, nommé CME (Compétences/Motivation/Environnement de travail), présente la performance comme le résultat de l'interaction entre les compétences, les motivations (ou stratégies individuelles) et l'environnement de travail (ou contexte immédiat). Le fonctionnement du système CME se réalise de façon dynamique. *« C'est l'interaction entre les trois termes qui permet d'expliquer la performance »* [1]. L'idée majeure consiste à démontrer que chaque terme du triangle influence les deux autres. Ainsi, un salarié compétent qui n'est pas motivé, ne sera pas performant longtemps.

1. M. Ledru ; S. Michel, 1991, pp. 22-23.

Ce modèle permet de justifier l'utilisation du concept de compétence en le désignant comme une variable déterminante de la performance d'une entreprise. Il met également en avant les liens entre la compétence individuelle et le degré de motivation. Il souligne l'influence de l'environnement du travail sur les compétences et rappelle que la motivation d'un individu influe sur son environnement de travail.

Les auteurs ont voulu montrer que la compétence ne peut s'analyser seule. Elle est partie intégrante d'un ensemble beaucoup plus large, celui de la gestion des ressources humaines qui lui-même s'intègre dans le cadre du fonctionnement global de l'entreprise. Ils font remarquer que l'analyse des compétences peut se faire à deux niveaux *« celui des priorités que l'entreprise se fixe et celui des champs intérieurs avec lesquels elle fonctionne »*. Les compétences sont une des sources de la performance qui est, elle-même, soumise à des contraintes d'environnement et de motivation. Réduire la compétence à la performance est une approche incomplète car pour ces auteurs, la performance se situe au carrefour des compétences, des motivations et de l'environnement de travail.

A notre avis, cette approche a le mérite d'être originale par sa référence à la motivation. En effet, la compétence individuelle n'existe que par la volonté de l'individu qui l'exerce. Mais, la principale limite de ce système consiste à s'en tenir à un modèle théorique sans réelle déclinaison opérationnelle.

Le modèle de J. Aubret et al, 1993

Les auteurs considèrent la compétence comme « un construit social » directement opératoire en GRH. Leur position nous semble intéressante car ils s'attachent à réfléchir aux finalités de la compétence et pas seulement à ses caractéristiques. Cette approche de la compétence est centrée sur ses enjeux et revêt un caractère plus prospectif que descriptif. Ainsi, l'observation porte sur la personne et non sur l'activité à réaliser.

Cette approche privilégie une réflexion sur les compétences futures de l'employé plutôt que sur celles qu'il possède ou a possédé. Elle considère que l'activité humaine est avant tout le fruit d'une intégration de divers composants. Enfin, elle privilégie l'identification et la reconnaissance sociale. La compétence représente un concept intégrateur entre les sous-systèmes de la GRH.

Cette conceptualisation de la compétence individuelle nous semble très intéressante car elle intègre toutes les caractéristiques et les principes invariants du concept. Les auteurs privilégient une instrumentation se rapportant à l'étape de l'évaluation en tant que processus. Ils accordent moins d'attention aux instruments permettant la reconnaissance de la compétence. Peu d'idées sont énoncées à propos du transfert et du développement des compétences.

Le modèle de G. Le Boterf, 1994

G. Le Boterf, propose une approche systémique de la compétence pour un sujet en situation professionnelle. La valeur de cette modélisation est essentiellement heuristique. A notre avis, l'apport principal de son modèle consiste à présenter dans le détail tous les types de savoirs qui constituent le concept de compétence individuelle. Ainsi, sa représentation est constituée des éléments suivants :

1. Des tâches professionnelles, des rôles, des fonctions à réaliser ou des situations à affronter. Celles-ci sont considérées comme des « entrées dans le modèle cognitif ».
2. Différentes fonctions permettant à l'opérateur de développer son « savoir agir » qui se décompose en cinq éléments (l'image de soi, les savoirs mémorisés, Les savoirs théoriques, les savoirs procéduraux, les savoirs expérientiels). Les représentations opératoires qui permettent de sélectionner et d'associer les connaissances essentielles à la réalisation de la tâche.

Dans ce modèle, il faut noter que :

- Les fonctions ont des interactions multiples et incessantes entre elles.
- L'individu et son environnement sont considérés comme interdépendants. Ils représentent une unité fonctionnelle bipolaire.
- L'utilisation du visuel pour mieux appréhender le concept de compétence s'explique lorsque l'on veut, au delà des mots, représenter les possibles et les interactions entre les éléments considérés.

Selon nous, cette représentation accorde beaucoup plus de développements aux constituants du concept de compétence qu'à ses manifestations. Elle insiste sur les différents types de savoirs mais occulte les différentes façons de repérer et d'évaluer la performance d'une compétence individuelle.

Représentations des compétences fondées sur la détection des « compétences individuelles critiques » ou « compétences individuelles stratégiques »

« The Competency-based model »

R. Mirabile, 1996, convaincu que l'acquisition d'avantages concurrentiels passe par une gestion des compétences individuelles, a cherché à développer des outils permettant de gérer les compétences individuelles. Aussi, il propose un modèle reposant sur la recherche de facteurs clés de succès. A partir de l'élaboration d'une base de données informatique intégrée au système d'information de la DRH, il dresse la liste des compétences individuelles stratégiques pour l'entreprise. Sa modélisation représente l'ensemble des étapes à franchir pour maximiser les compétences individuelles stratégiques de l'organisation. La représentation ci-dessous permet de visualiser l'enchaînement des étapes de ce modèle :

Schéma 54
**Synthèse et approfondissement
du modèle de R. MIRABILE, 1996**

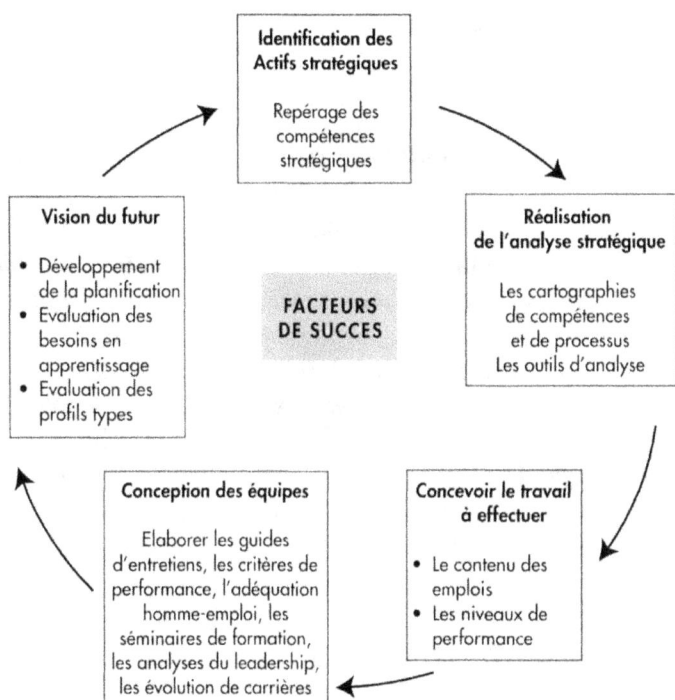

**Identification des
Actifs stratégiques**

Repérage des
compétences
stratégiques

Vision du futur

- Développement
de la planification
- Evaluation des
besoins en
apprentissage
- Evaluation des
profils types

**FACTEURS
DE SUCCES**

**Réalisation
de l'analyse stratégique**

Les cartographies
de compétences
et de processus
Les outils d'analyse

Conception des équipes

Elaborer les guides
d'entretiens, les critères de
performance, l'adéquation
homme-emploi, les
séminaires de formation,
les analyses du leadership,
les évolution de carrières

**Concevoir le travail
à effectuer**

- Le contenu des
emplois
- Les niveaux de
performance

A notre avis, ce modèle semble dégager une logique dans l'enchaînement des étapes. Conceptuellement, il paraît présenter des avantages en terme d'efficacité et de temps.

Le Management par la Mobilisation des Compétences (MMC) d'après la méthode HAY

L'objectif de cette méthode est d'apprendre au manager à mesurer l'effet de son management sur ses équipes et à le modifier si le besoin s'en fait ressentir. L'originalité de cette approche réside à utiliser deux types de compétences: « les compétences critiques » et « les compétences potentielles ».

Très souvent, lors d'un processus de recrutement, les responsables dressent un liste exhaustive des qualités requises pour le poste. Cette énumération qui semble complète et parfaite aboutit

dans bien des cas, à un résultat négatif. La première raison est qu'aucun candidat ne possède toutes les qualités simultanément. La deuxième raison est liée au fait que les qualités énoncées sont trop vagues et qu'aucune définition précise et argumentée de leur contenu n'est proposée. Si on choisit la solution qui consiste à embaucher celui qui possédera le plus grand nombre de critères de la liste, on a de fortes chances d'arriver également à une impasse. Aussi, dans la méthode HAY, au lieu d'établir la sélection à partir des capacités attendues, on cherche à déceler lors de l'entretien les « compétences critiques », celles qui feront la différence entre les meilleurs postulants et les autres. *« Les compétences critiques rendent compte réellement de ce qui fait le succès des personnes dans des rôles ou des situations données »*
[1]. *« Les compétences " critiques " distinguent le sujet " supérieur " du sujet " moyen ". Les compétences " seuil " (c'est-à-dire " essentielles ") sont requises afin d'obtenir la performance minimum ou moyenne. Les compétences seuil et critiques pour une fonction donnée fournissent un profil pour la sélection des personnes, les plans de succession, l'appréciation de la performance, le développement »* [1].

1. A. Mitrani ; MM. Dalziel ; AA. Bernard, 1992, pp. 10, 23.

Le processus qui permet de déceler **les compétences critiques** repose sur une méthodologie inspirée de MC. Clelland, 1987, qui s'appuie sur **le décryptage de récit** afin de fournir un profil de motivation personnelle. Il s'agit d'identifier des variables qui prédisent **la performance professionnelle** sans qu'elles puissent être (ou peu) influencées par la race, le sexe, ou des facteurs socio-économiques. Deux échantillons sont constitués. Le premier regroupe des employés qui ont réussi dans leur fonction, le second est constitué par ceux qui ont échoué. Une comparaison est établie entre les raisons, les motivations, les processus de prise de décision grâce à des Entretiens d'Evénements Comportementaux (EEC). Il est demandé aux employés de penser à une situation de travail qui a bien ou mal tournée, de la décrire de façon détaillée en posant des question du type suivant :

• Qu'est-ce qui a conduit à cette situation ?
• Qui était impliqué ?

- Qu'est-ce que vous avez pensé, ressenti ?
- Qu'avez-vous fait ?
- Quel a été le résultat ?

Ainsi, une liste de « compétences critiques » est établie. Elle satisfait aux critères suivants (A. Mitrani et al, 1992) :

- Ce sont des compétences que les candidats possèdent déjà et ont démontré dans leur vie professionnelle ou sportive (par exemple : l'initiative).
- Ce sont des compétences potentielles qu'ils seront amenés à utiliser sur le long terme (par exemple : la motivation, le besoin d'accomplissement).
- Ce sont des compétences qui peuvent être évaluées avec fiabilité en utilisant un Entretien d'Evénement Comportemental (EEC) court et bien ciblé.

« Les compétences critiques » sont détectées à la fois au niveau de l'individu lors d'entretiens de recrutement ou d'évaluations continues et au niveau des postes. Elles représentent une variable majeure des plans de succession et de mobilité réalisés par le cabinet HAY.

La deuxième catégorie de compétences utilisée dans la méthode HAY concerne « les compétences potentielles ». Lors d'un recrutement, beaucoup de chefs d'entreprises affirment que leur objectif n'est pas seulement de répondre au besoin du court terme et du premier poste qu'ils vont offrir au candidat. Ils recherchent également à déceler « les compétences potentielles » qui permettront au candidat d'atteindre le niveau requis pour une fonction n + 1 ou n + 2. Cette catégorie de compétences ne s'apprend pas forcément au contact d'une formation ou de l'expérience.

En résumé, **« Le Management par la Mobilisation des Compétences »** s'appuie sur quatre facteurs clés dont chacun intègre le concept de compétence. Ces facteurs sont : la motivation individuelle, les exigences du métier, le style de management, le climat de l'organisation. A partir de ce constat, nous allons expliciter les liens qui existent entre ces facteurs et la compétence individuelle.

L'originalité de la méthode HAY est d'identifier des composantes du climat de l'organisation qui influencent fortement le développement et le transfert de compétences dans une entreprise.

Il nous a semblé intéressant de présenter la méthode HAY car elle repose sur la détection des compétences individuelles critiques et potentielles que l'on peut rapprocher de l'approche organisationnelle fondée sur les compétences d'entreprises stratégiques.

Cette méthode est largement exploitée dans les entreprises. Tel un « standard », elle est considérée comme une référence. Son apport essentiel réside à la fois dans sa détection rapide des compétences critiques et dans sa déclinaison en « points HAY » se traduisant par des grilles de salaires. Néanmoins, il semble qu'elle ait des difficultés à se moderniser. En effet, la méthode HAY symbolise une méthode de rémunération individualisée alors que le concept de compétence est aussi porteur de messages collectifs tels que le partage et le transfert de compétences.

Ainsi, comme nous le montrent les modèles étudiés, la gestion des compétences individuelles est au cœur des recherches appliquées en Ressources Humaines. En étudiant les processus mis en place, force est de reconnaître qu'ils sont élaborés au cas par cas et ne se rattachent pas à un modèle type. Il n'existe pas de méthodologie idéale. Mais, nous avons cru pouvoir mettre en évidence deux tendances concernant les représentations du concept de compétence. Un premier courant regroupe les méthodologies se référant à des listes de compétences individuelles. Un second courant repose sur la gestion de « compétences individuelles stratégiques ». Ces deux conceptions complémentaires regroupent une large palette de méthodologies et d'outils directement applicables dans les organisations.

Annexe III
Les concepts-clé
de la « Théorie des Ressources »

La théorie des Ressources utilise un certain nombre de concepts (ressource, compétence organisationnelle, avantage compétitif durable, rente) que nous allons présenter.

Nous souhaitons approfondir les définitions et les caractéristiques des descripteurs qui nous semblent déterminants dans cette théorie. Cette démarche analytique a l'avantage de fixer les fondements à partir desquels est façonnée l'approche ressource. Nous proposons de détailler les concepts portant sur :

* les ressources
* les ressources stratégiques
* les compétences de l'entreprise
* les compétences distinctives de l'entreprise
* l'avantage concurrentiel dans le temps
* la rente durable

L'unité d'analyse de la théorie des Ressources

Parmi les principaux descripteurs, on pourrait croire que l'unité d'analyse couramment choisie dans le paradigme des ressources est représentée par les RESSOURCES. Il est vrai que la première étape méthodologique consiste à identifier les ressources de l'organisation mais une attention particulière est accordée aux compétences de l'entreprise. Lorsqu'il s'agira, au cours de la deuxième étape, de sélectionner les ressources stratégiques, il sera fait une différence entre les compétences stratégiques de l'entreprise qui requièrent une gestion particulière et les autres ressources stratégiques gérées plus classiquement. A ce stade du diagnostic les compétences stratégiques d'entreprise constitueront l'unité d'analyse. Ainsi, dans leur réflexion, G. Hamel et C.K. Prahalad, 1995, se positionnent à ce moment stratégique. C'est pourquoi, il est généralement admis que l'unité d'analyse de la théorie des Ressources n'est plus le produit ou le segment stratégique comme dans le paradigme classique mais les compétences de l'entreprise qui peuvent concerner toute une gamme de produits ou de services. *« Une compétence fondamentale ne s'applique pas uniquement à un produit particulier ; elle renforce la position concurrentielle de l'entreprise dans toute une gamme de produits ou de services »* [1].

1. G. Hamel, C.K. Prahalad, 1995, p. 213.

2. Édition 1891.

La théorie des Ressources repose sur un fondement économique énoncé par Ricardo[2]. Celui-ci affirme que les entreprises sont dans la possibilité de capturer des rentes si elles ont à leur disposition des ressources rares, difficiles à imiter et non substituables.

L'entreprise est considérée comme un ensemble d'actifs physiques, matériels et immatériels (« tangibles » et « intangibles » comme par exemple, l'image de marque, le savoir faire technologique, les compétences de l'organisation) (DJ. Collis et CA. Montgomery, 1995).

La notion de Ressource

Sous le terme ressource, de nombreuses définitions sont énoncées. Nous proposons de présenter les principales classifications concernant cette notion.

L'un des fondateurs de la théorie, B. Wernerfelt, 1984, définit une ressource comme un actif tangible ou intangible ou comme une force ou faiblesse rattachée à la firme.

Une des premières classifications a été réalisée par R. Hall, 1992 qui distingue :
• Les ressources intangibles classées comme des actifs (invention, brevet, image de marque, copyright, contrat, secret du marché, bases de données, carnet d'adresse, réseau, etc.) et celles classées comme des compétences (savoir-faire des employés, des distributeurs, des fournisseurs, attitudes collectives, culture de l'organisation, etc..).

- Les ressources qui dépendent des personnes (réputation) ou qui ne dépendent pas des individus (base de données).
- Les ressources qui peuvent être protégées par la loi (nom de produit) ou non (réseaux organisationnels).

Ces classifications doivent également prendre en compte le fait que les ressources peuvent avoir différentes natures. Elles peuvent être financières, physiques, humaines, organisationnelles, technologiques (RM. Grant, 1991).

La littérature propose d'autres types de classification des ressources. Nous mentionnerons celles de L. Brumagim, 1994 et celle de AA. Lado ; NG. Boyd, OG. Wright, 1992.

La distinction qui est très souvent utilisée consiste à séparer les ressources tangibles des ressources intangibles au sein de l'organisation. Celles-ci sont d'ailleurs de plus en plus nombreuses et sont généralement supposées être moins influentes sur la performance de l'organisation.

Une autre distinction peut être évoquée : les effets du temps sur les ressources. Alors que les ressources tangibles se déprécient avec le temps, les ressources intangibles sont de plus en plus performantes avec le temps (H. Itami ; T. W Roehl, 1987).

Il est parfois difficile de savoir si une ressource est réellement spécifique à l'entreprise c'est à dire si elle est sous son contrôle total. Peut-on réellement affirmer que les compétences individuelles des employés, les relations extérieures, la réputation d'une firme sont des ressources qui ne dépendent que de l'organisation ? Ne sont-elles pas également influencées par des environnements extérieurs à la firme ? Certes, un des pièges de l'approche ressource consisterait à ne réaliser qu'une analyse interne en oubliant les environnements dans lesquels la firme évolue. Nous considérons que la force de cette théorie réside non pas dans la seule réalisation d'une analyse des ressources internes mais dans la proposition d'une approche complémentaire aux théories de la contingence.

Les ressources stratégiques

Après avoir identifié et dénombré les ressources, la méthodologie consiste à repérer les ressources stratégiques. Il s'agit de ressources qui procurent à l'entreprise un avantage compétitif soutenable dans le temps. Les ressources qui procurent de la valeur à l'entreprise, c'est à dire qui lui procurent un avantage concurrentiel sont différentes dans chaque organisation et revêtent des formes très variées. Ainsi, une compétence organisationnelle représentée par la culture de l'entreprise par exemple, peut devenir une ressource stratégique dans une organisation et absolument pas dans une autre entreprise.

Pour qu'une ressource soit stratégique et se transforme en un avantage compétitif durable, elle doit satisfaire aux quatre conditions énoncées ci-dessous:

1. Elle doit être rare.

2. Elle doit être peu ou mal imitable.

Trois raisons sont identifiées:

I. L'organisation détient une ressource qui lui procure les conditions d'une situation historique unique. Dans ce cas, il est difficile aux concurrents de l'imiter.

II. Les liens entre les ressources possédées par la firme et l'avantage compétitif durable procuré ont des causes ambiguës, difficiles à cerner (JB. Barney, 1991).

III. Les étapes qui permettent à la firme de générer un avantage compétitif durable sont socialement très complexes (I. Dierickx, K. Cools, 1989).

3. Elle doit être difficile à remplacer, mal substituable.

Il ne peut y avoir de substitut stratégiquement équivalent. En d'autres termes, cela signifie qu'elle n'est pas facilement volable, ou achetable (JB. Barney, 1986a, 1991 ; I. Dierickx, K. Cool, 1989 ; MA. Peteraf, 1993).

La notion de substitution est une question de niveaux. Il est admis qu'il existe deux cas fréquents dans lesquels une ressource peut être substituable:

a) Une autre ressource du même style, semblable, la remplace.

b) Une autre ressource totalement différente mais qui engendre les mêmes conséquences stratégiques (exemple : le charisme d'un leader) la remplace.

4. Elle doit procurer de la valeur aux yeux des clients.
En d'autres termes, elle doit permettre de saisir des opportunités et de neutraliser les menaces de l'environnement.

D'autres auteurs précisent cet aspect stratégique en développant une argumentation sur la stabilité de la ressource. Cela signifie qu'elle ne peut pas être facilement transférée d'une entreprise à une autre. Par exemple, la culture d'entreprise (JB. Barney, 1986), les routines organisationnelles (RR. Nelson et SG. Winter, 1982), l'image de marque et la réputation d'une firme.

En synthèse, nous récapitulons avec le schéma de J.-B. Barney (cf : Schéma n° 43) les conditions essentielles pour qu'une ressource devienne un avantage compétitif durable.

Le concept des compétences de l'entreprise (ou compétences organisationnelles)

Le deuxième concept fondamental de la théorie des Ressources est celui des compétences de l'entreprise. En d'autres termes, les ressources et les compétences de l'entreprise sont les pierres angulaires de cette théorie (RP. Rumelt, 1984 ; J.-L. Arregle, 1995, 1996). Il nous semble important de préciser les caractéristiques du terme « compétence » afin d'éviter les risques réels d'assimilation trop rapide entre les notions de « ressources » et celle de « compétence ».

Les compétences de l'entreprise sont des ressources spécifiques et plus particulièrement **intangibles** (par opposition aux ressources tangibles), propres à l'organisation. De plus en plus de travaux scientifiques font appel à ce concept, notamment dans les récents développements sur les nouvelles formes organisationnelles et plus particulièrement, sur les structures virtuelles (AR. Probst, J.-F. Bistchau, C. Petitpierre, D. Wenger, 1996).

Les compétences de l'entreprise sont des ressources particulières sur lesquelles, nous portons une attention particulière, car, d'une part, ce concept se positionne au centre de notre thème de recherche et, d'autre part, il constitue une voie de recherche sur laquelle s'accumulent les développements théoriques actuels. Par exemple, nous pouvons citer les travaux de A. Heene, 1996, qui à partir d'une réflexion sur la théorie des Ressources, édifie une **théorie des compétences de l'organisation**.

Déjà en 1959, E. Penrose, signalait une distinction cruciale entre les ressources de l'entreprise et les compétences de l'entreprise : *« les ressources représentent un ensemble de services potentiels, pour la plupart d'entre elles, elles peuvent être définies indépendamment de leur mise en oeuvre, alors que les compétences de l'entreprise ne peuvent être définies de la sorte. Elles font référence à la fonction, à l'activité »* [1].

1. E. Penrose, 1959, p. 25.

En d'autres termes, cet auteur considère que les ressources sont des stocks alors que les compétences de l'entreprises sont des flux (idée reprise par I. Dierickx, K. Cool, 1989). Un actif représente ce que l'entreprise possède alors qu'une compétence organisationnelle représente ce que l'entreprise sait faire.

Nordhaug, 1996, classe **les compétences organisationnelles** en deux catégories : « organizational Knowledge Management » (**« les connaissances organisationnelles »**) et **la culture de l'entreprise**. L'idée de l'auteur consiste à expliquer que les organisations qui agissent peuvent le faire car la somme des actions individuelles est coordonnée par une structure qui se meut grâce à des mécanismes plus ou moins inconscients (« les routines organisationnelles »).

Les **« connaissances organisationnelles »** sont scindées en « connaissances centrales » et « connaissances périphériques » (O. Nordhaug, 1996). Les premières représentent les missions, les objectifs et les croyances de l'entreprise. Elles constituent le fondement des comportements de l'entreprise vis à vis de ses concurrents. Les deuxièmes font référence à l'historique de l'entreprise.

La **« culture d'entreprise »** a fait l'objet de nombreuses recherches. Elle est considérée comme une source d'avantages compétitifs (JB. Barney, 1986b ; CM. Fiol, 1991). D'après J.-B. Barney, 1996b, la culture d'entreprise peut constituer un avantage concurrentiel durable si elle renferme de la valeur. Elle est rare et peu imitable. Il la définit comme un portefeuille de valeurs, de croyances et d'hypothèses qui symbolisent la façon dont la firme fonctionne. Selon lui, la culture d'entreprise correspond à une combinaison des comportements des employés, des clients, des fournisseur tout en intégrant la façon dont la firme interagit avec ces acteurs clé. La culture d'une organisation est le résultat de son histoire.

RR. Nelson et SG. Winter, 1982, définissent les compétences organisationnelles (« organizational skills ») comme des routines divisibles. Pour les auteurs, celles-ci se mettent en œuvre sans que les décideurs s'en aperçoivent. Elles permettent à l'organisation de générer des rentes en s'appuyant sur les ressources de l'entreprise.

Nous proposons, à présent, une représentation de la compétence organisationnelle en empruntant la métaphore de l'iceberg (cf: Schéma n° 46). Comme le concept de compétence individuelle, la compétence organisationnelle possède deux types de composants: ceux qui sont visibles et ceux qui sont invisibles.

Schéma 55
**Représentation de la compétences de l'entreprise
à partir de la métaphore de l'iceberg**

CAPACITES
SAVOIRS
ATTITUDES

IMAGE DE MARQUE
CULTURE D'ENTREPRISE
ENGAGEMENT DE LA DIRECTION GÉNÉRALE
ROUTINES ORGANISATIONNELLES
ORIENTATIONS STRATEGIQUES

L'avantage d'une telle schématisation est de mettre en avant les difficultés de repérage de ce concept. En effet, seuls ses manifestations et ses effets induits sont visibles.

Il existe un axe de recherche qui tente de repérer et de mesurer les compétences organisationnelles en se référant aux concepts de « code organisationnel » et de « dextérité de l'organisation » (RG. McGrath, IC. McMillan, S. Venkataraman, 1993).

Le « **code organisationnel** » représente un instrument de mesure quantifiable. Il symbolise le niveau de connaissance que l'organisation possède de ses clients, de son environnement associé à la maîtrise de ses opérations. Les auteurs utilisent les items suivants pour l'opérationnaliser : « *les principales sources de revenu, le profil des consommateurs, les attentes clients, le comportement des clients, la connaissance de la concurrence, la fixation des prix, les aspects juridiques qui affectent l'industrie, les services de support aux employés en contact avec la clientèle, le coût des ressources, les principaux risques qui affectent l'entreprise, la manière dont les opérations stratégiques doivent être conduites, les facteurs qui affectent la fiabilité des opérations, les facteurs qui contribuent à la qualité des services, les facteurs qui empêchent l'amélioration continue des opérations* »[1].

1. G. Tocquer, 1995, p. 204.

La « **dextérité de l'organisation** » représente un instrument de mesure quantifiable. Il symbolise la capacité de l'organisation à développer des processus qui lui permettent de résoudre des problèmes avec efficacité et un minimum d'effort. Les auteurs utilisent les items suivants pour l'opérationnaliser : « *la connaissance que les employés ont de leur rôle dans le groupe, les compétences nécessaires qu'ils possèdent pour effectuer leurs tâches, le fait de pouvoir compter sur ses collègues, la connaissances des informations importantes pour les autres employés, l'existence d'agendas cachés, la communication à temps des informations, la déformation des informations, le fait de cacher des informations importantes, le sentiment d'acceptation ressenti par les nouveaux employés, le partage des mêmes valeurs par les employés, la confiance accordée aux autres employés pour mettre en œuvre des décisions prises* »[2].

2. Rédigé à partir de G. Tocquer, 1995, p. 205.

Ces instruments ont été testés par G. Tocquer, 1995, pour évaluer les sources d'avantages concurrentielles fondées sur les compétences de l'entreprise dans le cas des plus importantes entreprises aériennes mondiales.

Le concept de compétence distinctive[1]

L'aspect stratégique des compétences a été initié par les recherches de RP. RUMELT, 1984, qui montra dans sa typologie des neuf stratégies de diversifications, que deux d'entre elles reposaient sur des ressources intangibles stratégiques, qui se sont révélées être des compétences.

1. Ou « compétence organisationnelle fondamentale » ou « compétence clés ».

2. Celles-ci sont synthétisées dans l'article de AA. Lado ; MC. Wilson, 1994, p. 701.

Dans la littérature anglo-saxonne, les compétences organisationnelles stratégiques sont identifiées par un certain nombre d'appellations[2] :
- « distinctive competencies » (R. Reed, RJ. De Filipi, 1990 ; P. Selznik, 1957)
- « core competencies » (CK Prahalad, G. Hamel, 1990)
- « firm specific competencies »
- « stratégic capabilities » (G. Johnson et K. Sscholes, 1993)

Elles sont généralement désignées « *comme les capacités qui sous tendent la prééminence dans une gamme de produits ou de services* »[3], ou comme « un ensemble de savoirs et de technologies qui permettent à l'entreprise de proposer un avantage particulier à la clientèle »[4].

3. G. Hamel ; CK. Prahalad, 1995, p. 209.

4. Ibid., p. 211.
5. Ibid., p. 218.

Par exemple, la compétence organisationnelle fondamentale de SONY est la miniaturisation : « *la possibilité de garder tout le nécessaire dans sa poche* »[5]. Pour Federal Express, la compétence stratégique consiste à garantir la livraison dans les délais. Ce qui suppose une gestion logistique sans faille. La compétence stratégique de la société 3M en matière d'adhésif, consiste à posséder des substrats et des matériaux nouveaux qui lui permettent de développer des dizaines de milliers de produits.

Il est possible également de définir une compétence organisationnelle fondamentale par ce qu'elle n'est pas[6] :

6. Ibid., p.p. 219-223.

Elle n'est pas un actif au sens comptable du terme car elle n'apparaît pas dans un bilan (à ne pas confondre avec une usine, un canal de distribution, une marque, un brevet). Par contre, l'aptitude à gérer une usine, à développer un canal de distribution, à maximiser une marque ou à exploiter un brevet peut constituer

1. Ibid., p. 220.
une compétence organisationnelle fondamentale. *« Contrai-rement à des immobilisations, les compé-tences organisationnelles ne subissent pas l'usure, même si elles peuvent se dévaloriser dans le temps »* [1].

Les compétences organisationnelles fondamentales ne doivent pas être assimilées à une intégration verticale car elles ne reposent pas sur l'idée selon laquelle l'entreprise doit fabriquer tout ce qu'elle vend.

Les compétences stratégiques sont une catégorie à part entière de ressources stratégiques. Elles possèdent les mêmes caractéristiques que les ressources stratégiques que nous avons détaillées précédemment.

Les compétences organisationnelles stratégiques qui procurent le plus fréquemment un avantage concurrentiel sont d'après AA. Lado et MC. Wilson, 1994 :

- la culture d'entreprise (JB. Barney, 1986 ; CM. Fiol, 1991)
- les compétences qui relèvent de la connaissance et l'apprentissage (CM. Fiol, 1991 ; DJ. Teece et al, 1990)
- les routines organisationnelles (RR. Nelson, SG. Winter, 1982)
- l'entrepreneurship (JA. Schumpeter, 1934)

En plus des caractéristiques communes aux ressources stratégiques, les compétences fondamentales possèdent des particularités.

Pour qu'une compétence organisationnelle puisse devenir fondamentale et s'imposer au niveau mondial, il lui faut **5 à 10 ans au minimum.** *« Les cycles de développement des produits s'accélèrent, certes, mais la quête de la maîtrise d'une compétence fondamentale se mesure encore en années et non pas en mois…La suprématie en matière de compétence précède normalement celle en matière de produits »* [2].

2. Ibid., p. 212.

Les compétences fondamentales sont le levier dans la mise en place de nouvelles stratégies pour les organisations. Dans la théorie des Ressources, la prise de décision stratégique ne se fait pas en fonction de nouveaux produits à développer ou d'une gamme à compléter, elle concerne plutôt la décision d'acquérir une nouvelle compétence ou de découvrir des applications inédites aux compétences stratégiques d'entreprises actuelles (G. Hamel et CK. Prahalad, 1995).

Stratégiquement, les compétences fondamentales servent de tremplin vers de nouveaux marchés où elles pourront être transférées. Elles permettent d'envisager des axes de développement pour un ensemble de produits. Elles représentent des passerelles pour les marchés de demain. C'est pourquoi une compétence organisationnelle fondamentale **est mesurée par son élasticité** [1] (à reprocher par la suite du concept d'élasticité des compétences individuelles, Méthode ETED, N. Mandon, 1990). L'élasticité d'une compétence est mesurée en fonction du nombre de passerelles envisageables sur les marchés de demain. *« La supériorité d'une entreprise dans un domaine donné représente une potentialité qui se réalise dès lors qu'elle envisage de nouveaux modes d'exploitation de la compétence en question... La décision d'acquérir une nouvelle compétence fondamentale traduit surtout une volonté de créer ou de perfectionner un certain type d'avantages pour la clientèle, et non pas l'attachement à tel produit nouveau. C'est ainsi que SONY s'est engagé dans la voie de la miniaturisation bien avant l'invention du walkman, du lecteur laser portable ou de la télévision miniature »* [2].

1. Ibid., p. 219

2. Ibid., p. 209.

3. Ibid., p. 217.

La compétence stratégique n'est pas toujours décelable par les clients. *« Le fait d'apporter un avantage significatif au client n'implique pas forcément que ce dernier aperçoive clairement la compétence fondamentale à l'oeuvre ni qu'il la comprenne parfaitement »* [3]. On peut donc affirmer, que c'est le client qui décide en dernière instance si la compétence est fondamentale ou pas. Certes, il ne peut construire son jugement qu'à partir des conséquences observables sur les produits mais si cette compétence augmente sensiblement la valeur aux yeux du client, alors cette compétence pourra être considérée comme fondamentale.

Pour être considérée comme fondamentale, une compétence organisationnelle doit recueillir l'adhésion de tous les membres de l'organisation[4] (cette caractéristique est commune aux compétences individuelles).

4. Ibid., p. 219.

Pour être fondamentale, la compétence, comme toute ressource stratégique doit être unique, sans équivalent sur le marché.

« Cela ne veut pas dire qu'elle appartienne en exclusivité à une entreprise, mais tout simplement que toute capacité à peu près universelle au sein d'un secteur d'activité donné ne mérite ce qualificatif que si l'entreprise y manifeste un niveau de compétence nettement supérieur à celui de tous ses concurrents » [1].

Ainsi, chez HONDA, les transmissions représentent sans contexte une compétence fondamentale alors qu'elles existent chez FORD où elles ne sont pas distinctives. Chez MOTOROLA, une des compétences fondamentales se matérialise par le fait de réduire au minimum le délai entre la prise de commande et son exécution. Ceci repose sur : *« un socle de savoirs dont des capacités de conception qui renforcent la similitude entre les différents articles d'une ligne de produits, la production flexible, des systèmes perfectionnés d'enregistrement des commandes, la gestion des stocks et des rapports avec des fournisseurs »* [2]. Ainsi, une compétence fondamentale ne doit pas être présente chez toutes les entreprises d'un même secteur d'activité. Elle ne doit pas être copiable.

1. Ibid., p. 218.

2. Ibid., p. 215.

Aussi, dès qu'une compétence fondamentale a été détectée au sein de l'organisation, il est toujours intéressant de la mesurer auprès de ses concurrents afin de se prémunir contre la tendance à exagérer le caractère exceptionnel de ses propres capacités.

Face aux compétences fondamentales, il existe des « core rigidities » que l'on pourrait traduire par **« des freins au développement des compétences »** et qui s'opposent à l'innovation (D. Leonord-Barton, 1992). Les auteurs considèrent ces freins comme « les revers de la médaille » des compétences stratégiques. En effet, ils évoquent les conséquences issues du déclin d'une compétences de l'entreprise qui a été stratégique dans un contexte passé.

Pour conclure sur les spécificités des compétences clés, on empruntera les propos de M. Tampoe, 1994 qui propose une liste des caractéristiques des compétences organisationnelles stratégiques :
- elles sont indispensables à la survie de l'organisation à court et moyen terme
- elles restent invisibles pour les concurrents

- elles sont difficiles à imiter
- elles sont propres et uniques à l'organisation
- elles sont composées à la fois de capacités, de ressources et de processus
- elles représentent un avantage concurrentiel que l'organisation peut maintenir dans le temps
- elles sont plus intenses que les compétences d'un individu
- elles sont essentielles au développement des produits phares et éventuellement à l'ensemble des produits finis
- elles sont déterminantes pour la mise en place de la vision stratégique de l'organisation
- elles revêtent une importance capitale dans les décisions stratégiques de l'entreprises : les diversifications, la rationalisation, l'élaboration d'alliances et de joint venture
- elles ont une valeur négociable et commercialisable (DJ. Collis, 1994)
- elles sont peu nombreuses
- elles peuvent avoir un caractère hiérarchique.

Le concept de l'avantage compétitif durable[1]

Dans le paradigme classique, la firme cherche à se façonner un positionnement concurrentiel profitable. Aussi, l'avantage concurrentiel a une spécificité supplémentaire : il doit être durable dans le temps ce qui lui procure la caractéristique de ne pas être sujet à l'imitation (RP. Rumelt, 1984). Il ne peut même pas être acheté sur des marchés ouverts (JB. Barney, 1991).

1. « sustainable competitive advantage » ou « avantage concurrentiel soutenable ».

La littérature admet que l'on est en présence d'un avantage compétitif durable lorsque l'entreprise dégage une valeur ajoutée grâce à sa stratégie alors que ses concurrents actuels et potentiels, à la même période, n'obtiennent pas cette valeur ajoutée et sont incapables de dupliquer les bénéfices de cette stratégie[2].

2. J.-B. Barney, 1991, pp. 102-103.

3. Ibid., p. 116.

Cet avantage compétitif durable, propre à la théorie des Ressources pourra ainsi procurer des « **rentes d'efficacité** »[3] que l'on oppose aux « **rentes de monopoles** » (FM. Scherrer, 1980).

Toutes les ressources de l'entreprise ne sont pas à l'origine de bénéfices exceptionnels (JB. Barney, 1991). Pour qu'une ressource ait le potentiel de devenir un avantage compétitif durable, elle doit être stratégique. Le concept d'avantage compétitif durable est fondamental dans la théorie des Ressources. Il est principalement utilisé dans cette théorie car il repose sur l'hypothèse de base à savoir que les firmes sont hétérogènes et que les ressources de l'organisation sont hétérogènes. La démonstration couramment utilisée s'appuie sur l'existence de barrières à l'entrée.

Néanmoins, il nous semble, que le terme d'avantage compétitif durable pose un certain nombre de questions :

1. Tout d'abord, il comprend la notion de temps qui reste difficile à appréhender. Certes, un avantage compétitif est soutenable lorsqu'il dure une certaine période dans le temps (R. Jacobsen, 1988 ; M. Porter, 1986). Mais, combien de temps une firme doit-elle procurer à ses clients une valeur supérieure à celle que proposent ses concurrents pour faire en sorte que cette position lui procure des rentes ?

2. La notion d'avantage compétitif durable a pour signification la protection de l'entreprise d'une réelle offensive concurrentielle pendant un certain temps. Or, M. Porter a tout de même démontré que la concurrence était nécessaire dans une économie capitaliste.

3. D'autre part, le terme d'avantage compétitif durable soulève la question de la mesure de la performance d'une organisation. Faut-il considérer la performance économique ? la performance en terme de développement de chiffre d'affaires ? ou la performance en terme de domaines d'efficacités organisationnelles ?

Toutes ces interrogations ont suscité peu de recherches et restent des voies d'explorations intéressantes.

La notion de rente dans la théorie des Ressources

La finalité de l'approche « Ressource » est la conquête d'une rente. La stratégie est considérée comme une recherche continue pour acquérir une rentabilité. Mais, les rentes peuvent se constituer de différentes façons. Nous proposons de nous référer aux travaux de JT. Mahoney, 1995 :

a) Une rente s'acquière en possédant une ressource de valeur qui est rare (par exemple : un terrain de valeur, différents droits de propriétés), (D. Ricardo, 1891).

b) Une rente peut provenir de monopoles octroyés par les gouvernements. Elle peut également être issues de collusion lorsque les barrières à l'entrée sont difficiles à franchir pour des concurrents potentiels (KR. Conner, 1994).

c) Une rente peut être issue de risques pris par une attitude entrepreneuriale dans un environnement incertain et complexe (RP. Rumelt, 1984).

La firme peut également s'approprier des rentes quand elle possède des ressources spécifiques (Y. Aharani, 1993 ; AD. Chandler, 1992).

Liste des abréviations

CC: Compétence Collective

CCP: Certification des Compétences Professionnelles

CI: Compétence Individuelle

CIS: Compétence Individuelle Stratégique

CO: Compétence organisationnelle

COS: Compétence organisationnelle Stratégique

GC: Gestion des Compétences

GCI: Gestion des Compétences Individuelles

GCO: Gestion des Compétences Organisationnelles

GPEC: Gestion Prévisionnelle des Emplois et des Compétences

KM: Knowledge Management

NVQ: National Vocation Qualification, système anglo-saxon de validation de compétence individuelle

Liste des illustrations

Liste des tableaux

Sélection bibliographique thématique

Management de la Confiance

CHARREAUX, G ; « Le rôle de la confiance dans le système de gouvernance des entreprises », *Economies et Sociétés, Sciences de Gestion*, 8-9, 1998, pp. 47-65.

DESCHARREAUX, LJ ; SUZET-CHARBONNEL, P ; *Le modèle client-savoir*, Dunod, 2000.

DULUC, A ; *Leadership et Confiance*, Dunod, 2000.

KŒNIG, G ; « Confiance et contrat dans les alliances inter-entreprises », in THUDEROZ, C ; MANGEMATIN, V ; HARRISSON, D ; Eds, *La confiance. Approches économiques et sociologiques*, Gaétan Morin, 1999.

LAUFER, R ; ORILLARD, M ; *La confiance en question*, l'Harmatan, 2000.

LE CARDINAL, G ; GUYONNET J-F ; POUZOULLIC, B ;*La dynamique de la confiance : Construire la coopération dans les projets complexes*, Dunod, 1997.

MARCHENAY, M ; « Confiance et logiques entrepreneuriales », *Economies et Sociétés, Sciences de Gestion*, n° 8-9, pp. 99-177.

MENDEZ, A ; N. RICHEZ-BATTESTI ; « Confiance ou intérêt dans les métiers de l'argent : réflexions à partir d'une banque mutualiste », *Colloque INRA ENESAD Confiance et Rationalité*, Dijon, mai 1999.

MOTHE, C ; « La confiance : une revue de la littérature anglo-saxonne », *VIIIe colloque de l'Association Internationale de Management Stratégique*, Ecole Centrale de Paris, mai 1999.

SHAW, RB ; Trust in the Balance : *Buildinf successful Organizations on Results, Integrity, And Concern*, Jossey-Bass-Business, 1997.

USINIER, JC ; *Théorie de la confiance*, Vuibert, 2000.

Management des compétences individuelles et collectives des collaborateurs

AMADIEU, J-F ; CADIN, L ; *Compétence et organisation qualifiante*, Economica, Collection Poche, 1996.

ARGYRIS, C ; *Savoir pour agir: Surmonter les obstacles à l'apprentissage organisationnel*, Interéditions, 1995.

AUBEBERT-LAS ROCHAT, P ; *Les Equipes intelligentes*, Eds Organisation, 2000.

AUBRET, J ; GILBERT P ; PIGEYRE, F ; *Savoir et Pouvoir: Les compétences en question*, PUF, 1993.

BELLIER, S ; *Le savoir-être dans l'entreprise*, Vuibert, 1998.

DEFELIS, C ; *L'évolution de la gestion des ressources humaines dans les entreprises de service public. Analyse de l'introduction du modèle de la compétence dans les unités opérationnelles de France Telecom*, Thèse sous la direction de Mme le Professeur J. Laufer, HEC, Jouy en Josas, 1995.

DEJOUX, C ; I DHERMENT ; « Incidence de la gestion des compétences professionnelles sur la valeur de l'entreprise », Actes de l'AIMS, Montpellier 2000.

DIETRICH, A ; *Compétence et gestion des ressources humaines*, Thèse sous la direction du Professeur P. Louart, Université de Lille, décembre 1995.

GILBERT, P ; G. SCHMIDT ; *Evaluation des compétences en situation de gestion*, Economica, coll Recherche en Gestion, 1999.

GRIMAND, A ; *La notion de compétence en gestion des ressources humaines: de la controverse au construit opératoire*, Thèse sous la direction du Professeur H. Bertrand, Université de Lyon 3, 1996.

JOLIS, N ; *La compétence au cœur du succès de votre entreprise*, Eds Organisation, 1999.

KERLAN, F ; *Guide de la gestion prévisionnelle des emplois et des compétences*, Eds Organisation, 2000.

LE BOTERF, G ; *Compétence et navigation professionnelle*, Eds Organisation, 1999.

LEOARD-BARTON, D ; *Wellsprings of Knowledge: Building and Sustainingthe Sources of Innovation*, Harvard Business School Press, 1995.

LEVY-BOYER, C ; *La gestion des compétences*, les éditions d'Organisation, 1996.

MARBACH, V ; *Evaluer et rémunérer les compétences*, Eds Organisation, 1999.

MARET, P ; J.-M. Pinon ; *Ingénierie des savoir-faire: compétences individuelles et mémoire collective*, Hermes, coll informatique et gestion, 1997.

PARLIER, M ; F. MINET ; S. DE WITTE ; *La compétence: mythe, construction ou réalité?*, Edition l'Harmattan, 1994.

PEMARTIN, D ; *Gérer par les compétences*, Eds Management Société, 1999.

PETER, JP ; R. HULL ; *Le principe de peter*, Les éditions de l'homme, édition 1992.

Transferrer la compétence, Collectif, Eres, 1995.

ZARIFIAN, P ; *Objectif Compétences*, Liaisons, 1999.

ZAND, DALE E ; *The leadership Triad: Knowledge, Trust, and Power*, Oxford University Press, 1996.

Management des compétences de l'entreprise

AMIT, R ; Paul J.H. SCHOEMAKER ; « Strategic Assets and Organizational Rent », *Strategic Management Journal*, Vol 14, 1993, p 33-46.

ARREGLE, JL ; « Analyse Resource-Based et Identification des Actifs stratégiques », *Revue Française de Gestion*, mars-avril 1996, p 25-36.

BARNEY, JB ; « Strategic factor markets: Expectations, luck, and business strategy », *Management Science*, Vol 32, n° 10, 1986a, p 1231-1241.

BARNEY, JB ; « Organizational Culture: Can it be a Source of Sustainable Competitive Advantage? », *Academy of Management Review*, Vol 11, n° 3, 1986b, p 656-665.

BARNEY, JB ; « Firm Resources and Sustained Competitive Advantage », *Journal of Management*, Vol 17, n° 1, 1991, p 99-120.

DIERICKX, I ; COOL, K ; « Asset Stock Accumulation and Sustainability of Competitive Advantage », *Management Science*, n° 35, 1989, p 1504-1511.

FOSS, N ; *Competence, Gouvernace, and Entrepreneurship: Advances in Economic Strategy Research*, Hardcover, 2000.

GRANT, RM ; « The Resource-based Theory of Competitive Advantage », *California Management Review*, Vol 33, n° 3, 1991, p 114-135.

HAMEL, G ; A. HEENE ; *Competence based Competition*, Chichester, john Wiley & Sons, UK, 1994.

HAMEL, G ; CK. PRAHALAD ; « The Core Competence of the Coporation », *Harvard Business Review*, may-june 1990, p 79-91.

HAMEL G ; CK. PRAHALAD, *La conquète du futur*, Interéditions, 1995.

HEENE, A ; R. SANCHEZ, *Competence-based Strategic Management*, John Wiley & Sons, 1997.

KOENIG, G ; *De nouvelles théories pour gérer l'entreprise du XXIe siècle*, Economica, 1999.

MOTHE, C ; B. QUELIN ; « Coopération en R&D et création de compétences », *VIe colloque de l'Association Internationale de Management Stratégique*, HEC Montréal, 1997.

NORDHAUG, O ; *Human Capital in Organizations*, Scandinavian University Press & Oxford University Press, London, 1993.

QUELLIN, B ; J. ARREGLE ; *Management stratégique des compétences*, Ellipses, 1999.

SPEKMAN, Robert E ; A. ISABELLA LYNE ; Thomas C. MACAVOY ; *Alliance Competence: Maximising the Value of your partnerships*, John Willey &Sons, 1999.

SANCHEZ, R ; A. HEENE ; *Strategic Learning and Knowledge Management*, John Willey&Sons, 1997.

TYWONIAK, A ; « le modèle des ressources et des compétences: un nouveau paradigme pour le management stratégique? », in LAROCHE, H ; J.-P. NIOCHE, *Repenser la stratégie*, Vuibert, 1998.

WERNERFELT, B: « The Resource-based View of the Firm: Ten Years after », *Strategic Management Journal*, vol 16, 1995, pp. 171-174.

ZWELL, M, *Creating a culture of Competence*, John Willey &Sons, 2000.

Validation et certification des Compétences professionnelles

La certification: Construction et usages, cahiers lillois d'économie et de sociologie, l'Harmattan, 1998.

AUBRET, J ; P. GILBERT ; *Reconnaissance et validation des acquis*, PUF, Que sais-je, 1994.

BERTRAND, O ; *Evaluation et certification des compétences et qualifications professionnelles*, IIPE, 1997.

CNPF, *Journées internationales de la formation*, Deauville, 11 tomes.

COLARDYN, D ; *La gestion des compétences. Perspectives internationales*, PUF, 1996.

COLARDYN, D ; « Recognition and certification of skills ». *The international Encyclopedia of Education*, Second Edition, Vol 2, Elsevier Science, Oxford, 1996.

COLARDYN, D ; « Reconnaître les compétences: un dispositif diversifié et un cadre national », *Futurible*, 2000.

COLARDYN, D ; P. LEBOURLAY ; « Certifier pour valoriser », *Personnel*, ANDCP, n° 389, mai 1998, pp. 68-70.

DEJOUX, C ; C. FAURE ; « La certification des compétences: un avenir à construire? Cas des entreprises de soudure », *Colloque de l'AIMS*, Centrale Paris, 1999.

Enseigner et apprendre, vers la société cognitive, Commission Européenne.

GILBERT, P ; G. SCHMIDT ; *Evaluation des compétences et situations de gestion*, Economica, 1999.

LAYTE, M ; S. RAVET ; *Valider les compétences avec les NVQs*, Demos, 1998.

Le livre Blanc sur l 'éducation et la formation, Office des publications officielles des Communautés européennes, 1995.

VIRVILLE, M. de ; *Donner un nouvel élan à la formation professionnelle*, Rapport au Ministre du travail et des affaires sociales, Documentation française, 1995.

WILEY, C ; « *Reexamining professional cetification in human resource management* », Human resource management, summer, number 2, 1995, pp. 269-289.

Management du Capital immatériel de l'entreprise

BACHELARD, G ; *Essai sur la connaissance approchée*, Librairie philosophique Vrin, 1969.

BONTIS, N ; N. GRAGONETTI ; K. JACOBSEN ; G. ROOS ; « Les indicateurs de l'immatériel », *l'Expansion Management Review*, 1999, pp.37-45.

BOUNFOUR, A ; Le management des ressources immatérielles : Maîtriser les nouveaux leviers de l'avantage compétitif, Dunod, 2000.

BOURNOIS, K ; PJ. ROMANI, *L'intelligence économique et stratégique*, Economica, 2000.

BUCK, JY ; *Le management des connaissances : Mettre en œuvre un projet de Knowledge Management*, Eds Organisation, 1999.

CHAMPEREAU, J ; C. BRET ; *La cyber entreprise*, Dunod, 2000.

EDVINSON, L ; M. MALONE ; *Le capital immatériel de l'entreprise*, Maxima, 1999.

EPINGARD, P ; *L'investissement immatériel*, CNRS Editions, 1999.

Le Knowledge Management, Harvard Business Review, Ed. d'Organsations, 1999.

PIERRAT, C ; B. MARTORY ; *La gestion du capital immatériel*, Nathan, 1996.

PRAX, JY ; *Le guide du Knowledge Management: Concepts et pratiques du management de la connaissance*, Dunod, 2000.

PRAX, JY ; *Manager la connaissance dans l'entreprise: les nouvelles technologies au service de la connaissance*, INSEP, 1997.

REIX, R ; « Savoirs tacites et savoirs formalisés dans l'entreprise », *Revue française de Gestion*, n° 105, septembre-octobre 1995, p 17-29.

REIX, R ; *Systèmes d'information et Management des organisations*, Vuibert, 2000.

SVEIBY, KE ; *Knowledge Management: La nouvelle richesse des entreprises: Savoir tirer profit des actifs immatériels de sa société*, Maxima, 2000.

TARONDEAU, JC ; *Le management des savoirs*, PUF, 1998.

TELLER, R ; *Le contrôle de gestion*, Management société, 1999.

TISSEYRE, RC ; *Knowledge Management: Théorie et pratique de la gestion des connaissances*, Hermes Science, 1999.

Gestion des Ressources Humaines

ALLOUCHE, J ; B. Sire ; *Ressources Humaines: une gestion éclatée*, Economica, 1998.

CANDAU, P ; *Audit social*, Vuibert, 1992.

FITZ-ENZ, J ; *The ROI of Human Capital: Measuring the economic Value of Employee Performance*, American Management Association, NY, 2000.

IGALEN, J ; *Audit des Ressources humaines*, Liaisons, 2000.

PERETTI, JM ; *Ressources humaines et gestion du personnel*, Vuibert, 2001.

PLANE, JM ; *GRH, dominos*, 2000.

THÉVENET, M. ; *Le plaisir de travailler*, Eds Organisation, 2000.

ULRICH, D ; *Human Ressource Champions: The next agenda for adding value and delivering results*, Harvard Business School Press, 1997.

Les nouvelles perspectives du Management stratégique

ALLOUCHE, J ; G. SCHMIDT ; *Le diagnostic stratégique*, la découverte, tome I, 1995.

ALLOUCHE, J ; G. SCHMIDT ; *Les outils de la décision stratégique*, la découverte, tome II, 1995.

AUTISSIER, D ; F. WACHEUX ; *Structuration et Management des Organisations*, l'Harmattan, 2001.

BAREL, Y ; *Les interactions entre la stratégie, le manager et son équipe*, l'Harmattan, 2000.

BOUNTALL, T ; *Compétences managériales: Le guide: Les NVQs au service du développement des compétences*, Démos, 1997.

BOYER, A ; *L'essentiel de la gestion*, Eds Organisation, 2e édition, 2001.

BRILMAN, J ; *Les meilleures pratiques du Management au cœur de la performance*, Eds Organisation, 2001.

DAVIDOW, WH ; WS. MALONE ; *L'entreprise à l'âge du virtuel*, Maxima, 1995.

DESREUMEAUX, A ; *Théorie des Organisations*, Management et Société, 1998.

DRUCKER, P ; *L'avenir du Management*, Village Mondial, 2000.

DRUCKER, P ; *L'entreprise de demain*, Village Mondial, 1998.

DURAND, T ; G. KOENIG ; E. MOULOUD ; *Perspectives en Management stratégique*, EMS, 2000.

HAMEL, G ; *La révolution lente*, Village Mondial, 2001.

HELFER, JP ; M. KALIKA ; J. OSONI ; *Management, Stratégie et Organisation*, Vuibert, 2000.

KOENIG, G ; *Perspectives en management stratégique*, Management et Société, 2000.

SENGE, P ; *La dance du changement*, First, 1999.

SERIEYX, H ; *La nouvelle excellence*, Maxima, 2001.

SLYTWOTZKY, A ; *La migration de la valeur*, Village Mondial, 1998.

WEILL, M. ; *Le Management de la Qualité*, poche, 2001.

WEISS, D ; *Ressources Humaines*, Eds Organisation, 2000.

Articles de l'auteur

« Pour une approche transversale de la gestion des compétences », *Gestion 2000*, n° 6, 2000a.

« La gestion des compétences version an 2000 : Pour une approche globale et agrégée », *Actes du 7ᵉ congrès mondial IFSAM*, HEC Montréal, juillet 2000b.

Avec I. DHERMENT, « Gestion des compétences professionnelles et création de valeur », *Colloque AIMS*, Montpellier, 2000c.

Avec C. FAURE, « La certification des compétences : un avenir à construire ? », *9ᵉ Colloque de l'AIMS*, Ecole Centrale Paris, 1999.

« Typologie des organisations engagées dans un processus de gestion des compétences », *Gestion 2000*, n° 2/98, 1998a.

« La théorie de la compétence constitue-t-elle une perspective stratégique ? Cas Novotel », *16ᵉ Colloque de l'IAS, Aix en Provence*, p 147-163, 1998b.

« Existence et nature des relations entre la gestion des compétences individuelles et organisationnelles », *9ᵉ Colloque de l'AGRH, Université de Versailles St Quentin en Yvelines*, p 470-485, 1998c.

« Pourquoi les entreprises françaises s'intéressent à la théorie des Ressources ? », *Direction et Gestion*, n° 66, 1997a.

La gestion des compétences individuelles et organisationnelles. Approches GRH et stratégiques multi-secttorielles, Thèse sous la direction du Pr. A. Boyer, IAE-Université de Nice-Sophia Antipolis, 1997b.

« Un outil né de la crise en GRH : La gestion des compétences. Etude qualitative des conditions d'émergences », *8ᵉ congrès de l'AGRH, HEC Montréal*, Septembre 1997c.

« La Gestion des Compétences au cœur des politiques de ressources humaines : intégration et modélisation », *15ᵉ Université d'été de l'IAS, Aix en Provence*, actes du colloque, p. 143-159, 1997d.

« Business Competence and Virtual Business : A new Challenge for Small and Medium Sized Businesses », *27 th european small busienss seminar EFMD annual congrès, Rhodes Grèce*, actes du colloque, vol n° 1, p. 519-522, 1997e.

« Performance et gestion des compétences : une analyse fondée sur les ressources », *Performance et Ressources Humaines, actes du 7e colloque AGRH*, Paris, Panthéon-Sorbonne, Octobre 1996a, pp. 146-157.

« Enhancing Organisation and Maturity in Competency Management », *3ᵉ colloque IFSAM*, ESCP, Paris, Juillet 1996b, pp. 122-123.

« Organisation qualifiante et maturité en gestion des compétences », *Direction et Gestion*, n° 158, pp. 61-67, 1996c.